管理沟通技能与开发

马翠华　主编
刘建准　副主编

中国纺织出版社有限公司

内 容 提 要

哈佛大学管理学教授考特在其经典文章《企业经理人究竟在做什么？》中指出，经理人一天中花时间最多的活动就是沟通：从清晨到夜晚；从会议室中的讨论到走廊里的闲聊；从电话中的询问，到电子邮件的回复；从与自己上级和同事对公事的商议，到对下属的嘘寒问暖。经理人无时无刻不在与各种人用各种不同的方法进行着沟通来维系着组织政策的制定与执行；维系着组织与员工的命运一体。管理沟通作为科学与艺术的统一体，成为现代管理的一种有效工具。"无沟通，不管理"，沟通是管理者的一项重要职能。本书是为帮助管理者提升管理沟通技能而设计的，基于管理沟通技能评估、技能学习、技能分析、技能应用的逻辑展开。

图书在版编目（CIP）数据

管理沟通技能与开发 / 马翠华主编；刘建准副主编
. -- 北京：中国纺织出版社有限公司，2024.5
"十四五"普通高等教育本科部委级规划教材
ISBN 978-7-5229-1341-4

Ⅰ.①管… Ⅱ.①马… ②刘… Ⅲ.①管理学 Ⅳ.
①C93

中国国家版本馆CIP数据核字（2024）第033146号

责任编辑：段子君 周亚纯 责任校对：王蕙莹
责任印制：储志伟

中国纺织出版社有限公司出版发行
地址：北京市朝阳区百子湾东里 A407 号楼 邮政编码：100124
销售电话：010—67004422 传真：010—87155801
http://www.c-textilep.com
中国纺织出版社天猫旗舰店
官方微博 http://weibo.com/2119887771
三河市延风印装有限公司印刷 各地新华书店经销
2024 年 5 月第 1 版第 1 次印刷
开本：787×1092 1/16 印张：21.5
字数：375 千字 定价：78.00 元

凡购本书，如有缺页、倒页、脱页，由本社图书营销中心调换

前言

多年管理沟通课程的讲授所致，编一本管理沟通教材的构想由来已久。作为一门科学与艺术兼具的学科，适度的理论阐释和有效的技能导向都是非常必要的，鉴于此，我们编写了这本教材。本书注重系统性、应用性和完整性，将管理沟通理论、经典案例、情景模拟、各种沟通技能测试及演练等有机结合起来，深入浅出，比较全面地展示了管理沟通理论及技能开发的全貌，构建了独特的管理沟通技能开发的结构体系。全书分为五篇。第一篇：管理沟通概论。理解管理沟通的相关概念及过程要素和沟通本质，并系统了解有效沟通的三大基本策略。本篇共三章，包括管理沟通概述、管理沟通障碍分析、有效沟通。第二篇：自我沟通技能。成功沟通的前提是成功的自我沟通，因此必须搭建沟通主体自我认知的思维框架。本篇内容包括沟通主体的自我认知、自我沟通的作用和过程、自我沟通技能共三章。第三篇：管理受众沟通技能。组织内部的沟通方向包括向上、向下、平行，如何实现与上级、下级、平级的沟通是管理沟通的核心。本篇共四章，包括沟通客体分析、上行沟通技能、下行沟通技能、平行沟通技能。第四篇：个人沟通技能。面谈、书面、倾听、非语言沟通技能是管理者应具备的个人技能。本篇内容包括面谈沟通技能、书面沟通技能、倾听技能、非语言沟通技能共四章。第五篇：组织沟通技能。本篇共三章，包括管理冲突技能、跨文化沟通技能及网络虚拟沟通。

本书内容、结构和框架充分体现了理论知识—技能开发这一主线，脉络清晰，系统性强。力求让读者懂得什么是有效沟通、组织为什么要实现有效沟通以及如何实现有效沟通；作为沟通者应该具备什么素养、思维和价值观。本书体现出扎实的管理沟通专业理论基础和知识体系，以加强核心知识与前沿理论学习；以管理沟通技能提升为主线，帮助学习者感悟管理沟通的重要性及沟通技能，掌握务实高效的沟通策略与技巧。同时课程能力培养元素贯穿全书，培养学习者自主学习能力、探索和应用知识的能力、创新能力、思辨能力，做到沟通中言之有理，言之有物，言之有力，言之有度，在未来的管理中有社会责任和管理道德，厚植行业情怀和家国情怀。本书的特色及创新主要体现以下几个方面。

时代性及本土化。在系统的知识点梳理过程中，把典型人物、历史故事、重大题材、思想价值、人文精神贯穿其中，讲清逻辑，阐明道理。比如在讲到有效沟通的信息组织策略中的简明清晰策略时，引入"未来怎么干？看懂二十大报告中的这些关键词"一文，通过简练的语言，引导学习者了解世情、国情、党情、民情，增强对当下中国的创新理论的政治认同、思想认同、情感认同，坚定中国特色社会主义道路自信、理论自信、制度自信、文化自信。

体系性与思辨性。科学问题和科学知识的培养习得要坚持建设性和批判性相统一，灌输性和启发性相统一的要求，实现对读者思辨能力的培养。通过科学的探索、质疑和思辨，让读者把学习同思考、观察同思考、实践同思考紧密结合起来，保持对新事物的敏锐，学会用正确的立场、观点、方法分析问题，善于把握历史和时代的发展方向，善于把握社会生活的主流和支流、现象和本质。通过在教材知识模块切入点的设计上有意识地引入一些具有思考、讨论空间的话题，达到专业教学与思政引领相结合的目标，比如互联网科技所带来的虚拟沟通，以其更简便、快捷且廉价的优势成为大众尤其是年轻人的主要沟通方式，而面对面交流沟通变得稀缺，会带来哪些新的社会问题？结合对沟通本质的理解和学习，对虚拟沟通与现实中面对面的沟通进行思考，培养学生批判性思考、辩证思维和流畅表达的能力。

场景性与实用性。本教材紧紧围绕组织和管理的本质，基于场景构建管理沟通的知识体系。本书选取上行沟通、下行沟通、平行沟通、自我沟通、冲突管理及跨文化沟通等典型场景，全面介绍管理者在组织内与不同主体进行沟通时关注的原理机制及策略。考虑到管理者或潜在管理者的管理沟通能力的提升不仅与理论有关，更与实践相关，本书引入许多中国公司的管理沟通案例，帮助读者将理论与实践有机联系起来，并通过案例问题及导引语引发读者思考，助其学以致用，提高自身能力。

本书由马翠华撰写提纲和最后统稿审校。各章的编写如下：马翠华编写前言、第1章、第2章、第3章、第7章、第8章、第9章、第10章、第15章、第16章、第

17 章；刘建准和闫婧怡编写第 4 章、第 5 章、第 6 章、第 11 章、第 12 章、第 13 章、第 14 章。研究生邓可心、刘紫薇对文字录入及校对工作做出了努力。

在本书编写过程中，编者参阅了国内外众多专家、学者的著作和观点，因数量较多，不便一一列举，在此一并表示感谢。另外，要特别感谢中国纺织出版社有限公司编辑曹炳嫡、周亚纯，是她的信赖和支持才使这本书顺利完成。

管理沟通是门深邃庞博的学科，需要我们不断探索，由于编者水平有限，书中纰漏之处在所难免，恳请广大读者批评指教。

马翠华

2023 年 5 月

目录

第四篇 个人沟通技能

第一篇
管理沟通概论

对于组织而言，要把每一个具有鲜明个性特点的员工凝聚成一个有机的整体，把员工个人的价值观统一到组织的整体价值观上来，必须有良好的沟通。管理沟通是指管理者与被管理者之间、管理者与管理者之间、被管理者与被管理者之间，或者组织成员与外部公众或社会组织之间发生的，旨在完成组织目标而进行的多种多样的形式、内容与层次的，对组织而言有意义信息的发送、接收与反馈的全过程。当管理出现问题时，有效的沟通可以弄清楚事情的真相，进而校正在某些方面的偏差。

第1章 管理沟通概述

自我技能测试 测试你是否是善于沟通的管理者（见表1-1）。

表1-1 你是否是善于沟通的管理者测试

序号	你的表现	是/否
1	我经常召集部门会议，既讨论工作问题，又探讨一些大家共同感兴趣的问题	
2	我会定期与每位部属沟通交流，讨论其工作进展情况	
3	我至少每年召开一次总结会，表扬先进，鞭策后进，同时广泛征求部属意见，让大家畅所欲言	
4	我尽量少下达书面指标，多与部属直接交流	
5	当公司内出现人事、政策和工作流程的重大调整时，我会及时召集部属开会，解释调整的原因及这些调整对他们今后工作的影响	
6	我经常鼓励部属畅谈未来并帮助他们为自己设计未来的职业生涯	
7	我经常召集"群英会"，请员工为公司经营与部门业务的展开出谋划策	
8	我喜欢在总经理办公会上将本部门工作进展公布于众，以求得其他部门的合作和支持	
9	我常在部门内组织协作小组，培养团结协作精神	
10	我鼓励员工积极关心公司本部门的事务，踊跃提出问题、分析问题、解决问题	
11	我喜欢做大型公共活动的组织者	
12	我在与人谈话时喜欢掌握话题的主动权，会对部属进行谈话思路的引导	

结果分析见附录。

本章学习目标：

◆通过与人际沟通的比较把握管理沟通的内涵。

◆管理沟通的过程，沟通过程中的九要素。

◆有效沟通必须全方位了解管理沟通的各种方式。

1.1　管理沟通的内涵

分享：沟通的误解

以上事实可能是很多人对沟通的认识，然而，沟通的含义却不能用以上事实来说明。其实沟通并不是一个永远有效的过程，只有对沟通有了清晰的认识才会体察出自身在沟通能力方面存在的缺陷。

1.1.1　什么是沟通

"假如你有一个苹果，我也有一个苹果，而我们彼此交换苹果，那么，你我仍然是各有一个苹果；如果你有一种思想，我也有一种思想，而我们彼此交换思想，那么，我们每个人将各有两种思想。"

——萧伯纳

人类社会是人群的社会，人类是沟通的动物，沟通渗透我们所做的一切事情，它是形成人类关系的材料。人们相互沟通是因为同周围的社会环境相联系，社会是由人们相互沟通所维持的关系形成的网。沟通是人类组织的基本特征和活动之一，有效的沟通让我们能够高效地把一件事做好，从而享受更美好的生活。

沟通，沟者渠也，通连也。沟通就是两者要借助某种渠道实现联通，万事万物之间都可联通，并不限于人与人之间。人际沟通，是指人们利用语言或非语言符号来传递信息并交流情感，通过沟通相互吸引、相互影响，进而调节自己的行为。人际沟通以满足个人的社会学需求为目的，带有各自不同的个性、观念及情感诉求。

人际沟通的内涵：

（1）沟通首先是意义上的传递。

如果信息和想法没有被传递到，则意味着沟通没有发生。如果沟通的过程达不到理解并接受的程度，那么只能称为日常的通知而已。

（2）要使沟通成功，意义不仅需要被传递，还需要被理解。

（3）在沟通过程中，所有传递于沟通者之间的只是一些符号，而不是信息本身。

一个观念或一项信息并不能像有形物品一样由发出者传递给接收者，语言、身体动作、表情等都是一种符号，发送者首先要把传递的信息"翻译"成符号，而接收者则进行相反的翻译过程，由于每个人的信息—符号储存系统各不相同，对同一符号有不同理解。

（4）良好的沟通常被错误地理解为沟通双方达成协议，而不是准确理解信息的意义：求同存异。

（5）沟通的信息是包罗万象的。

1.1.2　管理沟通的内涵

管理沟通可以概括为是指在各种管理活动和商务活动中，沟通主体（沟通者）基于一定的沟通背景，为达到一定的沟通目标（期待对方做出特定的反应或行动），在分析沟通客体（沟通对象）的基础上，将特定的信息或思想、观点、态度传递给客体，以期获得预期反映效果的全过程。

人际沟通和管理沟通之间是不能截然分开的。它们相互联系，但又有各自的特点。组织管理沟通是指涉及组织特质的各种类型的沟通，它不同于人际沟通，但包括组织内的人际沟通，并以人际沟通为基础。人类的大部分沟通都具有本能性、经验性和性格导向性。而管理沟通则必须符合组织特质和管理要求，它以组织内的人际沟通为基础，强调沟通的科学性、有效性和理性。科学性是指组织管理沟通应该与组织文化、组织结构、管理流程及业务流程相匹配；有效性是指沟通要注重沟通效率和效果，同时要注意管理沟通的三大成本：经济成本、时效（时间）成本和心理成本；理性是指沟通者不能太感情用事，应该多一些理性思考。

相较于一般的人际沟通，管理沟通有以下四个特征：

（1）沟通的目的不同。

人际沟通的目的大多数是情感的交流，比如我们走路时遇到熟人问好，或者老友相见交流近况。这是一般的人际沟通。而管理沟通是为了达成预定的管理目标。不同于人们平常的"聊天""打招呼"，管理沟通是管理目标导向的，也就是沟通者希望通过沟通解决管理工作的现实问题，如为解决问题，安排的讨论会；为激励下属，做的面谈；为建立公司良好形象，召开的新闻发布会。出发点都是为解决管理问题。

（2）沟通双方的关系基础不同。

人际沟通是以人际关系为基础的，而管理沟通注重人在组织中的职位关系，但又不能完全排除人际关系的影响。

（3）沟通的环境不同。

人际沟通的环境是广阔的社会环境，而管理沟通的环境是组织环境，沟通需要有效的中介渠道。无"沟"不通，这个"沟"就是中介渠道。组织为达成信息的互通，必须有合理有效的组织结构，建设顺畅的流程通道。

（4）沟通的策略要求不同。

人际沟通更多的是随意性，即时性。管理沟通比一般的人际沟通复杂得多，表现在：①沟通内容的复杂性。包括信息沟通和情感、思想、观点和态度交流，内在地表现为人际关系。②沟通心理的复杂性。信息发出者和接受者之间要考虑对方的动机和目的，需要考虑如何改变对方的行为。③沟通信息的复杂性。由于语言文字含义、沟通心理的复杂性，导致对沟通信息理解的复杂性，会出现信息失真，尤其双方在见解、背景、经历、观念等方面的差异性，更加剧了信息理解的复杂性。因此，管理沟通需要把握更高的沟通技巧和更灵活的沟通策略。

案例鉴赏1-1　孙武练兵

1.2　管理沟通的作用及意义

1.2.1　管理沟通的作用

> **分享：美国著名未来学家奈斯比特对管理沟通的看法**
>
> 奈斯比特说："未来竞争是管理的竞争，竞争的焦点在于每个社会组织内部成员之间及其外部组织的有效沟通之上。"
>
> 管理的核心就是沟通：
>
> - 从理论与实践来看：实质和核心是沟通。
> - 从管理的对象来看：是工作指令、规章制度。
> - 从管理的主体来看：是活生生的人。
> - 从管理的过程来看：是资源整合的过程。
> - 从管理的功能来看：是组织、协调、领导、控制。
>
> 管理的过程，其实质就是沟通的过程。

如图1-1所示：

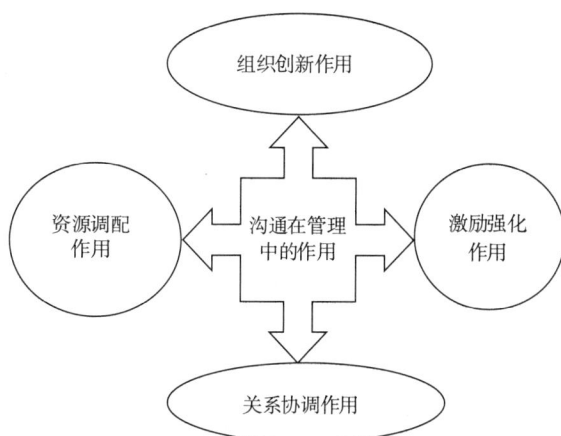

图1-1　管理沟通的作用

（1）组织创新作用。

组织管理的过程，就是组织不断变革的过程，要变革就会产生冲突和误解。按照冲突理论，组织有冲突才会有活力、有发展。但冲突有可能破坏组织的根本，也有可能影响组织的可持续发展，这就必须将冲突控制在"有效"范围内。而控制冲突、利用冲突的最有效的手段和方法就是高效的沟通。某公司 CEO 说："敞开沟通的渠道可以增加相互信任，鼓励创新，消除怀疑和不安全感，帮助实现公司和个人的光明未来"。

（2）激励强化作用。

要让员工有机会参与公司的决策，使员工有归属感，这样就会自发地激励员工，这显然是沟通的一个非常重要的目的。通过正确的沟通方式，不断地激励我们的员工，从而充分调动员工的积极性，进而提高效率，改善公司的绩效。

（3）资源调配作用。

无论是个人、小组还是组织，要实现其特定的目标，都必须调动所能调动的资源（人、财、物），并发挥这些资源的最大效用。如良好的人际关系、上司的认同、下级的支持、合作者的协助等均为有效的资源。而对这些资源运用能力的高低却取决于沟通能力的强弱。提升沟通技能，才是获得个人和组织发展的主要资源。

（4）关系协调作用。

在管理和商务活动中，关系的复杂性是众所周知的。目标的实现、资源的调配、变革的有效进行均离不开对各种关系的协调。管理沟通的主要任务就是通过有效的沟通，去强化积极的人际关系，并通过换位思考，使自己的愿景与他人的目标相一致，为个人和组织的发展创造一个良好的关系。

1.2.2 管理沟通对管理者的意义

对管理者而言，管理沟通的重要作用超过70%。管理的过程，其实质就是沟通的过程。沟通对于经理人的重要意义通常会用三个70%来表述。

第一个70%，指的是沟通对于个体尤其管理者个人成功来说，其重要作用超过70%。一个管理者能否在职业发展中获得成功，70%以上靠的是其是否具备了良好的沟通能力。也有人说"学习能力、创新能力、沟通能力"这三大能力被称为要在未来社会中获得成功的三大能力，可见沟通能力的重要性。

沟通能助人成功：

● 只有与人良好的沟通，才能为他人所理解；

● 只有与人良好的沟通，才能得到必要的信息；

● 只有与人良好的沟通，才能获得他人鼎力相助。

第二个70%，指的是管理者70%以上的时间所做的工作都与沟通相关。开会、谈判、谈话、作报告是最常见的沟通形式，撰写报告实际上是一种书面沟通的方式，对外各种拜访、约见也都是口头沟通的表现形式，所以说管理者所做的工作70%以上的时间都与沟通相关（见表1-2）。

表1-2 管理者日常工作时间分配表

日常工作类型	一般经理人	有效的经理人	成功的经理人
传统管理	32%	19%	13%
人力资源管理	20%	26%	11%
内部沟通	29%	44%	28%
社会交往	19%	11%	48%

俗话说，"行为决定结果"。不同的经理人把其时间分配在不同的工作上，进而导致了他们自身职业发展的差异，以及所领导的部门绩效的差异。然而，与一般经理人把大量时间放在传统管理及人事管理方面不同，高效的经理人和成功的经理人，都把大量的时间花在组织内部、外部的沟通方面。高效的经理人，更加关注与员工进行的内部沟通，因此，高效的经理人实现的效果是部门绩效最佳。而成功的经理人，更多关注与上级、平级，以及组织外部各种社会关系进行的交往。

第三个70%，指的是企业中70%以上的障碍来自于沟通不畅。有调查表明，工作中70%以上的障碍是由沟通不畅引起的。例如，企业常见的效率低下的问题，实际上往往是由于有了问题、有了事情后，大家没有沟通或不懂得沟通所引起的。另外，企业里面执行力差、领导力不高的问题，归根到底，都与管理者沟通能力的欠缺有关。给企业造成最大比例损失的原因，并非技术不精良、人手不够多、资金不到位，而是企业方方面面的沟通不顺畅。平均来看，沟通不畅给企业造成的损失超过企业总损失的 70%。

1.3　管理沟通的过程与要素

1.3.1　管理沟通的过程

图 1-2 描述了管理沟通过程。这一模型包括七个部分：①信息发送者；②编码；③信息；④渠道；⑤译码；⑥信息接收者；⑦反馈。图 1-2 描述的信息交流过程的基本模型，阐释了信息交流得以发生所必需的要素和过程。在这个管理沟通过程中，编码、渠道、译码是沟通过程取得成功的关键环节，它起始于主体发出信息，终止于得到反馈。沟通过程中仅有信息是不够的，只有当信息令听众做出发送者期望的反应时才算成功。因此，信息接收者的反应最为关键，这也是管理沟通和其他类型沟通的本质区别。

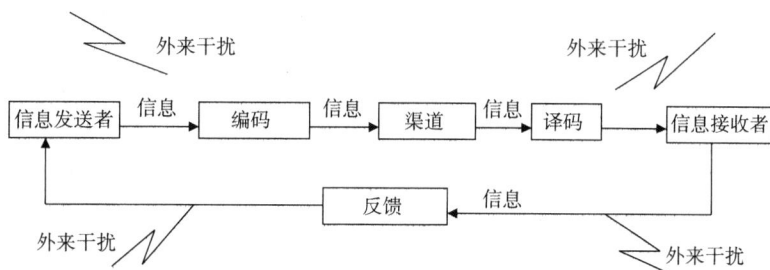

图1-2　沟通过程

1.3.2　管理沟通过程的基本要素

（1）信息发送者。

信息交流显然需要有两个或两个以上的人参加。由于个人之间的信息交流往往包含人们相互间的互动、沟通与交流，所以把一个人定义为信息发送者，即沟通的主体；而把另一个人定义为信息接收者，即沟通的客体，但这只是相对而言的。这两种身份可能会发生转换，转换与否取决于我们处于信息沟通模型中的哪一个位置。

信息发送者就是发起沟通行为的主体。他们引发沟通过程，决定谁为沟通对象，并决定沟通的目的。沟通的目的可以是传达或者提供信息；也可以是影响别人，使别人改变态度。为达到这样的目的，就需要根据不同的对象提供不同的信息，采取相应的沟通渠道、策略与恰当的手段把信息传递给沟通对象。信息发送者的态度、情绪、沟通知识及其技能都会影响沟通的效果。

（2）编码。

从沟通意向的角度说，信息是信息发送者试图传达给别人的观念和情感。但个人的感受不能直接为信息接收者所接受，因而它们必须转化为各种不同的、可为别人所察觉的符号。也就是把意义转化为信息接收者可以接受的形式，如文字、口头语言或表情等，这个过程叫做编码。编码指发送者把自己的思想、观点、情感等信息根据一定的语音、语义规则翻译成可以传达的信号。

编码是信息交流和人际沟通及交往极其关键的一环。若此环出现脱节，那么整个信息交流过程则会变得混乱不堪。毫无疑问，我们所拥有的语音水平、表达能力和知识结构，对于将思想、观点、感情等进行编码的能力起着至关重要的作用。编码能力有三个层次，一是认知，即"对不对"的问题；二是逻辑，即通不通的问题；三是修辞，即美不美的问题。

（3）信息。

信息从广义范畴理解，包含了中性信息、理性思想与感性的情感。包括两方面特性：

①信息内容的沟通价值。信息发送者首先应该对信息内容的必要性有明确的认识和把握。例如信息的内容是否对接收者重要、信息是事实还是观点、对信息接收者而言，信息是积极的还是消极的、信息量有多大等。如果对接收者而言，沟通的信息缺乏必要的有意义的内容或信息量太小，会使沟通小题大做、浪费时间和物资；而如果沟通当中所传递的信息量过大，则会使对方无法及时全部接受、无法分清信息主次、无法充分理解等。

②信息符号系统。由于不同的人往往有着不同的"符号—信息"系统，因而信息接收者的理解可能与发送者的意图存在偏差。在一种认知体系中，符号（symbol）是指代一定意义的意象，可以是图形图像、文字组合，也可以是声音信号、建筑造型，甚至可以是一种思想文化、一个时事人物。所有的沟通信息都是由两种符号组成的：语言符号（verbal symbol）和非语言符号（nonverbal symbol）。人类所面对的客观事物几乎是无限的，可人类只能用有限的词汇和抽象的概念工具来描述无限的事物。根据语言哲学理论，一个特定的句子去掉上下文后可以任意解释，每个人都是根据自己的阅历来对语言进行联想，赋以意义，所以对每个词的定义没有两个人是完全相同的，这便使这个世界上到处充满了误解。

（4）渠道。

沟通渠道是由发送者选择的、借由传递信息的方式。语音符号有口头和书面两种形式，每一种又可以通过多种多样的载体传递。口头沟通可以通过面谈、演说、会议、电话、音频、视频对话等多种渠道传递，而书面沟通的载体可以是信件、电子邮件、内部刊物、布告、文件、投影等。书面沟通易于记录和保存，用词精确及时；口头沟通表达效果丰富，但不能永久记录。非语言符号通过人的眼神、表情、动作和空间距离等实现人与人之间的信息交流和情感交流。

信息发送者根据不同的信息内容和具体情况选择使用不同的通道。如政府工作报告就不宜通过口头形式而应采用正式文件作为通道；而邀请朋友吃饭采用备忘录形式就显得不伦不类。因此选用恰当的渠道对有效沟通十分重要。不同渠道的选择对沟通效果有不同影响。比如，你对心仪之人说：我爱你。是当面说、电话里说、发个信息、还是弄个大屏幕公开示爱会有不同的效果。

（5）译码。

译码就是信息接收者将所获得的信号翻译成信息或者还原为原始含义。最理想的沟通，应该是通过编码和译码两个过程后信息接收者形成的信息与信息发送者的意图完全吻合，也就是说，编码和译码完全"对称"。如果译码错误，信息将会受到误解或曲解。沟通的目的就是希望信息接收者对信息发送者所发出的信息做出真实的反应及采取正确的行动，如果达不到这个目的，就说明沟通不畅，产生了沟通障碍。例如，如果沟通双方在经验水平和知识结构上差距过大，就会产生沟通障碍。在按层次传达同一条信息时，往往会受到个人的记忆、思维能力的影响，从而降低信息沟通的效率。对信息的态度不同，使一些员工和主管人员忽视对自己不重要的信息，而只重视和关心与他们利益有关的信息。

（6）信息接收者。

信息接收者即沟通客体，相对于信息发送者而言，信息接收者往往处于被告知事实、观点或被迫改变自己的立场、行为的被动地位。尽管如此，沟通主体需要了解沟通客体的特性，方能达到较好的沟通效果。因此，以客体为导向的沟通在管理沟通研究中有着重要的价值和意义，它指在沟通的全过程中，沟通目标、策略、形式都必须以客体为导向。主体需要在了解沟通客体的背景、兴趣、偏好、态度和目的的基础上，确定相应的沟通策略。

（7）背景。

沟通总是在一定的背景中发生，任何形式的沟通都要受到各种环境因素的影响。一般而言，对沟通过程发生影响的背景因素包括以下几个方面。

一是心理背景。心理背景是指沟通双方的情绪和态度，它有两个方面的内涵。其一是沟通者的情绪状态。例如，沟通者的情绪处于兴奋、激动状态与处于悲伤、焦虑状态下时，其沟通行为是截然不同的。比较而言，前者往往沟通意愿强烈，后者往往易出现沟通错误。其二是沟通者对对方的态度。如果沟通双方互有成见，沟通过程中双方较难准确理解对方思想以致出现偏差。

二是社会背景。社会背景有两方面含义。一方面，指沟通双方的社会角色关系。不同的社会角色关系有着不同的沟通模式。上级可以拍拍你的肩头告诉你要以企业为家，但你绝不能拍拍他的肩头告诫他要公而忘私。因为对应于每一种社会角色关系，无论是上下级关系，还是朋友关系，人们都有一种特定的沟通方式预期，只有相关沟通在方式上符合这种预期，才能被人们接纳。但是，这种社会角色关系也往往会成为沟通的障碍，如下级往往对上级投其所好，报喜不报忧等，这就要求上级能主动改变、消除这种角色预期所带来的负面影响。另一方面，社会背景还包括沟通情景中对沟通发生影响但不直接参加沟通的其他人。例如，自己配偶在场与否，人们与异性沟通的方式是不一样的。我们也都有这种体会，上司在场与否，或竞争对手在场与否，自己的措辞、言谈举止是不大相同的。

三是文化背景。文化背景是指沟通者长期的文化积淀，也是沟通者较稳定的价值取向、思维模式、心理结构的总和。由于它们已转变为我们精神的核心部分而为我们自动保持，是思考、行动的内在依据，因此人们通常体会不到文化对沟通的影响。例如，在师徒沟通学习中，如果师徒之间知识背景反差过大，就会给知识的传播带来"对牛弹琴"的效果。师傅要了解徒弟的知识背景和能力，徒弟也要了解师傅的长处，取人之长补己之短，认真领会师傅的意图，仔细揣摩师傅的想法。只有双方相互理解和配合后，知识交流才有可能达到心照不宣，心领神会的程度。

四是空间背景。空间背景指沟通发生的场所。特定的空间背景往往造成特定的沟通气氛。例如，在知识管理研究中，知识传播需要创造一个共同的知识创造平台和知识分享环境。知识创造在"场"中发生，知识创造平台和知识分享环境就是新的知识得以产生的场。最近几年，作为知识创造的一个平台和知识分享环境的"场""吧"的概念得到了研究。"吧"可以被认为是正在形成关系的一个分享精神（心智）的场。这样的场可以是物质的（例如，一间办公室，或者一个分散的经营场所）；可以是虚拟的（例如，E-mail、电子会议、网上聊天室等）；也可以是精神上的（例如，共同分享的经验、观点、理想等）。"吧"为个人知识或集体知识之间的分享提供了一个平台，即沟通的空间背景。

五是时间背景。时间背景是指沟通发生的时点。沟通也需要天时地利人和。有的时候，同样一件事情在不同的时间背景下会产生截然不同的沟通效果，其原因可能在于沟通的时机选择有问题。一般来说，领导周一上午都比较忙，所以这个时间一般不希望被打扰。因此，选择合适的时间进行沟通是非常重要的。

（8）外来干扰。

人们之间的信息沟通还经常受到外来干扰，即妨碍信息沟通的一切因素。无论对于信息发送者方面，还是信息接收者方面，噪声就是妨碍信息沟通的一切因素。例如：①噪声或受到限制的环境可能会妨碍一种明确思想的形成。②由于使用了模棱两可的符号可能造成编码、译码错误。③传递过程中的各种外界干扰。④心理活动导致错误信息的发送或传递。⑤价值观与文化的不同导致双方无法理解彼此的真正意思。⑥信息渠道本身物理条件的限制。⑦信息过滤，从上向下过滤和从下向上过滤造成信息失真等。

（9）反馈。

反馈是指信息接收者把收到并理解的信息反送给信息发送者，以便后者对前者是否正确理解了信息进行核实。反馈对于信息沟通的重要性在于它可以检查沟通效果，并迅速将检查结果传递给信息发送者，有利于信息发送者迅速修正自己的信息发送，从而达到最好的沟通效果。因此，为了提高沟通的准确性，减少出现误差的概率，反馈是必不可少和至关重要的。

获得反馈的方式有很多种。可以通过观察信息接收者的面部表情以获得其对传递信息的反馈，也可以直接向信息接收者提问，或者通过信息接收者的绩效获得反馈信息。当然，反馈也不一定来自对方，人们往往可以从自己发送信息的过程或已发出的信息获得反馈，当人们发觉所说的话含混不清时，自己就可以做出调整，这就是所谓的自我反馈。

与信息的传递一样，反馈的发生有时是无意的，如不自觉流露出的表情等，会给信息发送者许多启示。在企业管理中，下级要主动及时向上级反馈信息，上级也要主动培养员工养成反馈的习惯，各部门、成员形成良好的沟通行为，才能保证组织的高效率良性运转。

1.4 管理沟通的分类

在沟通过程中，根据沟通符号的种类分别有语言沟通和非语言沟通；根据是否是结构性和系统性的，沟通分为正式沟通和非正式沟通；根据在群体或组织中沟通传递的方向分为自上而下沟通、自下而上沟通和平行沟通；根据沟通中的互动性分为单向沟通与双向沟通。

1.4.1 语言沟通和非语言沟通

沟通包括语言沟通和非语言沟通，最有效的沟通是语言沟通和非语言沟通的结合，语言沟通包括口头沟通和书面沟通；非语言沟通包括声音语气、停顿与肢体动作等。

（1）语言沟通。

①口头沟通。口头沟通一般包括面谈、小组讨论、演讲、电话、会议等。

优点：快速传递和快速反馈。在这种方式下，信息可以在最短时间里进行传送，并在最短时间内得到对方的回复。如果接受者对信息不确定，迅速的反馈可以使信息发送者及时核查其中不够明确的地方，因此它能使我们及早更正错误。

缺点：当信息经过多人传送时，口头沟通的主要缺点便会暴露出来。在此过程中，卷入的人越多，信息失真的潜在可能性就越大。如果你曾玩过"传话"的游戏，就会了解它的问题所在。每个人都以自己的方式解释信息，当信息到达终点时，它的内容常常与最初情况大相径庭。如果组织中的重要决策通过口头方式在权力金字塔中上下传送，则信息失真的可能性相当大。

②书面沟通。书面沟通包括备忘录、信件、传真、E-mail、即时通讯、组织内部发行的期刊、布告栏以及其他任何传递书面文字或符号的手段。

优点：它有形而且可以核实。如果是打印的话，信息发送者与信息接受者双方都有沟通记录，且沟通的信息可以无限期地保存下去，便于以后查询。对于复杂或长期的沟通来说，这一点尤为重要。一个新产品的市场推广计划可能需要好几个月的大量工作，以书面形式记录下来，可以使计划的构思者在整个计划的发展过程中有一个参考。书面沟通的最终收益来自其过程本身。当用书面方式而不是口头方式传递信息时，常常会迫使人们进行更周全的思考。因此书面沟通显得更为严谨、逻辑性强，而且条理清晰。

缺点：它耗费时间长。同是1小时的测验，通过口头沟通，你向教师传递的信息远比书面沟通多得多。事实上，花费1个小时写出的东西只需10～15分钟就能说完。所以，虽然书面沟通更为精确，但它也耗费了大量的时间。书面沟通的另一个主要缺点在于它缺乏反馈。口头沟通能使信息接收者对于自己听到的东西做出迅速回应，而书面沟通则不具备这种内在的反馈机制。其结果是无法确保发出的信息能够被接收到，即使被接收到，也无法保证信息接收者按照信息发送者的本意对信息进行解释。

（2）非语言沟通。

据美国加州大学洛杉矶分院的研究发现，一个人要向外界传达完整的信息，单纯的语言成分只占7%，声调占38%，另外55%的信息都需要由非语言的体态来传达，而且因为肢体语言通常是一个人下意识的举动，所以，它很少具有欺骗性。

人类自然沟通手段中的各种非语言手段，诸如姿势、表情、眼神、形体动作、身体接触以及服装的选择、仪态妆容、香水气味和时间与空间的使用形式等都具有符号意义，都可以通过人的视觉、听觉、触觉、嗅觉等感知渠道来表情达意。它不但可以加强、扩大语言手段的作用，还可以弱化、抵消语言手段的效果。

非语言沟通的运用，有助于沟通主体更准确、更清晰地传递信息，也有助于沟通对象更完整、更正确地接收相关信号。卓有成效的管理者除了需要熟练掌握语言沟通技巧之外，还需要正确运用非语言工具增强自己语言的表达能力和感染能力。敏锐捕捉、准确识别对方在沟通中通过各类非语言因素流露出来的信息，才能顺利达成沟通目的。

按照非语言沟通信息传递的介质分类，非语言沟通可以分为副语言沟通、身体语言沟通及环境语言沟通（详见第 14 章）。

1.4.2　正式沟通与非正式沟通

在正式组织内，成员间所进行的沟通，可因其途径的不同分为正式沟通与非正式沟通两种方式。

（1）正式沟通：是指在组织内部，依据组织明文规定的原则进行的信息传递与交流。例如政府各级组织之间的公函往来，组织内部的文件传达、召开会议，下级向上级的定期汇报等。

正式沟通的优点是：沟通效果好，比较严肃，约束力强，易于保密，可以使信息沟通保持权威性。重要的消息和文件的传达，组织的决策等，一般都采取这种方式。其缺点在于，因为依靠组织系统层层传递，所以很刻板，沟通速度很慢，此外也存在着信息失真或扭曲的可能。

正式沟通的形态（见图 1-3）。

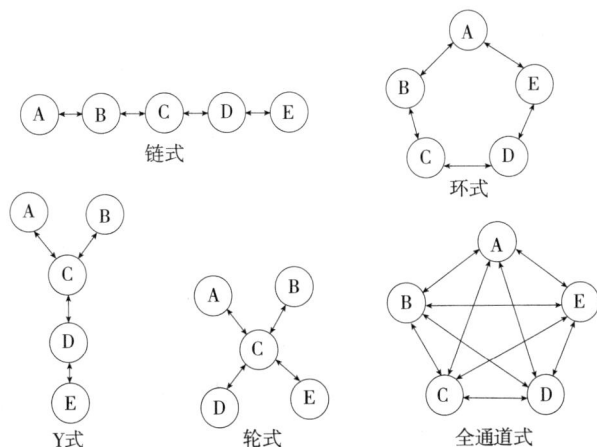

图1-3　正式沟通的形态

①链式沟通。这是一个平行网络，其中居于两端的人只能与内侧的一个成员联系，居中的人则可分别与两人沟通信息。在一个组织系统中，它相当于一个纵向沟通网络，代表一个五级层次，逐渐传递，信息可自上而下或自下而上进行传递。在这个网络中，信息经层层传递、筛选，容易失真，各个信息传递者所接收的信息差异很大，平均满意程度也有较大差距。此外，这种网络还可表示组织中主管人员和下级部属之间中间管理者的组织系统，属控制型结构。

在管理中，如果某一组织系统过于庞大，需要实行分权授权管理，那么，链式沟通网络是一种行之有效的方法。

②环式沟通。此形态可以看成是链式形态的一个封闭式控制结构，表示5个人之间依次联络和沟通。其中，每个人都可同时与两侧的人沟通信息。在这个网络中，组织的集中化程度和领导人的控制程度都较低，畅通渠道不多，组织中成员具有比较一致的满意度，组织士气高昂。

如果在组织中需要创造出一种高昂的士气来实现组织目标，环式沟通是一种行之有效的措施。

③Y式沟通。这是一个纵向沟通网络，其中只有一个成员位于沟通内的中心，成为沟通的媒介。在组织中，这一网络大体相当于组织领导，秘书班子再到下级主管人员或一般成员之间的纵向关系。这种网络集中化程度高，解决问题速度快，组织中领导人员控制程度较高。除中心人员（C）外，组织成员的平均满意程度较低。此网络适用于主管人员的工作任务十分繁重，需要有人选择信息，提供决策依据，节省时间，而又要对组织实行有效的控制。但此网络易导致信息曲解或失真，影响组织中成员的士气，阻碍组织提高工作效率。

④轮式沟通。属于控制型网络，其中只有一个成员是各种信息的汇集点与传递中心。在组织中，大体相当于一个主管领导直接管理几个部门的权威控制系统。此网络集中化程度高，解决问题的速度快。主管人（C）的控制程度很高，而沟通的渠道很少，组织成员的满意程度低，士气低落。轮式网络是加强组织控制、争时间、抢速度的一个有效方法。如果组织接受紧急攻关任务，要求进行严密控制，则可采取这种网络。

⑤全通道式沟通。这是一个开放式的网络系统，其中每个成员之间都有一定的联系，彼此了解。此网络中组织的集中化程度及主管人的控制程度均很低。由于沟通渠道很多，组织成员的平均满意程度高且差异小，所以士气高昂，合作气氛浓厚。这对于解决复杂问题，增强组织合作精神，提高士气均有很大作用。但是，由于这种网络沟通渠道太多，易造成混乱且又费时，影响工作效率。

上述种种沟通形态和网络各有其优缺点。作为一名主管人员，在管理工作实践中，要进行有效的人际沟通，就需发挥其优点，避免其缺点，使组织的管理工作水平逐步提高。

（2）非正式沟通：是指正式组织途径以外的信息流通程序，一般由组织成员在感情和动机上的需要而形成。

它可以弥补正式沟通渠道的不足，传递正式沟通无法传递的信息，使管理者了解在正式场合无法获得的重要情况，了解员工私下表达的真实看法，为决策提供参照，减轻正式沟通渠道的负荷量，促使正式沟通提高效率等。

一位总经理曾经说过："如果我散布一条谣言，我知道在一天内我就能听到反应；如果我传递一份正式备忘录，我要等待三个星期才能听到反应。"

研究表明，非正式沟通的内容和形式往往能够很快被人知道。它具有以下特点：

● 消息越新鲜，人们谈论得越多；

● 对人们工作有影响，最易招致谈论；

● 最为人们熟悉的，最多为人们谈论；

● 在工作上有关系的人，往往容易被牵扯到同一传闻中去；

● 在工作上接触多的人，最可能被牵扯到同一传闻中。

优点：沟通方便，内容广泛，方式灵活，沟通速度快，可用以传播一些不便于正式沟通的信息。而且由于在这种沟通中比较容易把真实的思想、情绪、动机表露出来，因而能提供一些正式沟通中难以获得的信息。管理者要善于利用这种沟通方式。

缺点：非正式沟通难以控制，传递的信息不确切，容易失真、被曲解，且可能促进小集团、小圈子的建立，影响员工关系的稳定和团体的凝聚力。如果能够对企业内部非正式的沟通渠道加以合理利用和引导，就可以帮助企业管理者获得许多无法从正式渠道取得的信息，在达成理解的同时解决潜在的问题，从而最大限度提升企业内部的凝聚力，发挥整体效应。

1.4.3　上行沟通、下行沟通和平行沟通

按组织内部信息沿职位关系流动的方向来分，可以分为上行沟通、下行沟通和平行沟通。

（1）上行沟通。

上行沟通是指与上司之间的沟通，也包括与上司的同事、上司的上司之间的沟通。在上司面前，主管扮演的是替身的角色。因此，辅助上司就是主管最重要的工作之一，而有效辅助上司需要与上司进行有效的沟通。

一般来说，上行沟通主要有 4 种形式：接受指示、汇报工作、商讨问题和表达不同意见。

（2）下行沟通。

下行沟通与上行沟通正好相反，是居上者向居下者传达意见、发号施令等，即通常所说的上情下达。下行沟通时，"上"应是主体。要想沟通顺畅，上司要降低自己的姿态，不要一副高高在上的样子使下属畏惧，产生不愿意沟通的反感。

分享：中国文化下的上行沟通与下行沟通

（3）平行沟通。

平行沟通是指同阶层人员的横向联系，如公司内部同级部门之间都需要平行沟通，以促进彼此的了解、加强合作，免得产生隔阂、影响团结。平行沟通的目的是交换意见，以求心意相通。对上沟通、对下沟通，彼此之间都会保留三分的礼让空间，比较容易找到合理的平衡点。平级之间，大家一样大，很容易产生"谁怕谁"的心态，对沟通十分不利。在这种情况下，要想顺利沟通，要先从自己做起，尊重对方，对方才会用同样的态度对待你。中国人是讲交互的，你敬我一尺，我敬你一丈。所以，你尊重对方，对方也自然会尊重你，这样才方便沟通。

1.4.4　单向沟通和双向沟通

沟通按照是否进行反馈，可分为单向沟通和双向沟通。

单向沟通是指在沟通过程中，信息发送者负责发送信息，信息接收者负责接收信息，信息在全过程中单向传递。单向沟通没有反馈，如作报告、发指示、下命令等。单向沟通的优缺点：单向沟通的速度快，信息发送者的压力小。但是接收者没有反馈意见的机会，不能产生平等和参与感，不利于增加接收者的自信心和责任心，不利于建立双方的感情。

双向沟通是指信息发出者和信息接收者之间进行双向信息传递与交流。在沟通中双方位置不断变换，沟通双方往往既是信息发送者又是信息接收者。双向沟通中的信息发送者以协商和讨论的姿态面对信息接收者，信息发出以后还需及时听取反馈意见，必要时双方可进行多次重复商谈，直到双方共同明确和满意为止。如交谈、协商等。双向沟通的优点是沟通信息准确性较高，信息接收者有反馈意见的机会，产生平等感和参与感，增加自信心和责任心，有助于建立双方的感情。

管理者应当学会在不同情景下合适地选择单向沟通与双向沟通。如一个组织如果只重视工作的快速与成员的秩序，宜用单向沟通；大家熟悉的例行公事、低层的命令传达，可用单向沟通；如果要求工作的正确性高、重视成员的人际关系，则宜采用双向沟通；处理陌生的新问题、上层组织的决策会议，双向沟通的效果较佳。从领导者个人来讲，如果经验不足，无法当机立断，或者不愿下属指责自己无能，想保全权威，那么单向沟通对他有利。

1.5　管理沟通技能开发模型

有效的技能开发当然不能只是按照书上的理论知识列表行事。管理沟通技能的提高既需要有必要的理论知识基础，还必须有相当比例的实际应用。由此提出管理沟通技能开发的四步骤学习模型，如表1-3所示。每章的结构也据此进行组织。

表1-3　管理沟通技能开发模型

步骤	内容	目标
技能评估	评估工具、角色扮演	评估现有的技能和知识水平；使个体准备改变
技能学习	书面材料、行为指导	教授正确的原则，解释行为指导的原理
技能分析	案例	提供技能表现正反两方面的案例，分析他们的行为原则和工作的原因
技能应用	任务（行为的和书面的）	将课堂所学的知识应用于现实生活的情境促进持续的个人开发

第一步：技能评估。通过一些评估工具，如果能诚实作答并尽可能准确地完成这些工具，就会了解现有的技能水平和行为原则知识。

第二步：技能学习。以科学研究为基础，解释需要掌握的开发有效技能所必须的知识、方针和原则，从而明确如何成功地开发和执行技能。

第三步：技能分析。提供成功或不成功的技能效果的案例或事例，搭建知识理解和行为运用之间的桥梁。

第四步：技能应用。提供建议的作业，从而可以在真实生活环境中使用技能。

技能应用分析

案例分析与即测即评

※ 情景模拟训练

（1）列举一个对你来说很重要，但没有明显解决方案的问题。

它可能与你的家庭、你在学校的经历、你的工作环境或者一些人际关系有关。通过领悟管理沟通的内涵，用沟通的方式找到问题的创造性解决方案，花些时间把这项工作做好，把你的经验描述下来。

（2）沟通游戏。

游戏目的：说明在沟通中会出现许多错误，体会沟通中的双向互动过程。

形式：将全体学员分成 4~5 人一组。

时间：10~12 分钟。

材料：积木。

场地：教室及可利用的教室外的场地。

操作步骤：①每个小组出 3 名成员。一名扮演工程师，一名扮演工人，一名扮演观察者。小组的其他成员为监督员。一组的监督员监督二组 3 名队员的反应，二组的监督员监督三组 3 名成员的反应……依此类推。②将积木分成相同的两部分，发给"工程师"与"工人"。"工程师"与"工人"背对背。由"工程师"负责叙述自己的设计思路（一边叙述一边搭建），"工人"按照"工程师"的指令搭建。要求"工程师"与"工人"不能看对方搭建的积木，但可以通过语言交流。③观察者负责观察，不能做出任何暗示；监督者负责监督这 3 名成员的行为，也不能做出任何暗示。④规定时间为 10 分钟，规定时间用完后，检查工程师与工人搭建成果的异同。⑤请四种角色的学员谈谈自己的游戏感受，教师给予总结。

第2章　管理沟通障碍分析

自我技能测试　*测测你的沟通能力。*

（1）你刚走进办公室，你的一位同事悄悄地对你说："老板找你。"你会怎么应对？（　　）

A. 认为他在搞恶作剧

B. 主动找老板询问是什么事

C. 马上向他打听

（2）你所在的部门只有一个晋升机会，上司没有把机会给那个条件好像比你好的人，而是给了你。上任第一天，你如何对待曾经的竞争者？

A. 打听他的QQ号或者经常进他的聊天室，以不知情的方式和他聊天

B. 不会找那个人，就当什么也没有发生

C. 请同事们吃饭，并同时向他表示你的诚意

（3）如果你是部门主管，发现你的下属经常早退，工作业绩有明显的下滑，你会怎么办？（　　）

A. 定制度，早退罚款

B. 每天下班前开个小例会，直到大家觉悟为止

C. 找到那些早退的人长谈，找出原因

（4）当你看到自己的亲友或邻居为一些琐事而争吵时，你会怎么处理？（　　）

A. 问清原因后加以劝解

B. 在一旁观看，并防止意外发生

C. 不闻不问，让他们吵

（5）你异性好友的追求对象邀请你一起吃饭，第二天，你的好友反复追问你谈话的内容，你会怎么办？（　　）

A. 轻描淡写，淡化主题

B. 只字不提

C. 给好友提一些建议

评分标准：

选项	题号				
	1	2	3	4	5
A	1	2	1	1	2
B	3	1	3	2	1
C	2	3	2	3	3

测试结果见附录。

本章学习目标：

◆ 沟通存在各种障碍，与个人相关的沟通障碍叫做个人障碍，与企业相关的沟通障碍叫做组织障碍。

◆ 沟通的个人障碍分别是地位的差异、来源的信度、认知的偏误、过去的经验和情绪的影响。

◆ 沟通的组织障碍分别是信息泛滥、时间压力、组织氛围、信息过滤和缺乏反馈。

◆ 克服沟通障碍有三种方法：利用反馈，简化语言和主动倾听。

引例

秀才买木柴

有一个秀才去买木柴，他对卖木柴的人说："荷薪者过来！"卖木柴的人听不懂"荷薪者"（担柴的人）三个字，但是听得懂"过来"两个字，于是把木柴担到秀才前面。秀才问他："其价如何？"卖木柴的人听不太懂这句话，但是听得懂"价"这个字，于是就告诉秀才价钱。秀才接着说："外实而内虚，烟多而焰少，请损之。"（你的木柴外表是干的，里头却是湿的，燃烧起来，会浓烟多而火焰小，请减些价钱吧）卖木柴的人想了半天，还是听不懂秀才的话，于是担着木柴就走了。

沟通要追求的是使信息能准确传达、顺畅交流，既让对方明白你的意思，又能收到来自对方的回应。而在沟通实践中信息发送者到信息接收者的沟通过程并非都是畅通无阻的，其结果也并非总是如人所愿。成功的沟通还要跨越各种沟通障碍。

2.1 管理沟通的障碍

沟通障碍是指导致信息在传递过程中出现的"噪音"、失真或停止的因素或原因。

沟通障碍的存在，使企业无形中为此增加了一项成本——沟通成本。作为管理者，克服沟通障碍，做一个真正的沟通高手，应成为重要的管理任务。在沟通的过程中会有很多障碍，从沟通过程看，产生沟通的障碍主要包括：信息发送者障碍、信息接收者障碍、沟通渠道障碍、信息障碍和反馈障碍；从障碍产生的主体来看，大体分为个人之间存在的沟通障碍（个人障碍）和公司内部存在的沟通障碍（组织障碍）。

2.1.1　沟通过程各要素产生的障碍

（1）信息发送者障碍。在沟通过程中，信息发送者的情绪、倾向、个人感受、表达能力、判断力、人格影响力等都会影响信息的完整传递。障碍主要表现在：

- 信息传达的方式不佳；
- 信息传达者能力不佳；
- 信息发送无目的或目的混乱；
- 信息传送不完整；
- 信息传递不及时或不适时；
- 知识经验的局限；
- 对信息的过滤不当；
- 信息发送者可信度不高。

案例鉴赏2-1　上司何时要报告呢？

（2）信息接收者障碍。在沟通的另一端，信息接收者由于受情绪、倾向、兴奋点、共鸣性、注意力、判断力、记忆力等因素影响，信息接收者也会因自己的地位、角度、立场、需求和价值观等方面的差异，不能很好地理解信息内容。这方面的障碍表现在：

- 信息接收者的不良情绪或心理障碍；
- 信息的理解力不够；
- 信息接收者译码不对称；
- 信息不符合信息接收者的习惯；
- 信息接收者对信息的筛选；
- 信息接收者的承受力有限。

（3）沟通渠道障碍。沟通渠道的问题也会影响到沟通的效果。沟通渠道障碍主要有以下几个方面：

● 选择沟通媒介不当。比如对于重要事情而言，口头传达效果较差，信息接收者会因为"口说无凭""随便说说"而不加重视。

● 几种媒介相互冲突。当信息用几种形式传送时，如果相互之间不协调，会使信息接收者难以理解传递的信息内容。如领导表扬下属时面部表情很严肃甚至皱着眉头，就会让下属感到迷惑。

● 沟通渠道过长。组织机构庞大，内部层次多，从最高层传递信息到最低层，从低层汇总情况到最高层，中间环节太多，容易使信息损失较大。

● 外部干扰。信息沟通过程中经常会受到自然界各种物理噪声、机器故障的影响或被他事物干扰所打扰，也会因双方距离太远而沟通不便，影响沟通效果。

分享：信息确认的途径

（4）信息障碍。信息障碍是指词不达意，不能用很好的方式把真实的想法和意图恰当、准确地表达出来。而过多的信息传递环节、不确定的信息来源，也造成管理沟通过程中的信息障碍。面对每天接收到的各种信息，一定要抱有适当的怀疑态度，并通过各种途径进行确认，以保证信息的可靠性和真实性。

（5）反馈障碍。反馈障碍是指信息传递后，对方没有做出任何回应。管理工作中获得反馈信息的主要障碍有以下方面：

● 上级的态度很冷淡，根本不想征求员工的意见；

● 上级似乎从未认真听过任何人的讲话；

● 没有人提出要征求反馈意见；

● 员工觉得自己资历浅，没有经验，自己的观点不会被重视；

● 员工没有机会给出反馈意见；

● 员工与上级的意见不一致，有所顾虑。

分享：你收到消息是否能及时回复？

2.1.2 沟通的个人障碍

沟通的个人障碍有四种，即地位差异、语言障碍、经验障碍和心理障碍。

（1）地位差异。

组织成员间因地位不同而造成的心里隔阂，这种情况在管理上称为"位差效应"。其意指：由于地位不同使人形成上位心理（优越感）与下位心理（自卑感），具有上位心理的人因处在比别人高的层次而有某种优越感，其自我感觉能力等于他的实际能力加上位助力；具有下位心理的人因处在比别人低的层次而有某种自卑感，其自我感觉能力等于他的实际能力减下位减力。在企业中，由于组织结构层级的划分使组织成员之间出现地位差异、权力有别，造成沟通中的障碍。人们一般愿意与地位较高的人沟通，地位的高低对沟通的方向和频率有很大的影响。由于信息趋向于从地位高的流向地位低的，因此地位相差越悬殊，信息传递层次越多，信息到达目的地的时间越长，信息失真率也越大，越不利于沟通。

管理培训师余世维曾形象地用人体的三个器官比喻：向下沟通没有心，向上沟通没有胆，水平沟通没有肺。

案例鉴赏2-2　上司究竟是什么意思呢？

企业中的地位差别，会导致人们看待问题的角度不同，理解问题的思路不同，解决问题的方法不同，进而导致沟通中的立场不同，给高效的沟通带来挑战。

①沟通的曲解。当一个人分不清材料的实际性和自己的观点、感觉、情绪等的界限，曲解就会发生。主管和部属都倾向于根据自己的观点、价值观念、经验和背景来解释信息，而不对它做客观的解释，由于语言及媒介使用不当，信息接收者对信息发生误解而造成沟通的曲解。

人们在发送和接收信息时，往往会掺杂自己的主观态度。例如，上级向部属传达指示，部属往往不是如实地理解这些指示，而是猜测这种指示的"言外之意""弦外之音"等。这都说明信息在沟通过程中被曲解，致使沟通失效。

②接收选择性。人们对于符合自己需要的又与自身利益有关的信息内容容易听进去，而对自己无利的则不容易听进去。这样就会在不经意中产生知觉的选择性，造成沟通障碍。如果看待事情时不客观，让个性因素占了主导地位，问题也就被个性化了，比如主管和部属的个性常常发生冲突，并因此产生沟通障碍。

③过分依赖正式沟通。过分依赖正式沟通，不利用其他来源和方法，会导致沟通系统产生缺口。沟通缺口指沟通的正式"网络"中所存在的缺陷或漏洞。正式沟通网

络是沿着团队的权责路线建立的，随着团队的增长和扩大，这些"网络"便倾向于变得大而复杂，如果又没有工作计划，沟通"网络"中便会出现缺陷。

④层次差异。主管和部属之间的层次存在着各种差异。主管常常容易忽视部属的知识层次，倾向于使用主管术语（技术性的或行政性的），而部属对这些术语却常一无所知，若信息发送者与信息接收者在知识水平上相差太大，在信息发送者看来很简单的内容，而信息接收者却由于知识水平太低理解不了，双方没有"共同的经验区"，信息接收者不能正确理解信息发送者的信息，沟通就会出现障碍。

⑤上级与部属间缺乏信任。信任障碍主要与部属和主管相处的经历有关。一方面，部属会隐瞒或过滤掉一些报告给上级后对自己无益的坏消息；另一方面，上级用种种手段来利用部属为自己牟取私利，以提升职位、显示功劳以及树立良好的形象。这些不好的行为都会损毁上级与部属之间的信任。

（2）语言障碍。

语言是最重要的沟通工具，但语言又是一种极其复杂的工具。有效运用语言是良好沟通技能的前提。但由于语言的复杂性，沟通中的语言障碍会影响沟通效果。

案例鉴赏2-3　You、He And She

①语音差异造成隔阂。不同国家和民族通常有自己的语言，即使在同民族内部，由于地域的差异，语音的发音以及某些词汇所表达的特定意义也不尽相同，这些都给语言沟通设置了障碍。

②语义不明造成歧义。主要是沟通主体之间在语法表达及词汇选择不明确，不能清晰表达沟通目的。

③专业术语引起理解障碍。沟通主体所处的行业环境和专业背景不同，其专业术语和专有名词会令人产生隔阂感，影响沟通的正常效果。在沟通时，遇到专有名词，尽量地将它直白化，以方便沟通对象理解。比如券商会说："哎呀，你怎么买ST股呢？你应该买这个除权股！"什么叫作ST股，可以说没有几个人讲得清楚，除非是对股票很熟悉的人。ST的英文全称是Special Treatment，翻译为"特别处理"，ST股就是指"财务状况或其他状况异常"的上市公司的股票。除权股的意思是股息已经分过了，这样的股票通常比较便宜，逢低把它买进将来有涨价的空间。可是对这种除权股的概念，只有金融界的人士明白。

（3）经验障碍。

"你来的时间也不短了，怎么连这个小问题都解决不了呢？拧紧螺丝不就行了嘛！"

"根据我的经验，这种创新的想法几乎就是异想天开，都是一群没有经验的人闭门造车的想法。"

有经验的人可能无法理解他人为什么如此简单的事情都做不好。也正因为有经验，他们容易为经验所困，进而否定创新和变革的想法。

经验只能用来参考。如果一个人动不动就讲自己的经验，很容易犯一个毛病，就是"我的话就是对的"，这其实就是"自大"，是一种破坏性的沟通心态。

案例鉴赏2-4　蜜蜂与苍蝇

正确认识自己的经验：

●要点一：经验是自己的，不是所有人都有同样的经验。

●要点二：自己的经验是基于之前某一阶段的积累，可能现在时期不再适用。因此，不要说"这个想法我们五年前就试过了，根本行不通"。

●要点三：自己的经验是宝贵的财富，但同时也可能让自己闭目塞听，成为进步的障碍。

（4）心理障碍。

现实的沟通活动还为人的认知、情感、态度等心理因素所左右，有些心理状态常对沟通造成障碍。

①认知偏误。

●首因效应。是指在人际交往中给人留下的初次印象特别深刻，以后要改变这些印象往往不太容易。这种现象显然是不利于人际关系的。第一印象又容易限制我们对他人的进一步了解。"路遥知马力，日久见人心"的古训是有一定道理的。在人际交往中，要注意克服首因效应的影响。

●近因效应。与首因效应相反，是指交往中最后一次见面给人留下的印象，这个印象在对方的脑海中也会存留很长时间。比如多年不见的朋友，在自己的脑海中的印象最深的，其实就是临别时的情景；又如，某员工近期突然出现了异常言行，使上司印象非常深刻，以致推翻了根据过去此人一贯表现所形成的看法，从而导致一定的偏见。

●晕轮效应。晕轮效应是指人们对他人的知觉容易产生偏差倾向。当一个人对另一个人的某些主要品质形成印象以后，就认为这个人的一切都很不错。这就像月亮周围的大光环是月亮的扩大一样，所以称为晕轮效应。

●定势效应。定势效应是指在人们头脑中存在的关于某一类人的固定形象。当我们认识他人时，常常会有一种有准备的心理状态，按照事物的外部特征对他们进行归类，从而产生定势效应。

●刻板效应。刻板效应是在人际交往中，对某一类人进行简单的概括归类所形成的不正确印象。比如说英国人保守，美国人不拘小节，犹太人会做生意等。刻板效应使人们在无形之中戴上了涂有偏见色彩的有色眼镜。

②情绪障碍。人总是带着某种情感状态参加沟通活动的。在某些情感状态下，人们容易吸收外界的信息，而在另一些情感状态下，信息就很难输送进去。如果不能有效驾驭自己的情感，就会有碍沟通。所以，人在情绪不好的时候不要做决策。企业领导不要一上火就随便开除员工，也不要做一些他人不能接受的事，因为你可能会后悔。沟通的目的是解决问题，如果你在情绪冲动时做了决策，问题不但不会解决可能还会被你弄得更糟。

案例鉴赏2-5　善于控制情绪的唐太宗

③态度障碍。对信息的态度不同所造成的障碍。这又可分为不同的层次来考虑。一是认识差异。在管理活动中，不少员工和管理者忽视信息的作用这一现象还很普遍，这就为正常的信息沟通造成了很大的障碍。二是利益观念。在团体中，不同的成员对信息有不同的看法，所选择的侧重点也不相同。很多员工只关心与他们的物质利益有关的信息，而不关心组织目标、管理决策等方面的信息，这也成了信息沟通的障碍。

④性别差异障碍。男性和女性在沟通方式上存在差异。德博拉·坦嫩（Deborh Tannen）的研究指出：男性利用交谈强调地位，女性利用谈话和其他人建立联系。比如对出现的问题，男性表达会更直接"我认为你在那件事上做的不对"。而女性会说"你看了营销部门对那个问题的研究报告了吗？"女性的意见中所隐含的意思是报告将指出对方犯的错误，不像男性那样说话直接而由此产生的地位优越感和胜人一筹。另外女性在社交中比男性更为敏感，更容易受到暗示。有人曾做过这样的试验：甲、乙两个女性在聊天，丙（第三个女性）出现，甲、乙没看到丙之前聊的眉飞色舞，看到

丙以后就不说话了，研究结果表明大多数女性心里会很不舒服，总觉得是在说自己。而在男性中间做同样的试验，就不会有强烈的反应。

2.1.3 管理沟通的组织障碍

组织机构臃肿，结构设置不合理，各部门之间职责不清、分工不明，就会给沟通双方造成一定的心理压力，引起传递信息的失真和歪曲，从而失去信息沟通的有效性。

沟通的组织障碍指组织的内部结构以及组织长期形成的传统及气氛，对内部的沟通效果直接产生影响。管理沟通的组织障碍包括组织缺乏沟通氛围、信息泛滥、信息过滤、缺乏反馈等。

（1）组织缺乏沟通氛围信息发自一个高度依赖和开诚布公的组织，它被接收的可能性要比来自那些气氛不正、相互猜忌的组织大得多。比如，开会的时候只要下面有人说："总经理，对这个事情我有几点看法。"如果总经理听到这个话后，脸色不太好看或者显得很不耐烦，那么这个总经理肯定是不太喜欢跟下属沟通的，底下的人就会噤若寒蝉，什么话都不讲。其实，在很多公司里，大家之所以都不太讲话，主要就是由公司沉闷的氛围造成的。相反，领导如果很喜欢大家发言，他就会听到很多不同的意见，而这些意见里面很多都是有益的、值得借鉴的，这会对领导本人以及公司的发展带来莫大的好处。

案例鉴赏2-6 纳科尔的激辩会议

（2）信息泛滥。现在的管理者常常抱怨信息过载，电子邮件、电话、传真、会议和专业资料带来的大量信息使人应接不暇，要处理和消化几乎不可能。如果信息泛滥，超出了个人处理能力和使用能力，往往会被剔除、忽视、不注意或被忘记，或者等到信息量较少时再做进一步处理。无论哪种情况都会导致信息流失和沟通效率的降低。其实，根据研究，100 页的资料中真正有帮助的只有 10 页，绝大多数都是无用的信息。这些垃圾信息极容易耽误和干扰我们的正常工作，因为它会把少数的有用信息"吞没"掉，从而造成无法挽回的损失。

（3）信息过滤。我们知道，香烟的一端有个滤嘴，是为了过滤香烟里面的碳粒子和焦油，尤其是为了过滤有害物质尼古丁。信息也有过滤的现象，在公司内部，当上情不能下达、下情不能上达时，信息就在中间被过滤掉了。信息过滤的程度往往与组织的纵向层级和组织文化有关。组织的纵向层级越多，过滤的可能性就越大。如图 2-1 所示。

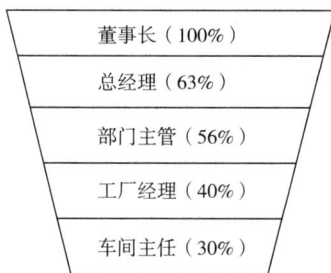

图2-1　公司危机知晓情况

（4）缺乏反馈。沟通中，若只是听了对方的讲话而没有把重要信息及时反馈给对方，等于是对他的冷漠，会严重影响到沟通效果。没有反馈，就无法做好沟通。假如对方没有反馈，我们会误以为对方已经听明白而不再解释，其实对方一直都没有听明白。反之，对方误解了你的话，但他没有向你反馈，你也不知道他对你的误解，他就照他误解的方法去操作了。

2.2　克服沟通障碍

2.2.1　克服沟通阶段障碍的策略

（1）整理信息内容。

当面对信息不完整、不精确，未能真正表达自己的意思时。处理措施：要确认所要讲述的内容已包括了所有要点，确切地表述自己的意思。

分享：信息管理

（2）恰当表达信息。

当信息的表述方法并不适合某一特定的人或群体。处理措施：根据接收对象的不同，调整表述方法的难度、风格、语气等，以适应"听众"的需要，并且表明自身的感受。同时确认信息到达接收方时未受到任何干扰，而且接收方在信息发送前已经做好接收准备。

（3）选择适合的发送信息方式。

比如：一个复杂冗长的传真完全可以被只有 5 分钟的简短谈话所代替。处理措施：确认消息的发布方式是否合适，是否还有更好的方式，建议使用多媒介的发布方式。

（4）接收信息。

如果信息的接收存在一些问题。例如，由于信息接收方的问题而导致错误；又如，电脑出问题，E-mail 延迟收到等。处理措施：确保特定的方式能让信息及时、准确地到达目的对象；如果必要的话，保证"传输线路"的通畅，否则信息很可能会丢失，而面对面交流可以减少此种干扰。

（5）解释信息。

如果信息被不恰当地解释。比如，没有提醒信息接收方某部分内容很重要，因为认为此部分重要性显而易见，但是信息接收方却持不同的观点。处理措施：努力设身处地地去理解信息接收方的感受。

（6）信息确认。

如果没有尽力去获得或听取反馈信息，不知信息是否已被对方正确理解。处理措施：通过反馈信息及时核实信息到达了接收方并被正确理解——向"听众"提出问题并听取对方的意见。这是计划执行前核实信息是否被大家理解的最后机会。

2.2.2　克服组织沟通的障碍

在组织沟通时会碰到很多障碍，这时要充分运用沟通的基本原理，进行双向完整的信息沟通并获得及时反馈，运用多媒介和其他辅助工具，确保体态、表情、动作和所表达的内容完全一致。

（1）改进组织沟通的准则。

为了使组织沟通更有效，改进组织的沟通主要有以下准则：第一，清晰的信息和目的，能够具体化、数量化；第二，制定符合实际的沟通计划；第三，建立完善的信息沟通机制；第四，充分考虑信息接收者的需要；第五，确保信息被完整地理解；第六，调整感情和心理状况；第七，牢记有效的沟通是双方的职责。

（2）检讨信息沟通的渠道。

许多企业强调沟通，却往往忽视有效沟通渠道的建立。企业规模不大时，这种问题可能表现得不会很明显。在企业中，信息的交流主要有三种：上传、下达、平行交流。以上传为例，最大的问题就在于言路不畅，当管理层次增加以后，基层的声音就很难传达到高层领导那里。要解决这些问题，最好的方法就是打破上下级之间的等级壁垒，尽可能实现平等交流。在沃尔玛，这一信条得到了完美的体现。沃尔玛公司一再强调倾听基层员工意见的重要性，即使现在公司规模不断扩大也是如此。在公司内，沃尔玛实行门户开放政策，即任何时间、任何地点、任何员工都有机会发言，都可以以口头或书面形式与管理人员乃至总裁进行沟通，提出自己的建议和关心的事情，包括投诉。公司保证提供机会讨论员工们的意见，对于可行的建议，公司会积极采纳。

（3）认真聆听双方的意见。

在沟通过程中，要认真聆听双方的意见，双方进行互动和陈述，并要求倾听和反馈，相互感觉到理解和同情，真正理解对方的意思，并运用复述的方法确认含义，要求真实和担当。第一，建议领导听取下级员工的"小报告"，但要培养团队规则，不能因为先入为主而影响领导对下级员工的正确评价；第二，建议企业提倡下级员工向高层反映问题，并要求反映的问题要实事求是，对所讲的话有担当，负责到底；第三，要求员工尽量提供书面沟通意见，保证陈述的问题实事求是。

（4）书面沟通的改进。

经理人需要书面沟通，在进行书面沟通时，需要注意以下几个方面：第一，突出结论，主题鲜明；第二，简明平和，图文并茂，通过图表举实例说明问题；第三，要用短语短句，文体要适当；第四，学会使用麦肯锡的金字塔沟通法。金字塔原理是指沟通从结论开始，鲜明地亮出结论和中心思想，在这个过程中要添加悬疑的作用，让对方产生好奇心，然后一步一步向前推进，给论点提供支撑。在演讲、写作和说话中，都可以运用金字塔原理。

（5）提倡平等沟通。

研究表明：来自领导层的信息只有 20%~25% 被下级知道并正确理解，而从下到上反馈的信息则不超过 10%，但平行交流的效率可达到 90% 以上。平行交流的效率之所以如此之高，是因为平行交流是一种以平等为基础的交流。平等的沟通渠道，可以大大增加领导者与下属之间的协调沟通能力，使他们在价值观、道德观、经营哲学等方面很快地达成一致；可以使上下级之间、各个部门之间的信息形成较为对称的流动，业务流、信息流、制度流也更为通畅；信息在执行过程中发生变形的情况也大大减少。平等交流是企业有效沟通的保证。

2.3　打通沟通障碍的三个环节

2.3.1　表达

没有表达就没有沟通，可以说，表达是沟通的第一步——向其他人阐述你的主张，思想。我们每天都在以各种不同的方式向其他人进行着表达，传递我们的信息。

（1）向谁表达。

听众分析：我的听众究竟是谁？我与听众之间的关系怎样？听众目前的态度是怎样的？我的建议同听众自身的利益之间的关系是什么样的？

表达什么：内容分析，在日常管理活动中，根据要接触的沟通对象不同。表达内容可以有：

①同上司的沟通：汇报工作、提建议、商计问题；

②同下属的沟通：命令、批评、讨论；

③水平沟通：日常交流。

（2）有效表达的要点。

①选择一个恰当的时间。你自己或是委托你的秘书，安排一个时间，使你和你的听众在这个时间里进行交谈，不受外界的影响。如果事情很重要，可以安排一个较长的时间。同时，如果可能的话，尽量估计一下应使用的时间，告诉你的听众谈话会进行多长时间，并尽量在规定时间内结束。

②有一个恰当的地点。思考一下你所要表达的事情，什么样的事情需要一个正式的场合，什么样的事情可以在一个较为宽松或随意的环境下交谈。考虑你在表达过程中是否不受干扰。一般情况下，同听众以正式的方式交谈，需要一个不受干扰的空间，不要一会儿走进一个人要你签字，一会儿又走进一个人要你处理其他的事，这样会打断你的思路，同时也会分散听众的注意力，不利于进行正确的表达，有时甚至会产生其他意想不到的后果。

③表达应当确切、简明、扼要和完整。拖泥带水，说了半天也说不清楚的表达，或是以为你的听众没有明白，一个观点重复了半天，很快就会使你的听众丧失继续听下去的耐心。所以，在表达之前，应尽量做好准备，把要达到的目的、主要内容、如何表述粗略地组织一下，估计一下需要多少时间，尽可能在这个时间内结束表达。

④强调重点。这样可以告诉你的听众哪些内容需要他们格外重视。你可以在重点的地方稍微停顿一会儿，或是重复一下你的观点，或是征询你的听众对此的看法。这样就会避免出现讲了半天，听众听得云里雾里，最后却不知道你究竟想说什么的尴尬局面。

⑤语言与形体语言表达一致。形体语言有时会帮助我们加强表达，使我们的表达更活泼或有力，但也要注意有时却会起到相反的作用。

⑥改述或重复。当你所要表达的意思对于听众来讲比较复杂，理解起来有一些难度的话，可以采用几种不同的方法，从问题的不同侧面阐述，或者多重复几遍，直到我们认为听众已经明白了我们所讲的内容。

⑦建立互信的气氛。在表达前、表达中、表达后，最为关键的是建立一个相互信任的气氛和关系。这样，以上表达的要点才有用。如果大家互不信任，再好的表达又有何用呢？

（3）简化语言。由于语言可能会造成沟通障碍，因此管理者应该选择员工易于理解的词汇，使信息更加清楚明确。在传达重要信息的时候，为了消除语言障碍带来的负面影响，可以先把信息告诉不熟悉相关内容的人。比如，在正式分配任务之前，让有可能产生误解的员工阅读书面讲话稿，对他们不明白的地方先做出解答。

由于语言可能成为沟通障碍，因此管理者应该以信息接收者容易理解的方式选择用词和组织信息。管理者应当考虑信息所指向的听众，以使所有的语言适合于信息接收者。记住，有效的沟通不仅需要信息被接收，而且需要信息被理解。通过简化语言可以增进听众理解。一个人的注意力只有十分钟，在这十分钟里如果没有抓住对方的注意力，对方就会什么都听不下去了。

2.3.2　积极地倾听

倾听是积极主动的对信息进行搜索，而听则是被动的。在倾听时，信息接收者和信息发送者双方都在思考。

我们中的许多人其实并不是好的听众。为什么这样说？因为倾听很难，所以我们中的大部分人宁愿讲话。事实上，倾听常常比说话更容易疲劳。与听不同，积极倾听（active listening）要求集中全部注意力，以便听明白全部意思且不急于做事前判断或解释。要做到：集中精力；采取开放式的姿态，向谈话者传递接纳、信任与尊重的信号；积极预期；鼓励；恰当的身体语言（详见第 13 章）。

2.3.3　运用反馈

很多沟通问题可以直接归功于误解或不准确。如果管理者在沟通过程中使用反馈，这些问题就不大可能发生。

分享：导致反馈障碍的原因

（1）反馈的"JOHARI 视窗"。

美国心理学家 J.Lufthe 和 H.Ingam（1969）从自我概念的角度对人际沟通进行了深入研究，并根据"自己知道—自己不知"和"他人知道—他人不知"这两个维度，将人际沟通划分为四个区：公开区域、隐蔽区域、盲点区域、未知区域，这个理论称为"约哈里视窗"。

沟通的四个区域具体如下。

● 公开区域：这是一个"你知""我知"的区域。所有信息都是公开的，也就是自己知道这些信息，他人也知道这些信息。

这个区域，是良好沟通的结果，也是沟通期望达成的结果。沟通就是要达到公开，达到"你知""我知"。在"公开区域"，沟通双方没有秘密，信息量相等，没有误解，没有障碍。

● 隐蔽区域：这是一个"我知""你不知"的区域。就是说，就沟通的双方而言，"自我"了解这些信息，他人不了解这些信息，就形成了"隐蔽区域"。

由于"隐蔽区域"的存在，沟通中信息不对称，许多自我了解的信息他人不了解，就会造成沟通中的误解和障碍。

例如，"单独去拜访一位客户"等工作过程常常属于"隐蔽区域"。因为拜访的过程只有自己最了解，他人是不了解的，因此也就无法了解整个信息。

在工作中，上司评价我们的工作，我们评价下属的工作时，往往不仅要看结果，更要看"态度"——努力不努力，积极不积极；看"能力"——会不会拜访的技巧和方法。"态度"和"能力"主要是通过工作过程体现出来的。由于工作过程的信息常处于"隐蔽区域"，也就是处于"我知""你不知"的状态，所以常导致评价的差异和冲突。

● 盲点区域：这是一个"你知""我不知"的区域。就是说，就沟通的双方而言，"自我"不了解而他人了解这些信息，对于自我来说，形成了沟通上的"盲点"——别人看得很清楚，自己却看不见。

"盲点区域"的存在，说明存在着自己不了解的信息，由于这种不了解，造成沟通中的误解和障碍。

● 未知区域：这是一个"你不知""我不知"的区域。沟通双方都不了解这些信息，对于沟通的双方来说，这是一片"未知的区域"。

在实际工作中，"未知区域"是很多的。比如，你和下属沟通时，都不了解你们客户的真正需求是什么，沟通了半天，没有什么成效，就是因为客户的需求对你们来说是"未知区域"。这时，你需要首先和下属了解客户的需求，然后在此基础上再相互沟通，才能具有成效。"未知区域"是沟通中最糟糕的一种情况。

显然，"公开区域"是良好沟通的结果，是沟通双方所期望的最佳状态，沟通就是努力扩大"公开区域"的过程。那么，如何才能扩大"公开区域"呢？扩大"公开区域"有两种途径：一个途径是"寻求反馈"，另一个途径是"给予反馈"。实际上，我们始终处在"寻求反馈"又"给予反馈"的过程之中，这个过程形成了反馈的"JOHARI视窗"（见图2-2）。

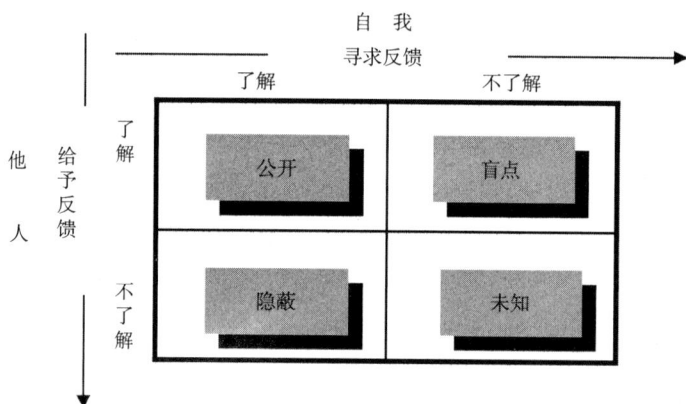

图2-2　JOHARI视窗

所谓"寻求反馈"，就是主动寻求对方给予自己更多的信息。自己寻求反馈越多，他人给予自己的信息就越多，自我对外界的了解就越多。所谓"给予反馈"，就是给予他人信息反馈，以使他人能够更多地了解自己，给予反馈越多，他人对自我的了解就越多。

途径一：积极地"寻求反馈"。

积极"寻求反馈"可以扩大"公开区域"。通过寻求反馈，沟通对象将许多他了解自我不了解的信息反馈给我，使自我对外界了解的信息越来越多，被他人和自我共同了解的信息——"公开区域"就越来越多。

请注意，这里的关键在于"积极"二字。就是说，这里的反馈不是被动地接收，而是积极主动地寻求，这一点很重要，因为在沟通中常常存在误区。

从JOHARI视窗可以看到，积极寻求反馈边界右移，结果是"公开区域"得到了扩大，"盲点区域"缩小。如果不积极寻求反馈，边界左移，"盲点区域"就会越来越大，"公开区域"会越来越小。假如中层经理只是埋头于自己的业务或自己部门的事务，不关心周围沟通对象那里发生的事情，消极地对待本来与自己有关的信息，等着别人来告诉自己。等到问题发生时，往往是"怎么没有人说起过呢？""怎么早不说呢？""他怎么不告诉我呢？"……

途径二：积极地"给予反馈"。

积极地"给予反馈"也可以扩大"公开区域"。通过给予反馈，使沟通对象更多地了解自我的信息，这有助于消除沟通中的误解，有助于他人对自我的准确了解，从而使沟通畅通。

请注意，这里的关键与"寻求反馈"相同，也在于"积极"二字。这里的反馈不是被动地等着他人前来寻求反馈时才给予反馈，而是主动地、积极地给予他人反馈。

从 JOHARI 视窗可以看到，"给予反馈"就会导致边界下移，"公开区域"得到扩大，"隐蔽区域"和"未知区域"都会缩小。相反，如果不能"给予反馈"，边界就会上移，导致"公开区域"缩小，"隐蔽区域"和"未知区域"扩大，沟通障碍和困难增加。

案例鉴赏2-7　十分钟的悲剧：三亿欧元打水漂！

积极"寻求反馈"，同时积极地"给予反馈"，才是正确的反馈方法。从"途径一"和"途径二"中已经看到单纯地"寻求反馈"和单纯地"给予反馈"，虽然能扩大"公开区域"，但是也会分别导致"隐蔽区域"的扩大和"盲点区域"的扩大，并且不能消除"未知区域"。只有同时积极地"寻求反馈"和"给予反馈"才是最好的反馈。

（2）实施反馈的途径见表 2-1。

表2-1　有效反馈的途径

有效反馈的途径	途径分析
创造反馈环境	反馈者反馈的时机、地点要合适，这样能让反馈接收者乐于接受合作
反馈现状分析	反馈前做一个具体、准确、包含丰富信息的反馈分析，可以用报告、案例的形式展示出问题所在
界定反馈对象	反馈对象决定了反馈方式和反馈内容，准确界定反馈对象能使反馈更有针对性
目标导向反馈	提出一个明确的、切实可行的、可以量化的目标，并提供实现目标的相应日程安排表
期望改进行为	反馈者要采用直截了当的方式告诉反馈接收者所期望的改进行为，不要让反馈接收者通过试探或摸索才能明白反馈者的用意

续表

有效反馈的途径	途径分析
想看到的行为	反馈者要清楚地告知反馈接收者在将来某段时间要做什么
运用信息反馈	例如，对下属的报告，不是具体指出报告中的错误，而是罗列出常见错误的清单，让他们对照清单去寻找错误
反馈双方一致	反馈不是一种简单的单方面告知，反馈要让双方共同参与，最终使意见达成一致
聚焦反馈重点	有利于反馈接收者更好地接受、领悟反馈信息，从而缩短反馈奏效的时间

技能应用分析

案例分析　销售代表——马德乐先生

※ 情景模拟训练

（1）将学生按三人一组分组。每组中两个人扮演练习中的角色，第三个人扮演旁听者的角色。主持人要用 3~4 分钟向同学们讲解角色，并且为每个参与者分配角色，要求扮演旁听者的学生要用 2~3 分钟向全班同学讲解他的所见和所感。

情景：不爱给予的同事。

关系：两个合作者都向同一主管报告。

背景：你和一个同事同在公司的市场部工作。在过去的八个月里，你和这个人的工作关系一直很亲近，但工作之余的关系一般。你们都喜欢自己的工作，看起来也都热爱这个公司，而且致力于你们公司的成功。你喜欢这个工作的原因之一是原来在这个职位的同事都已经很快升到了公司更高、更好的位置上。

问题：你觉得你的同事不和你分享有助于你成为部门有效率成员的很重要的信息。你甚至怀疑，你的同事偶尔拒绝给予你信息（比如会议时间或地点的变动、时间表的细节、来访者的反馈等），使得你在主管的眼中并不是那么优秀。你已经要求和你的同事就这种情况进行一次谈话。

（2）请回忆在过去的生活、学习或工作中你遭遇过的一次沟通失败的经历。其中的沟通障碍有哪些？分析那些主要的障碍对沟通过程的影响，然后就你当时是如何处理这些障碍的，你现在是如何看待自己当时那种处理方式的，以及你对有效沟通的重要意义的认识与班上其他同学交流。

第3章 有效沟通

自我技能测试 支持性沟通学习效果测试。

第一步：在阅读本章内容之前，请对下面的陈述做出回答，把数字写在左栏（学习前）。你的回答应该反映你现在的态度和行为，而不是你希望它们应该如何。请如实作答；第二步：当你完成本章的阅读和练习，尤其是当你尽可能多地掌握了本章后面的"技能应用"部分后，遮住你先前的答案，对同样的陈述句再做一次回答。当你完成后，采用评分方法测量你的进步情况。

同意程度：1——非常不同意，2——不同意，3——稍有不同意，4——稍有同意，5——同意，6——非常同意。

评估：

学习前 学习后 在我不得不给出负面反馈或提出纠正建议时：

____ ____（1）我十分清楚什么时候适合向别人提出建议和指导，什么时候不适合。

____ ____（2）当我为别人提供咨询时，我帮助他们认识到他们自己的问题。

____ ____（3）即使反馈的内容是负面的，我也会在反馈中保持绝对诚实。

____ ____（4）我所给出的反馈通常都是针对问题和解决方案的，是针对个人的。

____ ____（5）我总是把负面的反馈与未达到的标准或期望联系起来。

____ ____（6）当我试图纠正某人的行为时，我们的关系几乎总是加强的。

____ ____（7）在给予别人负面反馈的时候，我所要做的是描述事实。也就是说，我客观地描述事件、结果及感受。

____ ____（8）对于我试图纠正其行为的人，我总会提出具体的可选择方案。

____ ____（9）在我与其他人沟通时，我强化他们对自我价值的认同和自尊心。

____ ____（10）我总是对别人的观点表现出诚恳的兴趣，即使我不赞同它们。

____ ____（11）对于那些权利比我小、掌握信息比我少的人，我不用高人一等的口气对他们讲话。

_____ _____（12）虽然我十分赞成自己的观点，但在陈述它们的时候，我仍然表现得很灵活，愿意接受新信息。

_____ _____（13）与持不同观点的人讨论时，我努力找出大家都赞同的领域。

_____ _____（14）我的反馈总是具体并具有针对性的，而不是宽泛的或是含糊的。

_____ _____（15）我不支配与别人进行的谈话。

_____ _____（16）我对我所陈述的观点负责，我会说"我认为"，而不是"他们认为"。

_____ _____（17）在讨论某个人的问题时，我通常的反应是表示理解而不是给出意见。

_____ _____（18）当为了更好地理解别人的观点而向他们提问时，我通常会问"是什么"，而不是"为什么"。

_____ _____（19）我同与我一起工作或生活的人保持经常的、私人的会面。

_____ _____（20）我十分清楚什么时候应该给别人指导和建议，什么时候不应该。

结果分析见附录。

本章学习目标：

◆ 理解有效沟通的本质：换位思考，从受众角度出发考虑问题。

◆ 掌握有效沟通的八大属性特征。

◆ 能运用有效沟通的策略。

引例

触龙说赵太后

在战国时代，赵惠文王死了，孝成王年幼，由母亲赵太后掌权。秦国乘机攻赵，赵国向齐国求援。齐国说，一定要让长安君到齐国做人质，齐国才能发兵。长安君是赵太后宠爱的小儿子，太后不让去，大臣们劝谏，赵太后生气了，说："再有劝让长安君去齐国的，老妇我就要不客气！"左师触龙偏在这时候求见赵太后，赵太后怒气冲冲地等着他。触龙慢慢走到太后面前，说："臣的脚有毛病，不能快跑，请原谅。很久没有来见您，但我常挂念着太后的身体，今天特意来看看您。"太后说："我也是靠着车子代步的。"触龙说："每天饮食大概没有减少吧？"太后说："用些粥罢了。"这样拉着家常，太后脸色缓和了许多。触龙说："我的儿子年小才疏，我年老了，很疼爱他，希望能让他当个王宫的卫士。我冒死禀告太后。"太后说："可以，多大了？"
触龙说："十五岁，希望在我死之前把他托付给您。"太后问："男人也疼爱自己的小
儿子吗？"触龙说："比女人还厉害。"太后笑着说："女人才是最厉害的。"这时，触
龙慢慢把话题转向长安君，对太后说，父母疼爱儿子就要替他长远打算。如果您真正
疼爱长安君，就应让他为国建立功勋，否则一旦"山陵崩"（婉言太后逝世），长安君
靠什么在赵国立足呢？太后听了，说："好，长安君就听凭你安排吧。"于是为长安君
准备了上百辆车子，到齐国做人质。齐国于是派兵救赵。

故事中，触龙与赵太后沟通的目的，是要赵太后答应"令长安君为质"。他谦和，
善解人意，在谈话过程中，尽量避免与太后正面冲突。他站在太后的角度想问题，让
自己的意见变成太后自己的看法。他没有教太后需要做什么，而是帮助太后自己去发
现。最终使看似没有商量余地的太后接受了自己的意见。言语得失，小则牵系做人难
易，大则连及国家兴亡，至关重要。

3.1　有效沟通的概念

3.1.1　有效沟通的含义

有效沟通即建设性沟通，是指在不损害甚至改善和巩固人际关系的前提下，帮助
管理者进行正确、诚实的人际沟通方式。

可以理解为：有效沟通 = 问题解决 + 积极人际关系。

特征：

①实现了信息的准确传递。

②沟通双方的关系因为交流而得到巩固与加强，从而形成积极的人际关系。

③有效沟通的目标不仅仅在于为他人所喜爱，或为了被社会承认，而是为了解决
现实问题。

有效沟通对组织环境的塑造会产生以下影响：

● 积极的工作环境带来良好的工作氛围；

● 信息在纵横渠道中迅速准确地传递；

● 在共同目标下高效的组织运行状态；

● 良好的企业形象与和谐的组织环境。

比较三种沟通方式（见表 3-1）。

表3-1　三种沟通方式比较

侵略性沟通	消极沟通	有效沟通
很少认为自己是错的；不接受他人的观点；情绪化；喜欢使唤别人；不善于倾听；武断、挑剔；争论时一定要赢	不表达自己的真实情感；避免同他人发生冲突；害怕冒风险；只是抱怨，但不采取行动；做事不成功就责怪别人；如果别人坚持意见，自己就让步；对自己的决策力或解决问题的能力信心不足；表面同意，心里不同意	达到预期的目标，得到客体的预期反馈；清晰完整、准确及时友善；通过沟通的信息，能被准确理解，并形成积极的人际关系；解决了某一具体管理问题

3.1.2　有效沟通的本质

有效沟通的本质是在对管理者所处的管理层次、组织文化、管理者和被管理者的个性特征分析的基础上，通过换位思考，进行信息的有效传递与情感的交流，其目标是营造一个良好的组织运行环境。即：换位思考，从受众角度出发考虑问题。

因此有效沟通三个核心问题是：第一，受众需要什么？第二，我能给受众什么？第三，如何把"受众需要的"和"我能提供的"有机联结？

下面哪种情形是有效沟通？

情景一：

员工："我们今年什么时候出去玩？"

HR："高级管理层决定不再外出旅游。"

员工："为什么？"

HR："我不知道，这是决定，不要再问为什么了。"

情景二：

你这几天一直在忙着做你老板布置给你的两个项目。因为下周一就要交，你不得不经常加班到很晚才回家。今天老板又要将一个新的项目交给你，而且也必须在下周一之前完成。要完成这三个项目，就算你把周末全部的时间都放在项目上也不一定来得及。而老板本人却周五下午就要带全家去外地度假，周一下午才回来。你对老板说："我尽量按时把它做出来。"

情景三：

你刚接到一个客户的抱怨，说你的一个下属对他态度不好。你马上跑去对那下属说："你怎么能这样对待客户！我决不允许这样的事情再发生。"

3.2　有效沟通的属性特征

（1）有效沟通是基于一致性而非不一致性。

有效的沟通都应基于一致性，即沟通都要精确地与个体的思想和感情相匹配。当然，达到一致性并不意味着不遗余力地压抑不快，或不能压制一定的不适当的情绪（如愤怒、失望和攻击性等）。为了达到一致性而损害其他方面并非是有效的。当遇到棘手的沟通，必须给予反馈时，如何做到一致性？许多人可能对完全诚实的方式进行回应担忧，或不确定如何进行没有攻击性的一致性沟通。以下有效沟通的属性将提供必要指导。

（2）有效沟通是描述性的，而非评价性的。

评价性沟通常对他人及其行为做出判断或贴上标签："你错了""你不合格"。这些评估会使他人感到攻击性而报以一种防卫的姿态。如果双方都是防御性的，那么很难出现有效沟通，结果会带来争执、不满和人际关系的恶化。回答可能会是"我没错""我能和你完成此事"。于是，破坏性的人际关系就这样产生了。一种替代评价的沟通方式是描述性沟通，它能帮助沟通双方减弱相互评价和无穷无尽相互防卫的倾向。它既是有益的，又可以使人保持一致性。如何进行描述性沟通呢？

第一步：尽可能客观地描述事件、行为或环境。

●避免指责。

●避免出示数据或证据。

例如：有三位客户向我抱怨，这个月你一直没有对他们的要求给出回应。

第二步：关注行为和你自己的反应，而不是他人的态度。描述你自己的反应和感受。

●描述产生或可能产生的客观结果。

例如：我很担心，因为这些客户警告说如果我们不给更多回应，他们将不再和我们做生意。

第三步：运用一种更可接受的替代方式。

●避免讨论谁对谁错。

●提出可被接受的选择方案。

●鼓励其他备选方案。

例如：我们俩都需要重新获得他们的信任，我们可以对他们的系统免费做一次升级。

要说明的是，在现实中，并不是每个人都能通过描述性沟通的三个步骤达到改变对方行为的目的，能达到的常常是双方都满意的中间状态，如某人对工作比以前更努力了。

当进行评价性陈述成为必要时，评论应该基于一些确定的标准：

——以已建立的规则为基础。如：你的行为并不符合公司现有规定的要求，会在同事中留下不好的印象。

——以可能的结果为基础。如：你的行为继续下去会导致更糟的结果。

——与同一人先前的行为作比较。如：你做得没以前好。

上述三个原则，最重要的一点在于要避免引起对方的不信任和激起防卫心理。

案例鉴赏3-1　如何沟通更有效？

情景一中，李静使用评价性沟通，而且判断小王不敬业和职业素养低，小王可能会委屈：只是说话方式问题，怎么说成态度问题？小王心理的反应是：你以为你职业素养高啊？

在情景二中，李静使用描述性沟通，描述小王需要改进的事情：讲话速度太快。描述可能的结果：顾客会听不明白。李静没有指责小王，而是告诉她怎么改进。这样，小王就能接受主管的意见，改进工作。

（3）有效沟通是以事实为导向，而非以人为导向的。

以事实为导向的沟通方式关注问题和问题的解决胜于关注人的特质。"这是问题所在"而不是"因为你才产生这个问题"，这两种说法揭示了以问题为导向和以人为导向的沟通方式之间的区别。

如果沟通中忽视问题本身而着眼于对方的动机或人格，由沟通的问题推导至性格缺陷，就可能变成人身攻击，导致对方反感，进而恶化沟通双方关系。这是负向的沟通表达，如："你怎么这么蠢！""你有脑子没有？"那么，正向的人身评判是否可以产生积极效果呢？一般来说，比较认可的、正向的评判会给人以好感，如"你很聪明！""你很优秀！"但是，如果正向评判没有与一定的行为事实结合起来，就可能变成虚假的表扬，甚至被怀疑为讽刺，见表3-2。

表3-2　以问题为导向的沟通与以人为导向的沟通对比

以人为导向的沟通	以问题为导向的沟通
以个人喜好为标准	以可观事实为标准
没有具体指向的人身评判	具体指向问题的发生、发展
没有措施	有解决措施
对方产生防御心理	对方接受
恶化人际关系	巩固人际关系

（4）有效沟通对个体是有效的，而非无效的。

有效沟通帮助人们得到自己被承认、理解、接受和重视的感觉。无效沟通会引起对自我价值、同一性以及与他人关系的消极情感。它否认他人的存在、唯一性或重要性。

无效沟通有以下三个类型：

类型一：优越取向的沟通。沟通中采取的是一种打击他人的行为方式，使别人看起来很糟糕，这样沟通者本人就看起来很好。或者采取一种"胜人一筹"的行为方式，沟通者自己试图通过这种方式提高别人对自己的尊重。

优越取向的沟通中一种常见的形式是采用行话、首字母缩略词、使用排斥别人或在关系中制造障碍的用词方法。在不会外语的人面前讲外语也会制造优越性的印象。在大部分情况下，使用对方不能理解的词或言语是不礼貌的，因为这会使对方觉得自己无能。

类型二：沟通中的强硬。沟通被描绘为绝对的、不容置疑的或者毫无疑问的。其他任何意见或观点都没有被考虑的可能。以武断的、"自以为博学"的方法沟通的人经常会这样做，为的是把别人的贡献减少到最小，或者使别人的看法无效。

类型三：不通情理。意味着沟通者不承认对方的感觉或意见，排斥其他人对谈话或关系的贡献，使他人觉得自己是无理的或不重要的。诸如以下表达："你不应该那样觉得""你不懂"或"你的想法真幼稚"。当一个人不允许其他人完成判断，采取竞争的、赢输的姿态，给出混乱的信息，或者取消其他人做贡献的资格时，沟通就是无效的。

有效沟通有以下四个类型：

类型一：尊重的、平等的沟通（与优越取向的沟通相反）。在地位较高的人与地位较低的人沟通时尤为重要。管理者以平等的姿态进行交流，他们将下属视为有价值的、有能力的和有洞察力的；并且，他们强调共同解决问题而不是突出优越的地位。

当然，即使不存在级别差异，尊重地、平等地进行沟通也是非常重要的。例如，当来自不同民族、不同道德群体或者不同性别的人彼此进行沟通时，几乎总有一些人容易感受到被排斥或低人一等。在这些情况下，平等和包容性的陈述对于提升沟通有效性尤为重要。

类型二：灵活性的沟通。在灵活的沟通中，感知和观点并不是作为事实被表达出来的，它们是适时而定的。没有人能保证所说的观点或假想是完全真实确定的；相反，如果能得到更多的信息，它们应该是可变的。灵活沟通表达了希望共同参与问题解决过程的愿望，而不是希望控制其他人，或假定自身是主人、老师的角色。然而，灵活并不等于缺乏判断力。"哎呀，我不能下决心"就是缺乏判断力的表现，而"我有我自己的意见，但是，你是怎么想的？"就是灵活的建议。

类型三：双向沟通。是尊重和灵活性的潜在结果，当向个体提问，给予个体"通话时间"来表达他们的意见，以及鼓励个体积极参与时，个体会感到自己是有价值的。双向沟通传达的信息是下属受到上级的尊敬，这是建立合作和协作的先决条件。

类型四：基于一致意见的。当一个人在沟通中找到相互一致的范围和共同承担的义务时，可以使另一个人感到自己的价值。

（5）有效沟通是具体的（有用的），而非笼统的（无用的）。

一般来说，陈述越具体，就越起作用。例如，"你是个差劲的时间管理者"这种陈述就太笼统而不会起作用，而"你今天花了一个小时安排会议，那应该是你的助理做的事情"就是为行为改变提供基础的具体信息。沟通中，具体的陈述非常有效，因为它会关注行为事件，并指出事件发生的程度。体会一下如下的表达是否是有效的形式：

✓ A："昨天你做的决定没有征求我的意见。"

B："是的，虽然我通常都会征求你的意见，但这次我不认为有这个必要。"

✓ A："你对我的要求进行了讽刺挖苦，这给我一种印象：你不在意我的感受。"

B："很抱歉，我知道我经常讽刺别人，却没有考虑它会给别人带来什么影响。"

✓ A："按时完成的压力影响了我的工作质量。"

B："既然按时完成是我们一起工作的一部分，我们就讨论一下如何应付这种压力吧。"

（6）支持性沟通是有联系的，而非无联系的。

联系性沟通是用一些方法结合先前的一些信息，使双方易于理解。无联系性沟通与以前提过的内容无关。

无联系性的沟通有：第一，缺乏说话的平等机会。当一个人打断别人的时候，当一个人控制"说话时间"的时候，或当两个或两个以上的人试图同时说话的时候，沟通就是无联系性的。第二，延长的暂停是无联系的。当发言者在他们的发言过程中暂停了很长时间，或在回答前有很长的暂停时间时，沟通是无联系性的。第三，话题控制可能造成无联系性。当一个人单方面地决定会谈的主题的时候，沟通是无联系性的。例如，个体可以转换主题，完全不考虑刚才所谈的内容，或者他们可以通过教导别人应该如何应答来控制沟通主题。

因此解决无联系沟通要注意依次讲话、时间管理和主题控制，而这三方面构成了所谓的"交互管理"。"交互管理"有助于提升沟通的有效性。例如，与下属交谈时会涉及下属先陈述的问题，或者在做出回答之前等着对方把话说完（即不接话），以及在停顿之前一次只说两三句话，以便给其他人机会多表达。要实现有效沟通，必须有互动、交流和互换意见。

联系性沟通可以使管理者明确其他人陈述的价值，并有助促进共同的问题解决方式和协作精神。

（7）支持性沟通是负责任的，而非事不关己的。

负责任的沟通是指对所做的陈述负责，并承认这个思想的来源是本人的而非其他人或团体的。事不关己的沟通是将自己的陈述归因于一些未知的人、团体或外源（例如，"许多人认为"）。沟通者回避对消息负责，因此逃避对相互交流做出贡献。这就传达出一种信息，即沟通者是冷淡的，或对接收信息的人漠不关心，或者没有足够的信心对所表述的意见承担责任。

管理者如何鼓励组织成员对自己所做的陈述负责？这可以通过榜样的作用来实现，也可以通过要求对方复述不负责任的言语来实现。

（8）有效沟通是支持性倾听，而非单向的信息传递。

要求沟通双方都进行有效倾听。倾听者可以给出某种类型的反应，如简单的眼神接触和非言语的回应，如微笑、点头和关注的表情。支持性倾听使双方理解信息并达成一致。

表 3-3 具体总结了有效沟通的八个属性。

表3-3　有效沟通的八个属性

属性	说明	合适的表达方式	不合适的表达方式
1.一致的，而非不一致的	关注真实的信息，使得口头陈述与心中所想所思是一致的	"你的行为真的使我很不安"	"我看起来很烦吗？不是的，每件事都很好"
2.描述的，而非评估的	关注描述客观事实、你的反应，并提供备选方案	"这就是所发生的事情；我的感觉是这样的；这样做可能更好"	"你所做的事情是错的"

属性	说明	合适的表达方式	不合适的表达方式
3.问题导向的，而非人导向的	关注可以改变的问题和事情，而不是人及其特点	"我们怎么样能解决这个问题？"	"因为你才有了问题"
4.有效的，而非无效的	关注传达尊重、灵活、协作以及求同的陈述	"我是有一些想法，不过你有什么建议？"	"你不会理解的，所以我们按照我的方式行事"
5.具体的，而非笼统的	关注具体的事件和行为，避免宽泛的、极端的或者模棱两可的陈述	"会议期间，你打断了我三次"	"你总是试图得到注意"
6.有联系的，而非无联系的	关注所做的进一步的陈述，使得前后配合	"关于你刚才所说的，我还想再提一点"	"我要讨论这件事（而不管你想讨论什么）"
7.负责任的，而非事不关己的	关注对你所说的一切负责，使用个人化的字眼（"我"）	"我已经决定拒绝你的要求，因为……"	"你有一个相当不错的想法，但是他们是不会赞同的"
8.支持性倾听，而非单向的信息传递	关注使用多种恰当的反应——倾向于思考性的反应	"你认为阻碍改进的障碍是什么？"	"正如我以前所说的，你犯了太多错误。你做得真的不好"

3.3 有效沟通的策略

3.3.1 有效沟通的关键问题

其一，了解和分析沟通情景：

● 对象是谁？目标和策略是什么？要传达什么信息？沟通环境如何？有哪些噪声和障碍？

其二，建立以对象为导向的沟通思维：

● 设身处地、换位思考是有效沟通的基本原则。

● 了解对方的认知结构，"投其所好"。

● 站在对方的立场，从对方的利益出发理解对方，提出问题。

3.3.2 有效沟通的策略

有效沟通在换位思考的基础上，要进一步把这样的思考方式贯彻到自己的沟通语言和沟通过程中，就应在沟通信息组织、沟通语言表达等方面加强理念和技能提升，即要在换位思考的基础上，进一步把这样的思考方式贯彻到自己的沟通中。有效沟通的三大基本策略是信息组织策略、合理定位策略和尊重他人策略。沟通理念，决定了你的沟通方向和态度；沟通策略和技巧，提高了你的沟通有效性。理念使你的沟通准确，策略和技巧让你的沟通更有效。

（1）信息组织策略。沟通就是信息交流，沟通追求的是使信息能准确传达、顺畅交流，既让对方明白你的意思，又能收到来自对方正确的回应。有效组织信息要做到以下几点。

①全面对称。信息完全性识别标准：沟通者传递信息和受众接收信息相等。沟通过程中信息发送者的编码和信息接收者的译码是否一致会影响沟通的有效性。

沟通中之所以会出现不完全的信息，是因为沟通过程中信息发送者和信息接收者之间由于背景、观点、态度、地位、经历等方面的差距，信息发送者如果没有向信息接收者发出完全的信息，那么信息接收者就不能理解信息发送者发出信息的含义，产生信息失真，或信息不对称。强调有效沟通的完全性原则，就是要求沟通者在沟通过程中掌握三个方面的信息组织原则：其一，沟通中是否提供全部的必要信息，就是要向沟通对象提供 5W1H，即谁（Who）、什么时候（When）、什么（What）、为什么（Why）、哪里（Where）和如何做（How）等六个方面的信息。其二，在提供全面信息的同时，沟通者还要分析所提供信息的精确性，如分析数据是否足够、信息解释是否正确、关键因素是什么等问题。其三，是否回答询问的全部问题，诚实、真诚取信于人；是否在需要时提供额外信息，如有可能，根据沟通对象的要求，提供原来不具有或不完全的信息，保证所传递的信息是完全的。

案例鉴赏3-2　买土豆的故事

②简明清晰。

简明性：注重沟通效率。就是在沟通时要用尽可能少的语言，既节约自己的时间，更重要的是节约受众的时间，提高沟通的效率。

如何实现简明性：避免冗长的表达，避免不必要重复，只讲有用信息。

清晰性：该原则的两个要求，一是选择精确、具体、熟悉的词语，避免深奥、晦涩的词语；二是构筑有效的语句和段落，包括长度、统一度、内在关系逻辑、重点，即：KISS 原则：keep it short and simple（保持简短）

FAB 原则 : feature, advantage, benefit（明确、简便、有利）

"杨晓，这个报告你尽快给我。"这样表达是有效沟通吗？

"尽快"到底要多快？提工作要求时，应当明确自己需要什么，以及什么时候需要，同时也要让人明白自己要完成的任务和要求达到的标准。指定完成的期限也要明确一点，例如"请在下周一以前将解决方案呈交上来。"分配任务切忌使用抽象的字词，要用看得见、听得见、摸得着的东西描述，以便让人真正理解自己的意思。

注重礼节：关注对方情感，真诚、有礼貌；关注信息内容，周到、有素养。

建议：

● 从受众能接受的角度准备每一个信息，把自己放在对方的立场。集中于"you"，而不是"I"或"we"。也就是沟通者要从对方角度考虑问题。

例如，你的团队成员工作强度比较大，有时每天需要工作 12 小时，一个人需要顶替三个人工作，那么周会上你跟同事交流工作时，你会以何种问题开场？是"这周你能完成这项工作吗？"还是"完成这周工作，你需要哪些资源协助？"第一个是属于封闭性的问题，答案无非就是"能"或者"不能"，其实提问者并不关心你的付出、想法。你心里也很清楚，这样的问题要么回答正确，要么回答错误，所以这样的谈话，可能就会让人莫名紧张，甚至是产生防御心理。第二个问题则属于开放式的问题，出发点是浓浓的关心和支持感，你要的并不是一个简短的回答，而是想要了解更多有价值的信息，让我们大家一起去解决问题，发挥团队协作的功能。

● 突出受众利益和兴趣。比如，上司交给你一项任务，你只是简单回了句"知道了"，这就等同于废话。因为你没有给上司提供有价值的信息：究竟知道什么了，之后要怎么做，是否有疑问，都没有跟上司交代。上司交代工作任务时，大部分员工都会有疑问，但很多时候都不说。有疑问不说，到头吃亏的还是自己。如何回答，可参考以下模板："任务已收到，依据目前的情况，我会把任务安排在某项任务之后，预计在 × 月 × 日完成，会达到 × × 成果。"这样，上司看到了具体工作回复，不仅心里有底，也有助于他对你的工作计划、工作成果进行决策。

●强调积极令人愉悦的事实。要学会肯定对方，要善于从对方的语言中提炼出正确的思想，肯定对方是对对方的尊重，但不要显示自己高人一等，好为人师。同时一定要根据不同的沟通对象选择相应的陈述方式，不仅要意识到听众的观点和期望，还要意识到听众的情感。

具体生动：运用具体、明确、活泼、生动的沟通语言，运用风趣幽默的语言风格。

具体生动的方法：

一是用具体事实和数据图表，并运用对比的方法加强语言的感染力。如今年同期销售额比去年有大幅度的增长，去年同期销售额为 300 万元，今年为 358 万元，增长率约为 20%。

二是强调句子中的动词，或突出关键词。这样会给人以明确、人格化、简洁等感觉。

三是选择活泼的、有想象力的词语。如"打铁还需自身硬""人民有信仰、民族有希望、国家有力量！"

四是通过类比的方式，突出要说明的主题，给人以深刻的印象。

连贯一致：前后话题在形式、内容上的连续性。

连贯的沟通就是延续先前的话题，散漫的沟通是指偏离先前的话题。

使沟通连贯的具体沟通对策：

● 轮流讲话、时间控制、主题控制；

● 相互交流时，形成连贯沟通的气氛；

● 避免长时间的停顿；

● 话语应与先前讲过的相关；

● 轮流讲话，肯定他人话语的价值。

通过连贯性沟通，管理者肯定了他人话语的价值，因而帮助问题的联合解决和形成团队。

（2）合理定位策略。

①问题导向定位。人们在沟通过程中常会出现两种不同的导向：问题导向和人身导向。所谓问题导向，沟通关注的是问题本身，是如何处理和解决好问题；人身导向的沟通关注的则是个人品质而不是问题本身。沟通者以给他人的人身作评判的方式进行沟通。

有效沟通是以问题为导向的沟通，沟通的中心为存在的问题及其解决办法，而不是个人品质。对事不对人的原则：要求沟通双方应针对问题本身提出看法，充分维护他人的自尊，不要轻易对人下结论，从解决问题的目的出发进行沟通。

建议：

● 不搞人身攻击，不轻易给人下结论；

● 关注事实与问题的发生、发展与解决；

● 学会克制自己情绪。

比较以下三种说法：

A. 我不喜欢你这身打扮；

B. 你的这身打扮与公司的衣着规定不符；

C. 大家希望你能打领带上班。

如你对下属说：你是一个不合格的人，一个不负责任的人。这样的说法会引起人的反感和防卫心理，因为大多数人对自身是认可的。因此，人身导向的沟通往往只是发牢骚，而不能为解决问题提出任何积极可行的措施。另外，如果你将问题归咎于人，往往会引起对方的反感和心理防卫。在这种情况下，沟通不但不能解决问题，反而会对双方的关系产生破坏性的影响。

②责任导向定位。就是在沟通中引导对方承担责任的沟通策略。与责任导向相关的沟通方式有两种：自我显性沟通与自我隐性沟通。

自我显性沟通：承认思想源泉属于自己而非他人或集体。承担个人评论的责任。使用第一人称"我"。

自我隐性沟通：通过使用第三者或群体作为主体避免对信息承担责任，逃避就其自身的情况进行真正的交流，保持距离。如"许多人认为""他们这么说"。

典型的自我显性沟通使用第一人称的表达方式；而自我隐性沟通则采用第三人称或第一人称复数，如"有人说""我们都认为"等。通过使用第三者或群体作为主体避免对信息承担责任，因而也就逃避就其自身的情况进行真正的交流。如果不能引导对方从自我隐性沟通转向自我显性沟通的方式，则不能实现责任导向的沟通，这样的沟通不利于实际问题的解决。

如何引导下属从自我隐性走向自我显性？

当下属采用自我隐性的沟通方式时，既要让下属拥有自己说话的权利，同时也应通过要求对方举例的方式，引导下属走向自我显性的沟通方式。

例：管理者：你认为你的工作绩效如何？

下　属：其他人都说我的工作是很棒的。

管理者：那么除了我之外，就没人对你的工作不满或建议改善一下吗？

下　属：……，×××报怨我有时因为取巧想走捷径，结果要他帮我收拾残局。

管理者：他这种抱怨对不对？

下　属：也许是吧。

管理者：那你为什么取巧？

下　属：我的工作堆积如山，我怕完成不了。

管理者：工作积起来了就去取巧。这种情况经常发生吗？

下　属：不时有。

管理者通过连贯性问题引导下属从自我隐性的答复，到承认影响个人表现的行为，实现沟通答案的自我显性化。

自我隐性沟通的结果就是听者弄不清信息要传达的是谁的观点，如"如果我不知道要回答谁，我又如何作答复？""如果我不知道意见，我去问谁？"与自我隐性沟通相关的一个暗含信息为"我想与你保持距离"。反之，自我显性的沟通则表明了希望形成关系，有作为伙伴帮助者的意愿。

③事实导向定位。遵循事实导向的定位原则能够帮助我们克服轻易对人下结论的倾向。事实导向的定位原则在沟通中表现为以描述事实为主要内容的沟通方式。在这种方式中，人们通过对事实的描述避免对人身的直接攻击，也能避免对双方的关系产生破坏性的作用。事实导向策略，关注自己的行为和反应而非他人的，最重要的是关注解决问题的方案，而非他人的态度和过去。

在沟通中要坚持客观描述原则，一个有效的策略是沟通的信息具有针对性，沟通主体能针对具体问题与对方交流自己的看法。

比较以下两种沟通方式：

方式一："小刘，你接电话的方式真是太唐突了，你需要从现在开始接受职业化的训练。"

方式二："小刘，我正在关注你在电话中与顾客的交谈方式，我想和你讨论一下。我注意到你讲话的速度相当快，因而我担心对一些顾客来说，可能很难理解你所表达的，毕竟你比顾客更了解、更熟悉情况。"

如果你是小刘，会怎样反应？

（3）尊重他人策略。

沟通过程中要达到既解决问题，又强化良性人际关系的目的，很重要的一点就是要学会尊重他人。沟通过程中主张尊重他人，就要做到表里一致、认同对方、积极倾听。

①表里一致。沟通双方在所表达的和所思考的之间具有一致性，就是说，语言和非语言的交流应与个人的所思所感一致。

表里不一致的三种表现：

●沟通双方处事的态度与他们所意识到的态度之间的不一致。

●个人的感觉与所表达的不一致。

●所说的内容与举止、口气不一致。

②认同对方。认同性的沟通使对方感到自己被认可、被承认、被接收和有价值；而排斥性沟通通常会使对方在自我价值、认知能力和人际关系处理能力上产生消极情绪，这种沟通实际上否认了他人的存在，否认了他人的独特性和重要性。

排斥性沟通最突出的表现是沟通者的自我优越感、严厉、冷漠。

与排斥性相对应的，建设性沟通强调认同性原则。认同性原则要求在沟通过程中做到尊重对方、灵活开放、双向沟通。

以下表达是认同性沟通吗？

"你应该……你至少应该……"

当一个人 A 对另一个人 B 说出你应该如何的时候，其实就是在限定 B 自己的选择。在某一些特定的情况下，它会令听到的人产生被攻击的感觉。

比如我很想这样，但是你一直很强硬地和我说，应该那样，不应该这样。你只是对我说"应该"，而这个"应该"其实是你站在你的立场上的思考。那么当你说"应该"的时候，你是在强加你的看法和思想给我。而且，当"应该"反复出现，似乎就是在表达"我说的才有道理，你没有道理"。

沟通不好，就让你的沟通成了"化了妆"的攻击。

③积极倾听。积极倾听既是解决问题的有效方式，也是提升自我意识的有效工具。建设性倾听者的标志是能对他人的话做出合适的反应，这种倾听传达的意思是"我对你的意见很感兴趣，我认为你的感觉很重要。我尊重你的想法，即便我不赞同，我知道这些想法对你是合适的。我相信你是有贡献的。我认为你的想法值得听听，并希望你能知道我是愿意听的那一类人。"

有效沟通的各种策略，能帮助管理者在阐明问题、解决问题的同时，使其他人感到自己被承认、被认可、被支持。当然，也有可能由于过分关注如何去实施这些策略而忘了要实现建设性沟通的目标。仅注意沟通技能，而不是真诚地沟通，人会变得做作，表里不一。但是如果这些策略在日常交往中被有意识地执行了，将大大有助于提高管理者的沟通技能。

🏃 技能应用分析

即测即评

※ 情景模拟训练

（1）向其他人讲授你知道的有效沟通和支持性倾听的概念。提供你自己的解释和例证，这样其他人才能明白你所谈论的内容，在日志中描述你的经历。

（2）思考有谁与你有过分歧、矛盾或者不和。这个人可能是你的室友、父母、朋友或者老师。找到这个人并要求与他进行一次有关人际关系的谈话。要想取得成功，你会发现有效沟通策略在沟通中有多重要。谈话结束后，尽可能详细地把这次经历记录下来：你说过什么，对方又说了什么，哪些是特别有效的，哪些是不怎么有效的。找出你需要提高的地方。

（3）写出两个微型案例研究。一个应该详细叙述一个有效的指导或咨询的情景，另一个应该详细叙述一个无效的指导或咨询的情景。这个案例应该基于真实的事件，可以来自你自己的经验，也可以是你所熟知的其他人的经验。在你的案例中，使用有效沟通和倾听的原则。

第二篇
自我沟通技能

"要说服他人，首先要说服自己"——从内心认同工作的价值和说服理由，自我沟通是成功管理沟通的前提。自我沟通技能的开发与提升是成功管理者的基本素质，强调以内在沟通解决外在问题，是内在和外在统一的联结点。自我沟通技能提升要经过三个阶段：认识自我、提升自我、超越自我。

第4章　沟通主体的自我认知

自我技能测试　自我沟通技能诊断。

（1）我经常通过与他人交流来获取关于自己优缺点的信息，以促使自我提高。

（2）当别人给我提反面意见时，我不会感到生气或沮丧。

（3）我非常乐意向他人开放自我，与他人共享我的感受。

（4）我很清楚自己在收集信息和作决定时的个人风格。

（5）在与他人建立人际关系时，我很清楚自己的人际需要。

（6）在处理不明确或不确定的问题时，我有较好的直觉。

（7）我有一套指导和约束自己行为的个人准则和原则。

（8）无论遇到好事还是坏事，我总能很好地对这些事负责。

（9）在没有弄清楚原因之前，我极少会感到生气、沮丧或是焦虑。

（10）我清楚自己与他人交往时最可能出现的冲突和摩擦的原因。

（11）我至少有一个以上能够与我共享信息、分享情感的亲密朋友。

（12）只有当我自己认为做某件事是有价值的时候，我才会要求别人这样去做。

（13）我在较全面地分析做某件事可能给自己和他人带来的结果后再做决定。

（14）我坚持一周有一个只属于自己的时间和空间去思考问题。

（15）我定期或不定期地与知心朋友随意就一些问题交流看法。

（16）在每次沟通时，我总是听主要的看法和事实。

（17）我总是把注意力集中在主题上并领悟讲话者所表达的思想。

（18）在听的同时，我努力深入地思考讲话者所说内容的逻辑和理性。

（19）即使我认为所听到的内容有错误，仍能让自己继续听下去。

（20）当我在评论、回答或不同意他人观点之前，总是尽量做到用心思考。

测试结果见附录。

本章学习目标：

◆ 自我概念是个体如何看待和感受自己。它的形成来源于两个方面：一方面来自我们与他人的沟通，另一方面以所处文化和团体的价值观为基础。

◆ 自我概念由反映评价、社会比较、自我感觉构成。

◆沟通主体自我认知的内容有：自我动机的认知、自我态度的认知、对自身可信度的认知。

引例

浓雾中的灯塔

两艘正在演习的战舰在阴沉的气候中航行了数日。有一天傍晚，雾气浓重，能见度极差。舰长守在船桥上指挥一切。

入夜后不久，船桥一侧的瞭望员忽然报告："右舷有灯光。"舰长询问灯光是正在逼近还是远离，瞭望员告知"逼近"。舰长认为，这意味着对方有可能会撞上我们。后果不堪设想。舰长命令信号兵通知对方："我们正迎面驶来，建议你转向20°。"对方答："建议贵船转向20°。"

舰长下令："告诉他，我是舰长，转向20°。"

对方说："我是二等水手，贵船最好转向。"

这时舰长勃然大怒，他大叫："告诉他，这里是战舰，转向20°！"

对方的信号传来："这里是灯塔。"

结果，战舰改了航道。

4.1 沟通主体

什么是沟通主体？

沟通主体是指有目的地对沟通客体施加影响的个人和团体，诸如党、团、行政组织、家庭、社会文化团体及社会成员等。沟通主体可以选择和决定沟通客体、沟通介体、沟通环境和沟通渠道，在沟通过程中处于主导地位。

4.2 自我概念的定义与构成

4.2.1 自我概念的定义

什么是自我概念？自我概念是个体如何看待和感受自己？它的形成来自我们与他人的沟通，并以所处文化和团体的价值观为基础。文化规定了个体对怎样才算有能力、怎样才是符合道德规范的认知与判断。个体所处的组织时刻都在向个体传递着种种期望。

4.2.2　自我概念的构成

自我概念由反映评价、社会比较、自我感觉构成。

反映评价：是指我们从他人那里得到的有关自己的信息。它的大多数信息来自他人对我们的评论。它的作用是年轻时得到了肯定的评价，你就会有一个良好的自我概念。

社会比较：是指在生活和工作中，人们往往与他人比较来确定衡量自己的标准。

自我感觉：是指自己看待自己的方式。它的作用是随年龄增长，自我感觉作用增大。

案例鉴赏4-1　一群员工写给主管们的信

4.3　沟通主体自我认知的内容

简单地说自我就是个体如何看待和感受自己。它反映了个体对自我的判断，由此影响着个体的情绪体验与行为表现。

沟通主体自我认知的内容有：自我动机的认知、自我态度的认知、对自身可信度的认知。

4.3.1　沟通主体自我动机的认知

动机：由需要而引起的个体行为倾向，包括内部动机和外部动机。内部动机是个体从自身需要出发而产生行为，外部动机是根据社会环境的需要而产生行为。沟通主体自我动机的认知是内部动机和外部动机相互作用。要客观地评价动机的社会性、纯正性和道德性。

4.3.2　沟通主体自我态度的认知

包括：孩童状态、父母状态、成人状态。

（1）孩童状态。

自然的孩童：表现出最纯真的一面，无忧无虑，率性而为，有亲密、好奇、愉快、直率等表现。

被熏染的孩童：表现为耍赖、反抗、吵闹、焦躁等现象。

（2）父母状态。

慈祥的父母：亲切、关怀、体恤、容忍等态度。

挑剔的父母：严厉的沟通者，喜欢批评他人、有指示他人的倾向、讲究规矩、对错误不易轻饶等。

（3）成人状态。

成人状态指个体已熟于世故，沟通时不受个人情绪的影响，能找出最有利的方法或途径。

4.3.3　沟通主体对自身可信度的认知

沟通主体可信度，简单来说，就是沟通主体如何让听众感觉到自己是值得为大家所信任的，自己表达的内容是值得听众去接受的。沟通主体只有正确认识自己在听众心中的可信度，才能制定出合适的沟通策略。自我认知的目的在于提高自己的可信度。

根据沟通前后听众对沟通主体的信任程度，沟通主体可信度可分为初始可信度和后天可信度。初始可信度是指沟通发生之前听众对沟通主体的看法，后天可信度是指沟通之后听众对沟通主体形成的看法。

思考

你是一位刚到公司报到的新人，公司在每年都要召开一次对新员工的欢迎大会，参加大会的除了刚分配来的新员工，还有不同年龄层次的老员工，以及公司的主要领导。很荣幸，公司安排你在这次大会上代表全部新员工做演讲。你也认识到，这是一次只能成功不能失败、而且对你的发展可能是一个机遇的重要演讲，可你从来没有在这样大的场合中演讲过，你想到这些就感到很紧张。

那么，你将采取什么措施，来最大程度地保证这次演讲的成功？

4.4　沟通主体的自我定位

4.4.1　沟通主体自我价值定位

沟通主体自我价值定位是从社会认同和社会道德的高度来修炼自身的价值，把自身价值的实现建立在他人和社会利益满足的基础上。自我价值定位直接影响着沟通方式。要从对方的价值观出发，考虑对方的需要，并分析自己能给对方怎样的帮助、对自己又有何益处。

4.4.2　沟通主体沟通程度定位

（1）卓哈瑞视窗。近年来，组织沟通专家常以"卓哈瑞视窗"作为帮助组织成员了解并改进自我沟通效果的工具。所谓"卓哈瑞视窗"，是一个分为四区域的图形，组织成员参考这个图形做自我沟通行为的分析，有助于人际间的互动与沟通，（见表4-1）。

表4-1　卓哈瑞视窗

他人了解和他人不了解	自己了解	自己不了解
	敞开的自我	盲目的自我
	隐藏的自我	未知的自我

● 敞开的自我。"敞开的自我"是一个自己以及他人都了解的"自我"，这个"自我"的思想、感受与行为不仅他自己能充分掌握，与他沟通的对象也相当清楚。当一个人以"敞开的自我"与他人沟通，其本身以及与他沟通的对象都比较容易对沟通的方式与信息做适当的安排，避免不必要的误会。当然，更好的沟通需要沟通过程中的各方均以"敞开的自我"面对对方。如此，整体的沟通才能达到顺畅交流的结果。

四季之颂旅游企业的庄总裁平时与员工无话不谈，渐渐地员工把他从"老板"的定位，延伸为"好朋友"的定位。双方的相互了解也与日俱增，培养出密切的工作默契。有人对庄总裁说："老庄，你跟员工太接近了，把自己都敞开给他们看，会不会减低他们对你的尊重？"庄总裁的回答为："我对他们敞开自己，他们也对我敞开自己，大家无所隐瞒。我的所见所思与他们分享，他们也乐于告诉我他们心中的感想，这对于增进合作关系很有帮助。"

● 盲目的自我。"盲目的自我"是指一个自己不了解而他人却了解的"自我"。例如，"你怎么知道我是这样子？我自己都不知道。"这句话反映出此人的若干行为或习性，他本身并未察觉，但与他沟通的对象则已看出。

每个人或多或少皆有"盲目的自我"，使之在无意识中影响了与他人的沟通。这个"自我"小至一种习惯使用的语气或手势，大到与人共事时不自觉的霸道态度。凡此种种，都会成为沟通过程中的障碍，因而必须予以减少。

邦泰传播公司的总裁虽然少年得志，处世之道却欠缺足够的修养。很多跟他沟通过的人发现，他喜欢用"你实在没有常识"的口头禅表示对他人的不满。与他沟通的人不会当场因这句口头禅勃然大怒，不过私下却会指称他高傲自大、目空一切，形成对他的不利评价。

● 隐藏的自我。"隐藏的自我"是一个自己了解而他人却不了解的"自我"，包括一些个人的想法、好恶，以及不欲人知的隐私等。在外在的言行之下，藏匿了旁人所无法体会的另一面。

将若干有关自己的事物加以隐藏，实为大多数人难以避免的现象。可是，若这个"隐藏的自我"的区域过大的话，沟通对象会认为面对的是一位高深莫测的人，自然而然产生疏离感，伤害彼此的互动关系。

伍天来是一位沉默寡言的人，与他人商讨工作时总表现一副未置可否的样子。就算他觉得满意或反对，也尽量放在心里面。别人很难揣测他到底有何高见，只看到他面无表情地坐在那儿，问他想些什么，他最多说些无关痛痒的词句。逐渐地，伍天来的共事者厌烦了这位"藏镜人"，尽可能避开他。

● 不明的自我。"不明的自我"指的是一个自己与他人皆不了解的"自我"，可谓最深的内在，也是最难以掌控的一部分，但往往会对沟通产生很大的影响。

温文儒雅、彬彬有礼的罗小姐，从来未与人发生冲突。然而，赵先生问了她一句："你小时候跟妈妈亲近还是跟爸爸亲近？"惹得罗小姐怒气冲天、调头就走，让赵先生莫名其妙，搞不懂什么地方得罪了她。其实，罗小姐的童年相当灰暗，她的父亲精神失常，对罗小姐母女百般虐待，直到社会服务单位出面才把她父亲送往疗养院。此后，罗小姐的母亲又改嫁，辗转将她寄养于育幼院中。此段经历是罗小姐的痛处，谁去碰这个痛处谁就会勾起她的激烈反应。

由此可知，"不明的自我"像海洋的深处，海面上风平浪静，海面下则暗潮汹涌。发掘这样的自我，一方面需要受过专业训练的心理分析师提供服务。另一方面如果个人本身多与足以信赖的朋友或亲人深度沟通，亦将发挥"反射效果"，从他人的回馈中找寻自己已遗忘或压抑的内心世界并加以释放，引导自己趋向明朗的状态。

（2）建构合适的自我视窗。透过"卓哈瑞视窗"进行自我分析，最显著的功能就是让一个人更加懂得如何在沟通的过程中，以合适的"自我"与他人沟通。例如，"敞开的自我"区域的增加，是强化团队精神的重要因素。如面临机密性高的工作情况，适当地扩增"隐藏的自我"也许是必要的选择。

众人对某人的规避或指责，常常是由于某人本身"盲目的自我"占据了他沟通过程的主要部分，使得他的沟通对象产生反感。此时，他除反躬自问外，更应征询熟识者的意见，锁定沟通的盲点，设法改善。

至于"不明的自我"，可能是极为不易处理的一个区域。除非经充分地"自我披露"，否则将永远处于潜意识之中。因此，我们切莫畏惧开启自己的心灵。好朋友以及亲人固然可成为倾诉的对象，具专业技能的心理分析师或辅导人员其实在我们的社会已逐渐普及，寻求他们的帮助亦有助于释放黑暗中的自我。

案例鉴赏4-2　拿破仑·希尔所讲的故事

4.5　沟通主体策略

作为沟通主体，沟通者在信息沟通活动开始之前应该确定沟通的目标。为了达到这一目标沟通者必须针对沟通对象——信息接收者，分析自己的沟通影响力，选择合适的沟通风格。沟通主体策略包括三部分：沟通主体目标、沟通风格和沟通主体的可信度。

4.5.1　沟通主体目标

沟通主体目标分为以下三个层次：

（1）总体目标：这是沟通主体的综合目的，它概括性地表述沟通主体所希望实现的情景。例如，希望公司各部门能相互了解工作情况，以达到部门之间的协调沟通。

（2）行动目标：这是指导沟通主体实现总体目标的具体的、可度量的和有时限的步骤。例如，每周一上午召开部门领导例会，各部门通报上一周工作情况和本周工作计划，以及与其他部门的工作联系。

（3）沟通目标：在行动目标的基础上，使沟通目标更具体，明确沟通主体希望对方对沟通活动做出的反应。例如，通过每周的部门例会，使各部门之间相互了解，相互协作，良好协调。

实例：某公司为了实现研究开发部门、制造部门和市场部门的有机协调，公司总经理决定这三个部门的负责人每月召开一次例会，共同讨论在研究开发、生产、市场几个部门之间如何高效协调的对策。

分析：在这个协调会上，总经理的总体目标是实现公司内部各部门之间的沟通；行动目标是要求该部门每隔一个月时间协调讨论一次；沟通目标是要求各部门的负责人了解各个部门之间工作的实际情况，并且让各部门的负责人能够领会每个阶段公司的意图。

结合以上分析，对应的目标实例如表4-2所示。

表4-2　目标实例

总体目标	行动目标	沟通目标
沟通各部门工作情况	每隔一定时间报告×次	这次演讲后我的老板将了解我这个部门本月的成绩
加强顾客基础	每隔一定时间与×数量的客户签订合同	读完此信客户将签订合同
建立良好的财务基础	保持不超过×年债务与资产的比率	读完这份电子邮件后会计将为我的报告提供确切信息；这份报告的结果是董事会将同意我的建议
增加雇用的女工数	在某日之前雇用×数目的女工	通过这次会议我们将构思一项策略以达到这一目标；通过这次演讲，至少有×数量的女性将报名参加我们公司的面试
保持市场份额	在某日之前达到×数量	通过此备忘录，我的老板将同意我的市场计划；通过这次演讲，销售代表们将了解我们产品的发展

4.5.2　沟通风格

沟通风格是指我们采取怎样的沟通形式进行沟通。在确定了沟通目标之后，我们就要选择适当的沟通形式。至于采取怎样的沟通形式才是最合适的，没有一个固定的模式，要根据不同情景、不同目标、不同的沟通对象来确定。一般来讲，沟通形式分为四种：告知、说服、征询和参与。对沟通主体来讲，这四种沟通形式被用来平衡信息内容控制和受众参与的程度。图4-1显示了这四种沟通形式在信息控制和受众参与程度方面的作用。

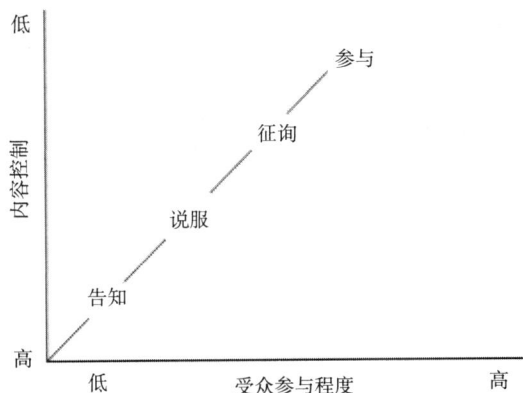

图 4-1　沟通风格选择

在使用上述沟通形式时，沟通主体不可能只使用一种沟通形式，必须根据不同的沟通情景做出合适的选择。首先，沟通形式是为沟通目标服务的，要根据沟通目标的要求，选择合适的沟通形式；其次，根据受众的情景选择适当的沟通形式；最后，沟通风格的选择还取决于沟通主体期望受众的反应和反馈。表 4-3 列出了各种情景下沟通风格选择的参考建议。

表4-3　沟通风格选择的参考

沟通风格	沟通主体情景与目标	受众情景	期望的反应与反馈
告知	高度控制所传递的信息，通过告知形式的沟通，让受众知道信息的内容，并且能够正确理解。多用于传达上级的决议、决策、指令、指示、信息通报等。此时，受众只是信息接收者或倾听者	掌握一定的背景信息，对信息发送者有较高的信任，理解或赞成所传递的信息，明白信息发送者的意图，或能够正确认知自己的沟通角色，接受信息内容	期望对信息理解和赞成，并能够明白沟通主体的信息意图，作出信息发送者期望的言语或行动反应和反馈，表现出服从和支持的态度
说服	完全控制信息内容，通过说服形式的沟通，能够对信息内容达成一致意见和共识。多用于协调各种不同意见，以采取一致行动，或使对方接受和采纳自己的观点或建议，影响或改变信息接收者的态度和行为	对所传递的信息在理解上存在差异，或有不同的意见和看法，而且这种意见和看法将对信息发送者产生较大的影响，在某种程度上会影响决策的形式或执行	期望能够理解信息内容和信息发送者的意图，改变态度和行为，与信息发送者达成一致。尽管有不同意见，但也能按照信息要求作出信息传递者期望的反应和反馈

沟通风格	沟通主体情景与目标	受众情景	期望的反应与反馈
征询	通过征询形式的沟通，了解更多的信息，或征询意见和建议；多用于沟通者获取更多更具体的信息，或了解信息接收者的意见和看法，以帮助自己作出更准确的判断和决策。沟通者需要控制信息的主题和方向，控制征询过程中的互动环节	信息接收者掌握一定的信息，了解具体的情况，对信息有一定的判断和理解；所征询的信息内容与自己的工作有着密切的联系，关注自己的切身利益。被征询者多数都乐意提供所掌握的信息和意见	期望被征询者能够提供所需要的信息，表达出他们的意见、建议和态度。在某种程度上，被征询者是信息的提供者，而征询者却成为信息接收者，但仍拥有最后的决策权
参与	通过参与形式的沟通，与信息接收者共同研究和解决问题，互通信息，实现信息共享，达成共识，以形成最终的决策。多用于减少决策执行中的偏差或阻力，吸纳执行者共同参与决策过程，激发参与者的积极性	与征询的受众情景似乎一样，不同的是：征询形式下，受众只是提供相关的信息，表达自己的意见和看法，决策不受此影响；而参与形式下，受众的意见将会对决策产生一定的影响	期望受众能积极参与决策过程，提供相关的决策信息，并共同研究讨论，帮助选择正确的决策。参与者不仅提供了建议和意见，而且融入了他们的情感和归宿感

针对沟通策略的选择，实际问题要具体分析，针对以下情况进行详细解析。

实例：你是一家专门为航天工业提供零部件的生产企业的总经理，李明义是销售分公司经理，他直接向你负责。很长一段时期以来，李明义的分公司总是达不到计划的要求，销售人员人均销售收入低于公司平均水平，而且李明义每月的报告总是迟交。在得到年度中期报告后，你决定找他谈谈，并跟他约定了时间。但当你准时到李明义办公室时，却发现他不在。他的助手告诉你，李明义手下的一位销售部门负责人刚刚突然过来拜访，抱怨一些新员工上班迟到，中间休息时间太长。李明义马上与那位经理去销售部，打算给销售员们一番"精神"训话，激励他们勿忘业绩目标。当他回来的时候，你足足等了15分钟。

你公司还有一位叫白露的管理人员，刚从国内某著名大学管理学院获得了 MBA 学位，最近加入了你的公司，任职于财务部门，负责财务计划小组内的工作。她是揣着非常有力的推荐与学历证明进入公司的。但是，白露刚来时间不长，你就发现她在加强个人声誉方面似乎有点不择手段。近来，你又听到越来越多有关白露的议论，比如：她行为傲慢，自我推销，公开批评小组内其他成员的工作。当你第一次与她就小组业绩进行交谈时，她否认小组中存在问题。她宣称如果有什么的话，那就是她正通过提高小组工作标准对小组业绩产生了正面影响。当听到最近来自她同事的一系列抱怨后，你决定再次安排时间与白露谈谈。

请问，作为总经理的你，该怎样选择与李明义和白露的沟通策略？

这个案例能较好地帮助我们认识两类不同的人际沟通方式。对于李明义，可以发现他在管理方面能力比较缺乏，对管理下属的工作不称职，因此，需要"告知"他如何安排工作，以便取得更好的业绩。假如你作为李明义的上级，为他提供建议、信息和标准显得非常重要，应该让他意识到问题所在以及如何解决等具体的管理问题。所以，对他你应该采用指导性沟通方式。

在李明义的问题上，有一个典型的现象：管理者的"下属替代"行为。他不允许下属自己解决问题，导致自己管理效率低下。由于他要求下属向他汇报的是问题，而不是解决问题的方案并且直接与有问题的下属面议，李明义就把自己埋在了工作堆中。因此，李明义需要得到的指导还应包括如何避免"下属替代"现象，以及如何有效地承担责任和树立权威。

通常，沟通主体向下采取告知方式，向上采取参与方式。但并非都这样：沟通者常常会发现自己在征求下属的意见（征询）或为一个有利的决策向上级游说（说服）。

4.5.3 沟通主体的可信度

（1）什么是可信度。可信度，即沟通对象在每一次沟通情境中对沟通者的信任、信心以及依赖的程度。包括初始可信度和后天可信度。初始可信度是沟通情境发生之前，沟通对象对沟通者的看法，与沟通主体的身份地位以及沟通对象与沟通者以前的接触有关；后天可信度是沟通情境发生后，沟通对象对沟通者形成的看法，与沟通者在沟通情境中表现出来的沟通能力有关。

（2）影响可信度的因素。可信度不仅涉及对信息内容的信任，更重要的是涉及对信息发送者的信任、信心以及信赖。当信息接收者对信息发送者产生了信任和信赖时，他们对信息内容会作出积极的反应和反馈。可信度的高低直接影响沟通者的沟通方式。如何利用自身的可信度是沟通者策略中的一个关键因素。

按照弗伦奇、雷文和科特（French，Raven & Kotter）的理论，沟通者可信度将会受到五大因素的影响。分别是身份和地位、良好的意愿、专业技术、形象和气质、共同价值观。下面对这五大因素作简单介绍：

身份和地位，主要是指沟通者所承担的职位的等级和具有的头衔的高低。与沟通对象相比，沟通者的身份和地位较高，其沟通的影响力就较大，并具有较高的可信度。一般在建立初始可信度时重点强调沟通者的身份和地位。

良好的意愿（goodwill），主要是指沟通者个人良好的人际关系、良好的"长期记录"和给人的信赖感。我们可以将它理解为沟通者在沟通对象心目中的印象和口碑。一般对于建立后天可信度具有较好的效果。

专业技术，主要指沟通者的专业知识水平或在某一领域的专长，其中包括专业工作经验和经历。专业技术在建立初始可信度和后天可信度方面都具有较好的效果。特别是在说服对方时，利用专家和专业技术策略能达到预期的目的。

形象和气质，主要是指沟通者的外貌形象和内在的气质。在沟通过程中，沟通者若能够很好地利用身体语言和语言技巧，就能够增强个人的感染力，让对方有喜欢你的欲望，特别有利于建立沟通者的初始可信度，给听众（读者）造成良好的"第一印象"，为建立后天可信度奠定基础。

共同价值观，属于文化概念的范畴。强调共同价值观，是一种文化认同策略，让听众（读者）感觉到"我们是一起的"。一般用于沟通开始时沟通者与听众（读者）建立共同点和相似点，以便观点展开后听众（读者）更容易接受。

通过对可信度自身这五个要素的分析（见表4-4）可知，我们能够通过强调自身的初始可信度和增加后天可信度来不断提高自己的综合可信度。

初始可信度是指在沟通开始之前，也就是受众在接受沟通者所传达的信息之前，对沟通者产生的影响，或沟通者在受众心目中的印象。因此，沟通者的初始可信度可能与身份、代表的角色以及与受众曾经有过的接触有关。

后天可信度是指沟通者与受众沟通之后，也就是受众在阅读或倾听了沟通者所表达的信息内容之后，对沟通者产生的影响和看法。即使受众对沟通者事先并不了解，沟通者也能够通过高超的沟通技巧以及具有说服力的表达赢得受众的信任和尊重。因此，获得后天可信度的最简单的办法就是对受众进行深入的分析，把握整个沟通过程，提高在受众面前的表现能力。

表4-4　影响沟通者的因素和技巧

因素	建立基础	对初始可信度的强调	对后天可信度的加强
身份地位	等级权力	强调你的头衔、地位	将你与地位很高的某人联系起来（如共同署名或进行介绍）
良好意愿	个人关系、长期联系、值得信赖	涉及关系或长期记录	通过指出听众利益来建立良好意愿
		承认利益上的冲突，做出合理的评估	
专业知识	知识和能力	包括经历和简历	将你自己与听众认为是专家的人联系起来，或引用他人话语

因素	建立基础	对初始可信度的强调	对后天可信度的加强
外表形象	吸引力，听众对你有好感	强调听众认为有吸引力的特质	通过认同你的听众利益来建立你的形象；运用听众认为活泼的非语言表达方式及语言
共同价值	道德准则	在沟通开始就建立共同点和相似点，将信息与共同价值结合起来	

（3）建立可信度。亚里士多德谈到过讲话人的特征问题，他认为，一个讲话人的行为表现如果被听众认为是良好的、聪明的和善意的，那么其说服效果就会大大增加。一位电子动力学方面的知名学者，他的一篇研究报告第一次发表时，偶然地被删去了名字，有人说这是他的同行们在捉弄他。而这篇文章直到后来署上了他的名字后才被科学界接受。由此可见，沟通主体的声望会在很大程度上影响到客体对其思想的真实性和内容价值的判断和评价。另一项著名的心理学实验"南加州大学医学博士福克斯的演讲"也证明了在演讲中演讲者的表现比内容重要得多。当福克斯博士在一个以心理学家、精神病医生、管理者和教育家为主要听众的会议上讲述了自己的思想和观点后，听众的反应是好评如潮，他们对他的评价是"博学多才""讲话精彩"。但实际上，福克斯博士只是个演员，实验人员训练他去做了这次讲话。尽管他的讲话以一篇真实的论文为底稿，但演讲本身充满了矛盾、重复和杂乱无章的句子，然而人们对有"博士"头衔的人的信任使他赢得了赞誉。

还有一个测试视力的类似实验。一位医道高超的眼科大夫在远处拿出白纸给学生看，并告诉学生说，白纸上面大约中间处有个黑点，你们只要刚一看到黑点就立即把手举起来。实际上，白纸上根本没有什么黑点。但是，几乎所有的学生都"看到了"黑点。

这些简单而有趣的实验说明了威信所产生的效应。这些实验证实，如果沟通客体认为主体是有很高威信的人，那么他们接受信息和受到的影响就大。而"威信""说服力"等特性，沟通主体可能有，也可能没有，但重要的是沟通那一时刻有没有这种特性。这里形成了一个十分有趣的心理学原理，即沟通主体影响力的大小取决于听众是否赋予他们这种特性。

科学技术的发展、思想文化的繁荣，促进了人们批判思维能力的发展。因此，威信和权威的力量似乎应该被减弱。但是，有关文献却表明了相反的趋势。由于人们的知识过度分化，一个人很难对各门学科都形成独立的观点，人们需要有权威和崇高威信的信息源，并在许多复杂的情况下依靠这些信息源提出自己的看法。对权威的需要，有其客观性和现实性，不过需要指出的是，滥用权威的最终结果会导致影响力的丧失。人们都知道，被看成是真实可靠的人有多么重要，但怎样才能做到这一点呢？

政治家们一直都在努力给听众留下值得信任的、专业和有干劲的印象。这样的印象至少有一部分是靠他们的外表所能看到的，这指的是他们的形象和讲话的方式。美国前总统罗纳德·里根最出色的能力是让观众觉得他特别真诚。这就是为什么许多美国人可能并不赞同他的某些政策，但却仍然相信他。露面次数的增多，以及利用那些看上去真实可信的包装技术，可以使人显得更加真实可靠。

成功的沟通者的另一个共同之处就是他们都有一套清清楚楚、毫不含糊的信念。要劝说别人得先说服自己。具有明确的信条决定了讲话者自信的语言和表达方式，听众也会投入其中，为之激动。那些令人生疑的论调，只会使人觉得词不达意和无聊，而每个听众又都会把自己的感觉传递给其他人。

如果说专业知识和人际关系决定了可信度的话，那么，对于一个准备沟通或开展说服工作（最困难的沟通之一）的人来说，诚实地评价自己这两方面的情况，然后采取一些有效的做法是十分必要的。表4-5所列的问题和建议可提供一些有价值的参考。

表4-5　可信度评价

人际关系的可信度评价	专门知识的可信度评价
我想说服的那些人是否认为我的建议会帮助、支持他们	人们如何看待我所提出的战略、产品或变革等方面的知识
他们会不会把我当做在感情上、思想上、政治上以及其他方面与他们有共鸣的人	在这个领域里我有没有什么成功的历史

必须注意，回答这些问题还不足以得出完全的认识，还应该与你信任并能帮助你作真实检查的同事一起来检测一下你的回答。如果发现了在专门知识和人际关系方面的弱点，表4-6的选择可以帮助你弥补。

表4-6　建立可信度

弥补人际关系的选择	弥补专业知识的选择
应当努力满足所有你打算说服的关键人物的协商要求。这时不要介绍你的主张，而是就你的问题征求意见。如果你有时间和资源的话，你甚至应当就这些人所关心的问题给予他们相应的帮助	通过正规或非正规的教育，与知识渊博的人谈话，请教有丰富经验的人等方式，了解你的主张的复杂性，获得更多的与工作相关的经验
雇用一些能帮助你增长专门知识的人，如行业顾问或外部专家。也可以利用组织内部的专家以宣传你的主张，他们的可信度成为你的可信度的替代	与那些已经和你的听众关系很好、目标一致的同事搞好关系，这也是寻找能替代你的代表人的过程
可利用其他外部信息资源来支持你的主张，如受人重视的期刊、书籍、报告及专家讲座	—
可以发起试点项目，以便在较小的范围内证明你的专门知识以及你的想法的价值	—

案例鉴赏4-3　建立起自己的可信度

🏃 技能应用分析

案例分析　美容分公司的沟通策略

※ 情景模拟训练

◆静，而后必须思——审视自己的动机，否则就是发呆和浪费时间。It's the most important thing！（这是最重要的事情！）

◆求静的空间由个性而定。

◆借助环境和自我暗示来进行自我沟通。

第5章 自我沟通的作用和过程

自我技能测试 测试你是否善于自我沟通。

每个人都有独特的与人沟通及交流的方式。请阅读下面的情境性问题，选择出你认为最合适的处理方法。

评分标准：

（1）你上司的上司邀请你共进午餐，回到办公室，你发现你的上司颇为好奇，此时你会（ ）。

　　A. 告诉他详细内容

　　B. 不透露蛛丝马迹

　　C. 粗略描述，淡化内容的重要性

（2）当你主持会议时，有一位下属一直以不相干的问题干扰会议，此时你会（ ）。

　　A. 要求所有的下属先别提出问题，直到你把正题讲完

　　B. 纵容下去

　　C. 告诉该下属在预定的议程之前先别提出别问题

（3）当你跟上司正在讨论事情，有人打长途电话来找你，此时你会（ ）。

　　A. 告诉上司的秘书说不在

　　B. 接电话，而且该说多久就说多久

　　C. 告诉对方你在开会，待会再回电话

（4）有位员工连续四次在周末向你要求他想提早下班，此时你会说（ ）。

　　A. 我不能再容许你早退了，你要顾及他人的想法

　　B. 今天不行，下午四点我要开个会

　　C. 你对我们相当重要，我需要你的帮助，特别是在周末

（5）你刚好被聘为某部门主管，知道还有别人关注着这个职位，上班的第一天，你会（ ）。

　　A. 分别找人谈话以确认哪几个人有意竞争职位

　　B. 忽略这个问题，并认为情绪的波动很快会过去

C.把问题记在心上，但立即投入工作，并开始认识每一个人

（6）若有位下属对你说，"有件事我本不应该告诉你的，但你有没有听到……"你会说（　　）。

A.我不想听办公室的流言

B.跟公司有关的事我才有兴趣听

C.谢谢你告诉我怎么回事，让我知道详情

测评结果见附录。

本章学习目标：

◆自我沟通也称内向沟通，即信息发送者和信息接受者为同一个行为主体，自行发出信息，自行传递，自我接收和理解。

◆自我沟通的作用。

◆"要说服他人，首先要说服自己"——从内心认同工作的价值和说服理由。

◆自我沟通技能的开发与提升是成功管理的基本素质。

◆以内在沟通解决外在问题：目标在外部——自我沟通是内在和外在得到统一的联结点。

◆自我沟通的过程，如图5-1所示。

> **引例**

高僧与妇人的启示

古时候，有一个妇人，特别喜欢为一些琐碎的小事生气。她也知道自己这样不好，便去求一位高僧为自己谈禅说道，开阔心胸。高僧听了她的讲述，一言不发地把她领到一座禅房中，落锁而去。妇人气得跳脚大骂，骂了许久，高僧也不理会。妇人又开始哀求，高僧仍置若罔闻。妇人终于沉默了。高僧来到门外，问她："你还生气吗？"妇人说："我只为我自己生气，我怎么会到这地方来受这份罪。""连自己都不原谅的人怎么能心如止水？"高僧拂袖而去。过了一会儿，高僧又问："还生气吗？""不生气了。"妇人说。"为什么？""气也没有办法呀。""你的气并未消逝，还压在心里，爆发后将会更加剧烈。"高僧又离开了。高僧第三次来到门前，妇人告诉他："我不生气了，因为不值得气。""还知道值不值得，可见心中还有衡量，还是有气根。"高僧笑道。当高僧的身影迎着夕阳立在门外时，妇人问高僧："大师，什么是气？"高僧将手中的茶水倾洒于地。妇人视之良久，顿悟。叩谢而去。

5.1　自我沟通的内涵

5.1.1　什么是自我沟通

自我沟通也称内向沟通，即信息发送者和信息接受者为同一个行为主体，自行发出信息，自行传递，自我接收和理解。

自我沟通是其他一切沟通活动的基础，任何一种其他类型的沟通，如人际沟通、群体沟通、大众沟通等，都必然伴随着自我沟通的环节。自我沟通的性质和结果，也必然会对其他类型的沟通产生重要的影响。

到目前为止，有关自我沟通的机制，其大量的研究工作是由心理学家来完成的。心理学家的有关人的知觉、意识、感觉、情感、想象、记忆、思维等的大量研究成果为我们提供了很大的帮助。

5.1.2　自我沟通的法则

（1）遇到任何问题、状况与事情时，不要怨天尤人，怪别人甚至怪老天无眼，而是要冷静下来先想想自己，做自我检测与沟通。

（2）自我沟通的首要条件，即在于认知，知自己之不足、障碍、限制、圈圈和问题到底在哪里。

（3）认知后，接着必须动心，用心去感觉、去体悟，使自己的心开放，增加自我沟通的内心动力。

（4）心动不如马上行动，当自己内心的动力增强后，即刻就要付诸实践，让行动发挥出自我沟通的充分效果。

（5）自我沟通非一蹴即成，只有持续不断一步一步来，方能真正达到自我沟通的准确效果。

分享: 自言自语有益身心健康

5.1.3 自我沟通的要素

从辩证唯物主义观点来看，自我沟通不外乎个人内部的意识、思维或心理活动，这个过程是由以下几个主要环节或要素构成的：

感觉——分为视觉、听觉、嗅觉、味觉、触觉等。感觉是人通过眼、耳、鼻、舌、身体等感官对事物的个别信息属性如颜色、形状、声音、气味、软硬、凉热等做出的反应，是自我沟通的出发点。

知觉——即感觉的集合，或在感觉的基础上对事物的分散的个别信息属性进行的综合。知觉的过程，就是对事物整体的感性信息进行综合把握的过程。如我们关于西瓜这种水果的知觉，就是对西瓜的形状、颜色、味道等各种单一的感性信息属性的综合认知。

表象——记忆中保存的感觉和知觉信息在头脑中的再现。如人们过去接触过西瓜，头脑中留有关于西瓜的各种特性的记忆，以后提到西瓜时，我们头脑中也会出现西瓜的形象或印象。

概念——对同类事物的共同的、一般属性的认识。概念包括外延和内涵，前者是同类事物的范围或集合，后者是对同类事物特征和本质属性的认识。概念是思维的细胞和工具，有了概念，人类才能进行抽象思维。

判断——对事物之间的联系或关系进行定性的思维活动，它是在驾驭表象和概念进行分析的基础上产生的。

5.1.4 自我沟通的类型

（1）以解决现实问题为目的的内省式思考。

从持续时间上看，自我沟通可以分为两种：一种是日常的、长期的自我反思活动；另一种是短期的、以解决现实问题为目的的自我反思活动。前者如孔子的"吾日三省吾身""内省不疚，夫何忧何惧"。后者又被称为内省式思考。在这里，我们主要考察一下后者，并由此来探讨一下自我沟通在社会实践中所起的作用。

根据 G.H. 米德的研究，内省式思考并不是在日常生活的每时每刻都发生的，只有在一个人遇到困难、障碍等新的问题状况，对既有的行为方式是否适用难以做出判断之际，才会活跃起来。在面临新问题的情况下，由于个人不知道过去的习惯做法是否合适，所以通常不会立即做出行为反应。在反应滞后、行为停止期间，内省式思考就会活跃起来，通过自我沟通来做出如何解决新问题、适应新情况的决策。内省式思考的过程并不是封闭的，而是与周围的社会环境、与周围的他人有着密切的联系。这就是说，在内省过程中，人的头脑中会出现他人的形象，个人会分析和推测别人是如何考虑的，别人对这个问题会采取什么态度等，只有在与他人的联系上才能形成自己个人的态度，考虑自己应该怎么做。这个过程，也是一个重新构筑自我与他人关系的过程，因此，内省式思考的过程也是一个社会过程。

米德认为，内省式思考不仅是一个横向的社会过程，而且是一个将过去和未来联系起来的、纵向发展和创造的过程。换言之，在这种活动中，个人会把自己迄今为止有关该问题的社会经验和知识积累（作为有意义的象征符号保存在头脑中的记忆信息）全部调动起来，对它们的意义进行重新解释、选择、修改和加工，在此基础上创造出与新情况相适应的新的意义和行为。由此说来，内省式思考也是超越既有意义开创新意义、超越既有行为方式开创新的行为方式、与人的未来发展密切相关的一种活动。内省式思考的这些特点同时也是自我沟通的特点。它充分说明，自我沟通并不是孤立的、封闭的和绝对的主观精神活动，而是一个与人的社会实践相联系的活动。自我沟通在本质上是人的社会关系和社会实践的反映，与此同时，这种反映又不是对社会关系和实践的消极、简单的"复制"，而是一种具有独自的特殊规律的、能动的、创造性的活动，自我沟通反过来会对现实的社会关系和社会实践产生巨大的影响。因此，自我沟通也是一种推动社会发展的强大动力。

（2）以认识自我为目的的内省式思考。

从内容来看，内省可依据自我意识的内容分为对生理自我的内省、对社会自我的内省及对心理自我的内省。

无论哪一种内省，从本质上来说，都是以对自我的某个或多个方面有比较准确的认识为前提的。因此，为了获得较为准确的认识，人就必须将自我的认识过程本身纳入到认识的范围内，即对（如何）认知进行认知，这是自我沟通的关键内容。

对认知的认知也称元认知。元认知通常被广泛地定义为任何以认知过程和结果为对象的知识或是任何调节认知过程的认知活动。元认知是人对自己认知活动的自我意识和自我调节。

元认知的结构包括三个方面的内容：一是元认知知识，即个体关于自己或他人的认识活动、过程、结果以及与之有关的知识；二是元认知体验，即伴随着认知活动产生的认知体验或情感体验；三是元认知监控，即个体在认知活动进行的过程中，对自己的认知活动积极进行监控，并相应地对其进行调节，以达到预定的目标。

元认知知识、元认知体验和元认知监控这三者是相互联系、相互影响和相互制约的。元认知知识有助于人们在实际的认知活动中对活动进行有效的监控，指导人们自觉地、有效地选择、评价、修正和放弃认知的任务、目标和策略。同样，它也能引起有关自身、任务、目的的各种各样的元认知体验，帮助人们理解这些元认知体验的意义和它们在行为方面的含义。元认知体验对元认知知识和元认知监控具有非常重要的作用。通过各种元认知体验，人们可以补充、删除或修改原有的元认知知识，即通过同化和顺应机制来发展元认知知识。而元认知体验有助于人们确定新的目标，修改或放弃旧的目标，有助于激活认知策略和元认知策略。元认知监控一方面是通过元认知知识、元认知体验、认知目标与行动（策略）之间的相互作用而进行的，另一方面人们的元认知知识又大多来源于人们对认知活动进行监控、调节的实际过程。善于对认知活动进行自觉或不自觉监控的人，自然会有更多的元认知体验和经验，从而具有更多的元认知知识。这就是说，认知活动中元认知监控水平制约着人们的元认知知识的获得与水平。至于元认知体验，它总是与认知活动相伴随，离不开人们对认知活动的监控过程。总之，元认知的这三个方面是相互依赖、相互制约的，三者的有机结合便构成了一个统一整体——元认知。因此，元认知过程实际上就是指导、调节我们的认知过程，选择有效认知策略的控制执行过程，其实质是个体对自己认知活动的自我意识和自我控制。

当然，从实际中来看，元认知也有不断深入的过程，人的认识总是不深入"元认知"，然后，随着认识的进一步深化，原有的"元认知"又作为新的更高层次认识的"认知"而被认识。这一过程表现为由个别到特殊再到普遍，表现为由现象到本质、由一级本质进入二级本质的运动。正是认识的这种运动不断解决着自我意识与客观性的矛盾。

5.2　自我沟通的作用

要成功沟通的前提是成功的自我沟通。"要说服他人，首先要说服自己"就是对自我沟通重要性和必要性的现实概括。在一般情况下，无论从管理民主性看，还是从激励理论看，每一个个体的积极性发挥来自于自身对工作的认同。管理者要指导、管理和激励下属去完成某一项任务，首先应该从内心里认同其工作的价值。管理者自身和下属共同认同工作价值的过程，实际上是一个自我沟通前提下的人际沟通过程，也是一个主体和客体认知趋同的过程。在双因素激励理论中，研究者认为个体对工作的兴趣属于内在的激励因素。因此，管理者要成功的实现管理的职能，本质上要求管理者意识到工作本身的价值，并由此产生对工作的兴趣。在特殊情况下，实际工作和管理过程中存在服从原则，在必要时候要求下属无条件地服从工作安排。为了使服从原则能得到执行，其前提仍然是服从者说服自己从内心中认为接受服从是必要。如果管理者自己认为服从是不必要的，却要下属服从，就违背了建设性沟通的表里一致的原则，结果是下属仅仅因为你的权威和命令才去遵守这样的服从。所以，每个个体说服自己接受"服从"的过程，同样是一个自我沟通的过程。

　　无论从一般意义看，还是从特殊状态看，自我沟通技能的开发与提升是管理者的基本素质。自我沟通的目的是在取得自我内在认同的基础上，更有效率、更有效益地解决现实问题，自我沟通是手段和过程的内在统一，而最终目标在于解决外在的问题。因此，自我沟通是一个内在和外在得到统一过程的联结点，没有自我沟通过程，本我认识和外界需求就成为各自孤立的分离体。具体来说自我沟通的作用表现为：

- "要说服他人，首先要说服自己"——从内心认同工作的价值和说服理由；
- 自我沟通技能的开发与提升是成功管理的基本素质；
- 以内在沟通解决外在问题：目标在外部——自我沟通是内在和外在得到统一的联结点。

案例鉴赏5-1　小李的经历

5.3　自我沟通的过程和特点

　　人生中就算发生了不愉快的事情，只要你学会了自我沟通，只要你的心里问自己好的问题，整个心情改变，行为改变，就会得到你要的结果在销售中也是一样，你被顾客拒绝了，顾客不跟你购买，不跟你合作，你要学会自我沟通。那什么叫自我沟通？自我沟通就是自己问自己、自言自语、自己跟自己说话，自己的言语、动作都是在跟自己沟通。

　　在自我沟通时应该问自己：

- 发生这件事（任何事）对我有什么好处？
- 我从中学到了什么？
- 我该怎么做才能达到我要的结果？

　　你要知道，你要达到什么结果，首先你要学会自我沟通，因为一个人的心情来自于一个人的注意力，注意力不一样，情绪不一样，心情不一样，问自己的问题就不一样。问题不一样，肢体动作也不一样，那么你的行为也会不一样，结果当然会达到你要的。因此，如果你遇到任何事情都能够问自己以上三个方面，相信你的生活、工作、事业都可以得到你要的结果。

在管理沟通过程中，包含了主体、客体、目标、信息、媒介和反馈等要素。同样地，自我沟通作为特殊的人际沟通方式，也是主体为了某种目标输出信息，由客体接受并做出反应的过程。

自我沟通首先可以被看成一种生理过程。人体包括信息接收装置（感官系统）、信息传输装置（神经系统）、记忆和处理装置（人的大脑）以及输出装置（发声等表达器官及控制这些器官的肌肉神经）。这些组成了人进行自我沟通的信息处理系统。

案例鉴赏5-2　传播行为

刘先生在讲话之前，经历了自我沟通的过程，即刘先生通过感官接收外部世界的信息，在体内尤其是通过大脑来处理这些信息，并把处理的结果转化为信息输出前的预备状态——这些内在的信息活动，就是自我沟通。

5.3.1　自我沟通的过程

自我沟通的过程如图 5-1 所示。

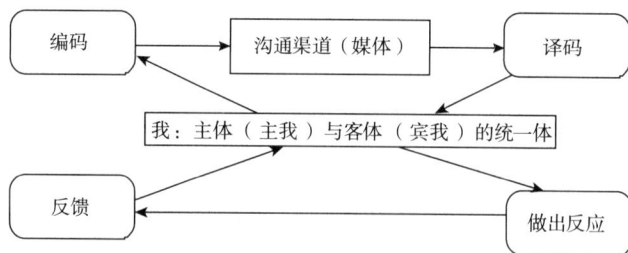

图5-1　自我沟通过程

认识自我的时候，一定要跳出自我的藩篱，跳出"庐山"，用真实、客观、诚恳的态度理性地分析和审视自我。在自我认识的过程中，尤其需要警惕别人的夸奖和赞许。

认识自己是自我沟通的第一步。只有真正认识了自我，才能够在此基础之上做出正确的判断，采取合适的行动。

希腊德尔菲阿波罗神殿正面的碑铭是短短的几个字——"认识你自己"。卢梭称这一碑铭："比伦理学家们的一切更为重要，更为深奥。"认识自我包括认识自己的情感、气质、能力、水平、品德修养和处世方式，意味着一个人真正做到功过分明，实事求是，既不在别人的溢美之辞中忘乎所以，也不因他人一时的否定而自暴自弃。

正所谓"不识庐山真面目，只缘身在此山中。"认识自我的时候，一定要跳出自我的藩篱，跳出"庐山"，用真实、客观、诚恳的态度理性地分析和审视自我。在自我认识的过程中，尤其需要警惕别人的夸奖和赞许。现代心理学研究中将对别人赞美的偏爱称为自我肯定的需要，但是执迷其中会和认识自我产生冲突，让人辨不清自己的位置和方向。

一代巨匠爱因斯坦曾收到以色列当局的一封信函，信中极尽赞美之词，诚挚地邀请他去担任以色列总统一职。爱因斯坦作为犹太子民，倘若能够当上犹太国家的总统，在一般人看来，简直是三生有幸、光宗耀祖的好差事。但出乎所有人意料的是，爱因斯坦婉言谢绝了这份邀请。他说："我整个一生都在同客观物质打交道，既缺乏天生的才智，也缺乏经验来处理行政事务以及公正地对待别人。所以，本人不适合如此高官重任。"我们虽不必强求自己同爱因斯坦一样睿智，但我们却可以从他身上学得认识自己的那份清醒。

自我定位是自我沟通的重要部分。每个个体都是独一无二、不可重复的存在。个体的生活质量和生活内容都是彼此迥异的，都有着区别于他人的潜力和特质。无论你的出身如何，相貌几分，学历高低，只要你能正确地认识自我，了解自我，相信自我，找准坐标系中的位置，并且坚定信念，勇敢地走下去，每个人都可以成功。

通常人们都会在事业坐标轴上寻找到自己安身立命的位置，在那个坐标点上努力奋斗，打造自己的生活。其实生活中还有一个信念坐标轴。自我沟通除了包括自我认知、自我定位之外，还包括找到自己的信念坐标轴。在这个坐标轴上，人们寻找着自己的处事原则、自己的信念力量、自己的精神核心。而坚强的信念、强大的精神力量可以帮助我们战胜很多挫折和困难。

案例鉴赏5-3　像贝氏长传一样自我定位

5.3.2　自我沟通的特点

主体和客体同一性。"我"同时承担信息编码和解码功能。自我沟通目的在于说服自己。自我沟通常在面临自我原来认知和现实外部需求出现冲突时发生，沟通过程反馈来自"我"本身。信息输出、接受、反应和反馈几乎同时进行，沟通媒体也是"我"自身。沟通渠道可以是语言，文字，也可以是自我心理暗示。

弗洛伊德将人的心理结构分为三层，分别是本我、自我、超我。

（1）本我是最低层，相当于无意识部分。本我是最原始的、最难接近的部分。它包括人类本能的内驱力和被压抑的习惯。弗洛伊德的本我只追求快乐和满足，而不了解社会现实中的原则。本我：遵守快乐原则。

（2）小孩只有本我，随着生长成熟，从本我慢慢生出自我。自我既了解社会现实原则，也了解本我的渴求。它的任务是参考现实来调节本我，按照现实原则操作。自我不能脱离本我而存在，它的力来自本我。弗洛伊德将本我与自我比喻为一个人骑马，马是本我，骑马人则是自我。超我：遵守道德原则。

（3）超我是由自我分出的。它代表社会规范的内化。自我受本我力量的驱使，千方百计伺机满足本我的渴求，但受社会道德规范习俗的制约，慢慢内化为良心、道德观、价值观，以控制自身的行为的观念，这即是超我。超我代表着"每一种道德的限制，代表着一个力求完善的维护者。自我：遵守现实原则。

三者关系是，超我和本我处在直接的冲突中，超我总是阻止或延迟本我得到满足。自我则是本我和超我之间的调停者。它既要千方百计使本我获得满足，又要受超我的监督，遵循自我的现实原则。弗洛伊德认为，以上三部分如发展平衡，就是一个健全的人格，如不平衡就是一个变态人格。

5.3.3　自我沟通的障碍

与人际沟通相比，自我沟通常常因表现在不经意之间而容易被忽视。因此，有人认为自我沟通实在是一件极平常的事而无须专题讨论，更有人认为人际沟通也许比较困难，而自我沟通就不那么玄妙了，谁还不知道自己是谁呢？作为一个正常人，有谁会自言自语呢？正是由于存在上述误区，自我沟通过程中常常会出现以下障碍。

（1）自我认知不足。

如果一个人缺乏自知之明，那么就不会对自己有一个客观的评价，尤其对自己的缺点和弱势缺乏理性的认识，这样就会致使个体很难与自己的内心进行富有理性的自我沟通。由乔哈里视窗可知，人们对自我的认识存在盲目区域和未知区域，即人们对自我的认识是不完整的，如自己有哪些优点和缺点，自己有什么特长和爱好，自己适合做什么工作，自己具有什么样的个性等。每个人的盲目区域和未知区域的大小是不同的，有些人通过在人际沟通的过程中关注别人的反馈来增进对自我的认识，进而缩小盲目区域。然而，由于个性差异或个人经历的不同，有的人性格内向，情感内敛，不善与人沟通，因而很难缩小自我认知的盲目区域。显然，"我"与一个"陌生的我"对话并不是一件容易的事。

自我倾听就是个体倾听自己的心声，即自己内心深处的颤动，让自己明白"我"究竟是谁，让自己明白"我"究竟要去哪儿。尤其是当自己遇到困难、碰到坎坷时，更要让自己冷静下来，扪心自问，仔细倾听自己内心的声音：自己究竟有多大的能耐？自己是否真的喜欢这份工作？问题究竟出在哪里？通过自我倾听了解自己的潜意识，了解自己内心的真实欲望、感受、情绪，从而寻找解决问题或困惑的方法。缺乏自我倾听，会使我们在遇到逆境或困惑时迷失方向。

（2）自我激励不足。

设置目标是自我沟通、自我激励的一个重要环节。人生目标的树立与追求是认识自我、激励自我的内在驱动力。缺乏人生目标会使人意志消沉，心无大志，不思进取。特别在遇到困难和挫折时，就不会通过有效的自我沟通方式去积极直面问题，迎接挑战，克服困难。如果一个人在自己的职业生涯中既没有志向也没有目标，做一天和尚撞一天钟，得过且过，很难想象他会对生活和事业充满激情。人生没有目标，胸中缺乏激情，是自我沟通的最大障碍。哈佛大学曾经就目标对人生的影响进行了跟踪调查，该项调查的对象是一群智力、学历、环境等条件都差不多的年轻人，25 年的跟踪调查发现，他们的生活状况与其人生目标状况存在密切的关联性。

调查结果表明：目标对人生有巨大的导向性作用。取得成功前的初始阶段仅仅是一个选择。你选择什么样的目标，就可能取得什么样的成就，成就什么样的人生。

（3）缺乏自信。

自信是一种基于自我评价的积极态度。自信，即自己相信自己，它是发自内心的自我肯定，也是进行有效自我沟通所必备的一种心理素质。一个人的自信建立在自身实力以及外界对自己评价的基础上。如果缺乏自信，就容易产生对自身能力和品质评价偏低的消极的自我意识，由此滋生出许多烦恼与自卑，使自己的预期与目标差距更大，并使自己更加抑郁和自责。因此，缺乏自信不仅是自我沟通的大忌，也是个人职业生涯迈向成功之大敌。

（4）自我思考不足。

自我沟通也是一个自我反省的过程，通常需要独处静思，需要对自我认知进行有序梳理和理性思维。显然，理性思维是进行有效自我沟通的基本保障。如果一个人缺乏理性思维，常常表现为性情急躁，烦躁不安。尤其当身处感情的旋涡时，个人难以摆脱压抑的心理状态，对外界正面信息一概持逆反心理，易于冲动，思维紊乱，缺乏理性思维意识，因而更谈不上冷静地做自我沟通。因此，要做好自我沟通，必须克服这种障碍。

案例鉴赏5-4　伸出你的手

5.4　自我沟通的途径、技巧和方法

从沟通过程来看，心理学中把自我调节的过程等同于自我沟通的过程，所包含的内容包括：人体、大脑和情感的调节，思想、行为和语言的调节等。本节着重讲自我沟通过程中的情感、思想和行为的调节途径、技巧和方法。

5.4.1　自我调节的途径和分类

（1）自我调节的途径。

无论是植物还是动物，都有与外界不断变换信息的开放系统，人更不例外。美国著名的科普作家阿西莫夫在他的《人体和思维》一书中曾这样指出："假如你分析人之所以为人的东西，首先应该想到的是，人与任何其他活体相比更是一种自我调节系统。人不仅能控制自身，还能控制环境。"生物控制论告诉我们：人，一方面，身体的各个器官与外界交换信息；另一方面，大脑神经活动同外界交换信息。由此出发，人的自我调节的途径有二：

途径一：通过发挥自身内在因素的作用进行自我调节。

由于人是一个具有高度自我观念与能动作用的活体，因此，人能够不依赖外力的作用，通过发挥自身的内在因素对主体进行调节。例如，一个小伙子，通过对比，觉得现代的工作单位虽大，但没有他原来的工作单位——街道小厂便于发挥自己的力量，于是便毅然决定返回街道小厂。这就是一种很好的自我调节。又如，有的人碰到有人冲撞了他，为了不使矛盾激化，便采取了"有理也让人"的谅解态度，也是一种很好的自我调节。再如，有的人在与外界接触的过程中，很注意根据自己的身心言行等进行调节，也都是很好的自我调节。自我反省，虽然在任何时候都是很不痛快的，有时甚至是非常痛苦的，但是它的确是一种非常有效的调节，常常能引导人们避免另一个更大的痛苦。

值得提醒的是，人们在选择这条途径进行自我调节时，必须随时根据现状与目标、行为与准则、动机与效果之间的差距，应用最有价值的信息，实行最优化调节和控制，争取最佳效益。

途径二：依靠外力（如整体或其他人的帮助和控制等）的作用进行自我调节。

社会是由人组成的，而人则是一切社会关系的总和。无论何人，都不可能脱离社会而孤立存在。探讨一个人的自我调节问题，亦不可孤立地以某一个具体的人为研究对象，而必须将每一个研究对象均视为社会的人，即在研究某一个具体、活生生的人的自我调节时，应该将视野扩大到所有人。要做到这一点就必须注意：你所选择的自我调节途径既要适合自己，具有鲜明个性，又要具有共性，即必须通过工作、学习、读书、人际交往等途径，自觉接受外界启示、批评和帮助等，以求对自己进行全方位的调节，更好地完善和发展自己。虽然人的自我调节主要指的是个人对自己所作的调节，但我们绝不可否认也不可排斥外界某一集体或个人对我们所作的有利调节。

（2）自我调节分类。

自我调节是否有效，取决于方法是否正确。自我调节的方法正确与否，又取决于是否体现了能动性和科学性。能动性，即发挥自己的主观能动调节作用；科学性，是指自觉运用客观规律来指导自我调节的实践活动。行之有效的自我调节方法，必须是能动性和科学性的高度统一。

自我调节按调节时机可分为计划调节与随机调节。前者是指按照预定的程序进行调节，可分为四个步骤进行：一是提出计划，二是执行计划，三是检查计划的执行情况，四是事后处理。随机调节是指处理偶发事件的调节。例如，居里夫人虽因丈夫在一次车祸中丧命而极度悲痛，但她并未失去理智，而是在悲恸中作了自我调节，以惊人的毅力，继续从事与丈夫生前密切合作的事业。偶发因素的存在是不可避免的，所以在坚持计划调节为主的同时，应辅之以随机调节。自我调节按调节程度又可分为强制性调节与弹性调节。人们的一些顽固的陈规陋习是实现有效调节的障碍，所以在某些情况下，为了克服这些障碍，很有必要采取自我强制的调节方法。不过一般说来，强制的调节方法会导致人们丧失兴趣，进而挫伤进取心；弹性的调节方法提供了较大的周旋余地，但易导致放任自流。所以，二者相辅相成，则可使弦绷得既不太紧，又不太松，张弛有度。

5.4.2 自我调节的技巧和方法

（1）情感调节的技巧和方法。

情感是人对客观事物的态度的体验，是人的需要与客观事物之间关系的反映。它与情绪是两个既有联系又有区别的概念。一般来说，情绪是情感的外部表现，情感是情绪的内容。有人认为，情感即感情，指的是人的喜、怒、哀、乐等心理表现。它的产生，是同感觉、知觉、思维和想像等认识过程相联系的，并且是随着每个人的立场、观点与生活经历转移的。情感对人来讲，既有积极的一面，也有消极的一面。积极的一面是它能促进人的身心健康，激发人们去战胜困难，实现对真理的追求；消极的一面是它会损害人的身心健康。

①情感调节技巧。发挥情感的积极作用，克服消极作用，调节好自我情感，可以从如下四点做起：

一是注意对情感倾向性的调节。情感的倾向性，即一个人的情感指向什么和为什么而引起。情感倾向性调节的目的：一方面为了克服私心，坚持从公心出发，使自己总的情感倾向与社会进步方向相吻合；另一方面为了克服不良倾向，保持身心健康。

二是提高情感的稳固性。情感的稳固程度和变化情况，是一个人思想坚定性的具体表现。然而，有的人的情感却是变化无常的，容易闹"情绪"；或者表现为情感的迅速减弱，容易患"两分钟热度"的毛病。这种情感当然不能成为持久活动的动力。我们应当有意识地克服心绪不宁和情绪波动等情感，提高自己情感的稳固性，保持稳定良好的情绪状态。

三是培养情感的深度。情感深度，是对情感在思想行为中体验的深浅而言的。情感深度与情感的倾向性密切相关，情感深厚的人，其情感也常常是稳固的。培养情感深度是使情感产生效能的前提条件。

四是发挥情感的效能。情感效能，指情感在人的实践活动中所起作用的程度。情感效能高的人，能使任何情感成为他的动力，愉快、满意的情感会使他工作积极，挫折、失败带来的不愉快甚至悲痛也能转化为力量；相反，情感效能低的人，尽管有时候情绪也很强烈，但往往只是停留在"体验"上，而缺乏具体行动。

②情感调节方法。我们应善于做情感的转化工作，提高发挥情感的积极效能，调动身心的巨大潜力，保证在任何情况下都能以最佳的心理状态去从事各项工作。有5种方法对情感进行调节。

一是记录法。准确地记录下你每天所做的感到心烦意乱的事情。记录后，先不急于思考这样做是否妥当。等过了一段时间后，再翻开日记本，看看你对该事情的看法。时间可以抚平内心的情绪，我们要学会在心烦意乱的时候，调整自己的情绪。通过记录法，可以看到自己以往在情感调节上的方法，从而寻找最合适的方法。

二是意识控制法。当自己处在某种过激的情绪时，可赶快提醒自己，保持理智，避免过激行为的发生。比如，当自己"怒从心上起"，将要与人吵架时，要赶快提醒自己，吵架只会给双方带来更多烦恼，不能解决任何问题，实在不值得。这样，你用理智的力量控制了自己的怒气，就不会用粗鲁的语言，更不会采取粗暴的行动。

三是自我安慰法。这种方法是用生活中的哲理或某些明智的思想来安慰自己，鼓励自己同困难作斗争。例如，面对一项难度较大的工作时，你应该告诉自己"我能应付得了"而不要说"这是绝对做不到的事"。因为，自我安慰能够减轻你的思想负担。

四是遗忘转移法。据心理学家的研究，当某种不良情绪或念头产生后，如果老是郁积于心，老是想它，就会使这种不良情绪或念头不断蔓延，日益加重。因此，当你产生某种不良念头，或因某种事情引起不愉快的情绪时，最好能将它尽快地遗忘掉，不要老去想它。或可以通过看书、逛街等方式，分散注意力，将不愉快的情绪忘记。

五是疏导法。有时，不良情绪光靠自己调节还不够，需要借助于别人的疏导。不少心理学家认为，人的心理处于压抑状态时，应当允许有节制地发泄，把闷在心理的苦闷倾泄出来。然而，有人主张"遇事不怒"；有人主张心里有了气，宜止不宜泄。其实，人怎么会无忧无虑，怎会没有生气、发怒的时候。因此，我们在提倡自我安慰法的同时，亦主张"怒则即泄""气则即消"，即通过设法自我发泄，或采取以喜消气等转移法，或采用疏导法，将心中之气消掉。

（2）思想调节的技巧和方法。

无论任何人，要想在事业上获得成功，均需具备正确的指导思想和方法，人们在实践中，为了获得正确的指导思想与方法，以指导自己的行动，须做多方面的调节。

①遭受挫折和失败时的调节。无论任何人，在事业上都不可能一帆风顺，总是会碰到这样或那样的困难，经历这样或那样的挫折。在挫折面前，有的人能经受得住，有的人却无法忍受。如果你遇到挫折，应如何进行思想调节呢？首先，对挫折应作一番具体分析，看到它虽会阻碍事业，使工作、学习受到损失或导致失败，但如果克服了它，就能使工作、学习、生活等顺利进行。其次，要进行有理智的心理调节，克服"怕"字，并不断调节自己的思想方法。即使失败了，也要振作精神争取反败为胜，或寻找一件能引起自己兴趣的事情干干，以削弱、消除因受挫失败而造成的紧张、消极情绪，并争取用在另一方面得到的收获，来抵消或补偿在这一方面已无法挽回的损失。

②取得成绩和胜利时的调节。一个人，在日常工作、学习、生活过程中，碰到挫折或遭到失败，容易悲观失望，而取得成绩，获得胜利，又容易骄傲自满。戒骄戒躁，谦虚谨慎，是为上策。

③犯了错误或失足后的调节。一个人犯了错误，如果能正确对待，就能化消极因

素为积极因素，增强免疫力，以后可以少犯错误，或不犯重大错误。为了纠正错误，首先当然要承认错误。为了认识错误，还需要实事求是地弄清楚错误的性质、危害和根源。只有把这一切都分析清楚了，才能提高觉悟，防止再犯错误。

④将自己的内心世界对外开放时的调节。我们每个人都有一个自己的世界。如果一个人能够将自己的心灵即内心世界对外开放，能更好地了解自己，增强良好的自我感觉。当我们的自我评价得到别人证实与支持时，这种自我评价也就得到了强化，从而增强了自信心。否则，就会觉得自我评价不可靠，也就谈不上自我认可。当自我评价与别人对自己的评价不一样时，或在不同的群体评价不一样时，就可以进一步发现自己的长处与短处，更好地了解自己。与此同时，这也能换得别人对自己的信任。只有用信任交换信任，用爱交换爱。你对别人的开放，表明你对别人的信任，才能换得别人对你的信任、别人对你的开放与自我表露。还能够展示自己，让别人客观、全面、公正地了解自己，树立起自己的公共形象。一个人应多和社会接触，和他人交流，积极寻找、争取各种机会，表现自己，将自己的优势发挥出来"。

（3）行为调节的技巧和方法。

人的行为是受思想支配的，是在环境影响和刺激下所引起的，是内在生理与心理变化的外在反应，是思想的外在表现形式。人的行为调节，是指每个人根据人的行为规律、社会政治准则、法律与道德规范、特定系统的规程和几率等，是有意识地对自己的行为进行调节，从而自觉抵制各种不良因素的影响，预防越轨、过失和犯罪的发生，选择和确立自己的最佳行为。行为调节可按以下几种方法进行：

①运用行为科学调节自己的行为。从广义上讲，行为科学的基本内容，大致有四部分：个体行为、群体行为、组织行为、领导行为。从狭义上讲，行为科学是运用心理学、社会学、人类学和经济学等多门学科的成果系统地研究人的行为规律的科学。它不仅研究人的个体行为与领导行为，还研究人在社会中的群体行为与组织行为，并且通过对人的行为产生的原因和影响人的行为的各种因素的研究，来把握人的行为的一般规律，从而对人的行为进行预测与控制、激励与改造，以求充分调动人的积极性，广泛发掘人的潜在能力，合理利用人力资源，为经济、文化、政治目的服务。

根据行为科学的揭示，人的行为过程，是从心理到行为和从内向外转化的过程。行为的发生从感觉开始，感觉引起人的某种需要（或称欲望），这种需要结合一定的思想形成动机。动机是促使人们采取行为的内在因素。在行为的过程中，意志是排除各种干扰使动机得以实现的精神因素。行为的终止出现效果。因此，我们可以把行为理解为"感觉→需要→动机→意志→行为→效果"的发展过程。从感觉到需要，只是行为的萌芽，动机的确定才是行为的真正开端。从感觉到动机，是行为的心理过程；

从动机到效果，是行为的实现过程。在人的行为过程中，动机决定行为的发展方向，意志决定行为能否实现预定的目的，意志是使动机转化为效果的关键。

但动机与意志均不是人的头脑里固有的，更不是天上掉下来的，而是人们所处的客观环境作用于人的大脑的结果。因此，客观环境对人的行为是有制约作用的。为了将人的行为调节好，首先，我们必须创造一个良好的客观环境；其次，还应根据人的各种需要，做好各方面的调节与控制工作。

②运用系统控制方法调节自己的行为。人是一个复杂的有机体，人的调节系统是与传输系统、执行系统、人体的内部和外部环境相联系的。在这样一个系统中，大脑起着反映现实与调节各种复杂活动的作用。大脑通过散布在全身的感受器，不断接受人体内、外部的刺激信息，通过对这些信息的处理，形成决策，经过信息通道（中枢神经和外围神经系统）传输到各个运动效应器（主要是肌肉和腺体），引起机体运动，产生行为。要是人体自控系统运转良好，就有利于人们自身能力的发展完善，但关键在于该系统要有一个灵敏、正确、有力的反馈系统。

要做到这点，其一，必须有灵敏的感受器，以便及时发现主体与客体之间存在的矛盾信息。同时，必须重视收集反馈信息，随时掌握现状与目标、行为与准则、动机与效果之间的差距，实现最优的调节控制，取得最佳效益。其二，必须有高效能的分析系统，以过滤与加工感受到的各种信息，真正做到"去粗取精，去伪存真，由此及彼，由表及里"。在大脑这个复杂的调节器里，记忆库（即存储器）是核心部件。要使记忆库丰富，随时能提供正确的记忆信息，以利于调节器做出明智果断的决策，就必须在社会实践中不断接受前馈信号，即学习科学文化知识，提高思想觉悟与认识能力。其三，必须有强有力的意志行为，以调节或修正以往的行为，使之更适应未来实际的需要，获得更大的效益。

③运用伦理学知识选择和调节自己的行为。人类的行为纷繁复杂：满足人类机体生存需要的行为，包括谋求衣食住行的种种活动；有发展体力与智力需要的行为，包括从事体育、卫生、文化、教育等种种活动；有满足社会生存与发展需要的行为，包括生产活动、政治活动以及科学实验等活动。对于纷繁复杂的行为，人们可以从不同角度来区分。有人将人类行为区分为本能行为、生理行为、心理行为与道德行为。也有人将人类的行为区分为两类：一类是与善恶价值有关的行为，称为伦理行为；另一类是与善恶价值无关的行为，称为非伦理行为。其中伦理行为又分为两种：一是善行为，即道德行为；二是恶行为，即不道德行为。还有人认为，从道德角度可以把人类的行为区分为三类，即道德行为、不道德行为与非道德行为。其中道德行为与不道德行为是可以进行善恶评价的行为，也可以统称为伦理行为。人类的道德行为是有价值

的行为，但不同道德行为的价值大小却不相同。决定道德行为价值大小的主观因素，是人们的道德境界的高低与选择道德行为的自觉程度，以及人们自身的处境；决定道德行为价值大小的客观因素是该行为在社会生活中所产生的实际影响。人们的处境不同，同样行为的道德价值也不同。处在同一社会环境下，人们的精神境界不同，人们选择行为的自觉程度不同，其行为的道德价值的大小也是不同的。一个境界高、完全出于本人自觉的道德行为，与境界低、只是在别人的影响下随之发生的道德行为，道德价值也是不同的。前者的道德价值要比后者大得多。道德行为是会影响人们的心灵与情感的。道德行为的价值大小与其在社会上所产生影响范围的大小、时间的长短以及受影响的人数的多少是密切相关的。高尚的道德行为能影响千千万万人的心灵，具有不朽的精神价值；优秀人物的道德行为和品质对人类的积极作用是巨大的。这正是我们运用伦理学知识对人的行为所做的最好的选择，也是通过多方调节所要确立的最佳行为标准。

技能应用分析

即测即评

※ 情景模拟训练

要做好自我沟通，一种比较有效的办法是不断问自己这样一些问题："这话我自己听了，感觉会怎样"，或者"自己总是希望得到别人积极肯定的，我为什么又不能多给别人呢"等。要让这样的思考方式成为习惯。现在，就请你用这样的思考方式来修改和完善下面的表达方式。

● 除非你打算参加我们的社团，否则请不要填写和上交这份表格，因为你填写的话就意味着要加入这个社团。

● 很高兴地通知你，你可以在全国范围内使用同一个号码，而且你只需要到当地的移动公司注册一下就可以了，这样你就方便多了。

● 由于你提交的文件不全，我暂时无法帮你申办毕业的手续。

● 报告中找不到论据佐证的结论最好不要下。

● 我们不能为了你一个人，破坏公司的工作规矩。这一点想必你是很清楚的。

● 请你赶快参加有关人力资源管理的会议，会上我们会通知你目前可以采取的必要措施的。

● 我希望已经回答了您的问题，假如您还有什么不明白的，随时可以向我咨询。

● 为了减少不必要的延误，请在抵达前预约。

第6章　自我沟通技能

自我技能测试　自我沟通技能评定（见表6-1）。

表6-1　你是否是善于自我沟通的管理者测试

序号	你的表现	是/否
1	即使在很忙的时候，我有没有专门寻找一个空间去思考问题	
2	在一年中我有没有安排专门的时间到清净的地方去放松自己	
3	我有没有与那些有智慧、有较深洞察力的朋友定期或不定期交流一些看法	
4	我是不是常感到没有自我而苦恼	
5	我经常与他人交流以获取关于自己优缺点的信息，促使自我提高	
6	当别人给我提反面意见时，我不会感到生气或沮丧	
7	我非常乐意向他人开放自我，与他人共享我的感受	
8	我很清楚自己在收集信息和作决定时的个人风格	
9	在与他人建立人际关系时，我很清楚自己的人际需要	
10	在处理不明确或不确定的问题时，我有较好的直觉	
11	我有一套指导和约束自己行为的个人准则和原则	
12	无论遇到好事还是坏事，我总能很好地对这些事负责	

测评结果见附录。

本章学习目标：

◆自我沟通是有效沟通的起点。良好的自我沟通的表征是积极的心态、良好的品行、高情商、健康的心理和具有沟通意识。

◆自我沟通能力提升的路径是：自我认知—自我定位—自我管理—自我激励—自我学习—自我超越。

引例

石匠的目标

有个人经过一个建筑工地，问那里的建筑工人们在干什么？三个工人有三个不同的回答。

第一个工人回答："我在砌一堵墙。"

第二个工人回答："我在盖一座大楼。"

第三个工人回答："我在建造一座城市。"

十年以后，第一个工人还在砌墙，第二个工人成了建筑工地的管理者，第三个工人则成了这个城市的领导者。

从这则故事中我们可以得到什么启示？

6.1　自我沟通概述

通过自我沟通，人类能够将自身的认知活动和实践活动视为作用的对象，施以监视反馈和调节控制。而且，也正是由于人类具有能进行自我监视反馈和调节控制的意识，才使自己得以成为人类——区别于一切非生物和其他一切生物的特殊生物。

成功的自我沟通是一切实践活动成功的前提。一般而言，个体的活动是由其对对象的对象意识和对自己的自我意识决定的。为了达到预定的目标，人们一方面要认识要改造的对象，另一方面也必须将自身正在进行的实践活动作为对象，不断地对其进行积极的控制和调节，提高实践成功的效率和可能性。只有如此，主体才能将自我意（认）识这一内在主体尺度得以建立的标准和外在客体对象的本质、运动规律所规定的客体尺度结合起来，形成具体的实践观念，通过现实的感性的实践活动，获得一定的"实在的自由"。

良好的自我沟通也是个体自我发展和自我实现的基本前提和根本保证。一方面，正是由于成功的自我沟通，个体才得以对自我进行审视与反省，进而得以树立自己的奋斗目标，制订自己的行动计划，为随后的自我发展和自我实现奠定基础。另一方面，在个体自我发展和自我实现的过程中，无论是目标的树立、方向的确立、计划的制定还是具体行为、行动的采取、实施、调整、控制，其中每一步骤的顺利完成都是以个体一定的自我沟通为手段的，实际上也都是个体自我监控能力的具体表现。

就管理沟通而言，自我沟通是其他任何一种沟通的基础。由于无法摆脱一定的社会历史局限性，人不可避免地要形成一定的认知定势。相对稳定的认知定势，在认识过程中往往以一种惯性的力量来引导和限制主体的思路，导致主体在认识上出现误区和盲点，使我们对事物的认识"个体化"。这为主体间的一种意义共享提供了可能性。

6.2　自我沟通系统与心理历程

6.2.1　自我沟通系统

日本学者渡边一央等人提出的人的视听觉信息处理模式充分地反映了人体内传播的系统性，如图 6-1 所示。这个模式图从生理学过程的角度非常详细地解析了自我沟通的过程和结构，表明人体内的信息处理活动是一个复杂而有机的系统。

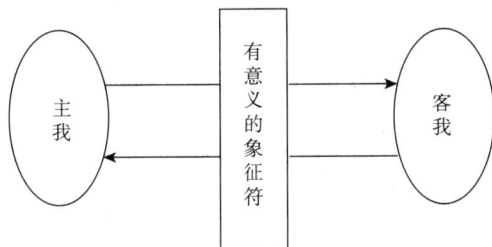

图6-1　自我沟通的双向互动性❶

（1）自我沟通是能动的意识和思维活动过程。

自我沟通一般都是作为对外界事物的反应而发生的，但是，这种反应并不单纯是生理层面上的刺激和反应关系，相反，能动的意识和思维活动才是自我沟通区别于其他动物体内沟通的根本特点。

辩证唯物主义认为，自然界经历了漫长的历史过程，从自身的发展中产生出能够思维的人。这个过程包括三个决定性的环节：由一切物质所具有的反应特性到低级生物的刺激感应性；由刺激感应的反应形式到高级动物的感受和心理；由一般动物的感觉和心理到能动的人的意识的产生。

同时，人的意识不仅是自然界长期发展的产物，更是劳动和社会的产物。在劳动和社会中，人不仅要认识事物的表面现象，而且要认识事物的本质和规律，反复的社会实践，使人的意识超越了一般动物感觉和心理而达到更高的境界。劳动不仅推动了作为意识之物质基础的人脑的发达，而且推动了思维的工具——语言的产生。有了语言，人就能够使用语言符号来概括各种感觉材料，进行抽象思维活动，从而使人类的

---

❶ 图来源：郭庆光 . 传播学教程 [M]. 北京：中国人民大学出版社，1999: 79.

意识和思维活动发生了更大的飞跃。

（2）自我沟通是一个社会心理过程。

自我沟通是个人体内的信息沟通活动。自我沟通与人的自我意识是紧密相关的。正是由于自我沟通，自我意识才得以形成，而自我沟通也是在个人的主体意识——自我意识的指导下进行的。

关于自我，西方有两个容易混淆的概念，即 Self 和 Ego。这两个概念无论在其起源、内涵，还是研究领域都有着很大的不同。Self 是指认识、行动着的主体，是由生物性、社会性以及自我意识诸因素结合的有机统一体，被分为主我和客我，主要受后天和社会环境影响。Ego 是保证个人适应环境、健康成长，取得个人自我意识同一的根源。这是弗洛伊德最早提出的概念。它是从本我（ld）中分化而来的。Ego 主要由先天遗传因素决定。在研究领域中，在 Self 这个标题下，研究领域十分广泛，有大量实证研究。自我意识、自我概念的研究都是在 self 的意思上进行的。

詹姆斯把我分为主我（I）和客我（Me），因而自我意识也就是主体的我对客体的我的意识。如一个人对自己的外貌、身高的了解，对自己能力、性格等的认识，对自己在与他人相处的融洽程度和自己在他人眼中的地位的理解等，这些都是自我意识的具体表现。

概括地说，自我意识是对自我及自我与周围关系的意识，包括个体对自身的意识和对自身与周围世界关系的意识两大部分。从形式上看，自我意识可表现为认识、情感、意志三种形式，被称为自我认识、自我体验、自我调节。从内容上看，自我意识又可分为生理自我、社会自我和心理自我。自我认识是指一个人对自己的生理、社会、心理等方面的意识，属于自我意识的认识范畴，它包括自我观察、自我图式、自我概念、自我评价等。

6.2.2. 自我防御或自我肯定

（1）劝说中的角色扮演（Role Playing in Persuasion）。

研究发现，如果实验组的被试者被任意地安排在争论的一方，并引导被试者参与争论，使被试者成为争论一方的成员。控制组的被试者仅仅作为旁观者。结果扮演角色的被试者就会坚信自己所支持的一方更具有说服力。这一效应不仅当被试者在争论中充当一个需要有创造性的辩论者时会产生，而且当被试者接受角色安排后仅仅判断争论的问题是否有意义后就会产生。即：当被试者接受了所扮演的角色后，就会将其所处的地位与自我联系起来，对自我的肯定产生了对所代表一方的肯定评价。

（2）唯我所有（Mere Ownership）。

这是指人们喜欢某个东西仅仅是因为这个东西是自己的。费伊斯（Feys，1991）、巴根（Baggen，1992）发现，让被试者首先在计算机上学习区分计算机游戏中代表自己的 4 个图像和代表对手（计算机）的 4 个图像，然后让被试者对这 8 幅图的精美程度做出评价，结果与自我有关的图像得到了较高的评价。卡尼曼（Kahneman，1990）等对于此相似的"直接捐赠"（Instant Endowment）效应进行了研究，结果表明：一旦被试者能将某些物品如杯子、钢笔、巧克力糖等据为己有，则对这些物品的价值判断就会显著提高。

（3）小群体效应（Minimal Group Effect）。

"群体内偏见"（In-group Bias）是个体对与自己同一群体的人所做的评价好于对其他群体中的人所做的评价。塔吉弗（Tajfe，1970）发现，即使允许被试者观看实验前大家是如何被随机分组的，了解同一群体、不同群体的人都是比较相似的，群体内偏见依然会产生。在这种情况下所表现出的群体内偏见称为小群体效应。这一效应说明，个体所获得的群体关系是自尊内隐操作得以实现的契机。珀杜（Perdue，1999）等的研究发现，小群体线索是迁移肯定影响的有效基础，从属于同一群体的称呼（我们、咱们）起到了阈下启动积极情绪的作用。

（4）相似—吸收（Similarity-Attraction）。

知道他人与自己有相似的方面是产生吸引的决定因素。认为相似—吸引是内隐自尊是基于以下假设：被试者与陌生者的相同点越多，就越倾向于将陌生人与自我联系起来。研究者发现了一种有趣的相似—吸引效应。他们让被试者相信自己与历史上的一位声名狼藉之人生日相同（同月同日），则被试者会对他曾经做过的事给予较宽容的评价。此后，研究者通过用共同生日技术还发现，让被试者与另一位参加实验的人就一个有关犯人的两难问题进行讨论时，知道自己与对手生日相同的被试者更容易与对方达成协议。

（5）说服的认知反应（Cognitive Responses to persuasion）。

在说服别人的争论中，如果结论与自己的观点相同，就会轻易地认为这一说法是可靠的。代表性的研究是洛德（Lord）等人的实验。他们让学生支持论证材料，结果学生对这两套材料的"令人信服程度"的评价与学生已有观点有密切关系，每一方只发现支持本方的论据更令人信服。即被试者只被支持自己观点的证据所吸引而忽视支持对方观点的证据。

（6）判断中自我肯定（Self-positivity in Judgment）。

许多研究证明，对自我的肯定是个体做出判断时产生偏见的基础。格林沃尔德（Greenwald）（1980）指出：为希望的结局承担责任，为非预期的结局寻找外在原因，修改记忆内容使之与肯定的自我形象相一致，这些都是自我认知偏见的症状之一。这些认知偏见对保护自我的整体性是非常有益的。泰勒（E.S.Taylor）和布朗（Brown）通过对抑郁症患者的分析，充分证明了这种偏见是适宜操作的。

（7）置换自尊（Displaced Self-esteem）。

置换自尊与熟悉的互惠和奉承效应，包括相互交换礼物，相互满意和赞扬有着密切关系。置换自尊由受到他人的赞扬所引起，但与互惠和奉承效应的不同之处是，受赞扬者认为他对赞扬的称赞是自己独立的评价，与赞扬者的赞扬无关。阿伦森（Aronson）和林德（Linder）（1965）的实验发现，被试者对给予其先批评后表扬的刺激者的喜欢程度要比一直表扬他的刺激者高，即使后者的表扬内容要多。他们认为这是因为被试者认为由批评转向表扬的刺激者更有辨别力。按内隐认知的观点，由批评转向表扬要比单纯表扬更能有效地提高被试者的自尊，因此对前者的喜欢是被试者自尊的需要。

6.2.3　解释中的自我肯定和自利偏好

相同的客观行为往往被不同的人做出完全不同的解释，这取决于观察者如何回答"为什么"这一问题。例如，对于"在单位工作到很晚"这一信息，有人可能会认为这是该雇员工作勤奋和有责任心的表现，而另一些人可能会将其视为效率低下和不能胜任工作的信号。

自我肯定和合理化的一种形式是投射反应。观察者在解释他人行为的过程中，常常会以他们自己为参照点，把自己的感觉和想法投射到其他人身上，并错误地假设其他人和他们有相同的感觉和动机。这种现象就是投射效应，也称解释中的镜像反映。里查德·莫伍德对于政府组织中现有雇员的研究是说明投射效应的一个例子。这项研究调查政府组织中现有雇员对流失雇员离开政府组织的原因的看法。这些留下来的雇员被要求从三种原因中选择一种解释原先同事离开组织的原因：对自己的工作不满。不是因为对现有工作的不满，而是那些本身对现有工作和组织不满的保留雇员倾向于将原同事流失的原因归结为对工作的不满。在这里，投射变为自我肯定和合理化的一种手段。对工作满意的人通过将同事离开归结为对工作不满以外的原因来为自己所做出的留在该组织的决定进行辩护，而那些对工作不满的人则以其他人离开的原因恰在于不满意工作来为自己的看法提供佐证。

影响解释的另外一种常见心理因素是自利偏好。即观察者可能会选择那些对自己更有利的解释。当被要求评价自己的表现时，观察者倾向于将自己成功的原因归结为内在原因而将失败的原因归结为外在原因。自利偏好在影响人们对他人行为进行解释时则以相反的方式进行。即：他人的成功被归结为外部原因，他人的失败则被归结为内在原因。

观察者所做的许多解释都会影响他们的自我知觉。因而，一个有着较强自知自明、了解并且承认自己的长处和短处的人，在对他人的行为进行解释时会向别人投射较少的负面解释，一个高度自信的人在评价他人时会比缺乏自信的人较少地援引自利偏好。

案例鉴赏6-1　辞职沟通

6.2.4　逆向思维法

对认知的认识使我们了解到在沟通中尊重他人、开放心灵、解放自我、打破心智模式的局限对于沟通成功的必要性。下面对逆向思维法加以介绍，希望对读者有所帮助。

所谓逆向思维，是着眼于思维的过程，即就思维的出发点、方向、目标、路线、程序、步骤等诸如此类范畴而言的一种思维方式。人们的思维总是借助一定的概念或命题而开始，遵循一定的规则、步骤，沿着一定的方向、路线而展开和运作的。其中，思维所依据和采用的起始概念、前提命题，所要达到的终极目标，运行方向、路线，运作规则或程序、步骤等，都具有相互对立、相互排斥的正、反两方面，由此导致了在思维的整个过程及其各个阶段或环节上普遍存在的、可以从正、反两个方面切入的思维运动。如果我们把其中的一种思维运动称作正向思维，那么构成相反方向的思维运动则可称作逆向思维。这正是唯物辩证法的对立统一规律在思维运动中的体现。

逆向思维广泛存在于人类思维所涉及的一切认识领域和创造性活动范围之中，因而它具有普遍性的品格。拿语言来说，语言作为人类思维最基本的符号表现形式，就以反问、反语、反讽、反驳等形式直接表现着逆向思维方式。关于生活的许多哲理名言，如"安不忘危、存不忘亡""从最坏处着想、向最好处努力"等，也同样反映着逆向思维。在科学研究中，反证法、归谬法、溯因法、证伪法等方法，也均属于对逆向思维的运用。而在日常生活中，对象棋残局、围棋死活题、走迷宫线路等智力游戏题的解答，更是常常要运用到反果为因、颠倒次序等形式的逆向思维。

发现、提出和解决问题的认识过程，实际上包含着思维的相互否定的过程。一种是对主体原有知识的有效性、完备性的否定，另一种则是对前一种否定的再否定，两种思维运动轨迹构成了认识过程中的一个开放性的圆圈。在思维的两种否定过程中，始终存在着从矛盾的对立面对认识内容进行否定的思维运动，这就是逆向思维。在一定条件下，逆向思维以一种否定性的力量推动思维围绕着问题而产生、发展和上升。在发现和提出问题的过程中，它以原有背景知识的对立面为出发点；在解决问题的过程中，它则以问题矛盾本身的对立面即化解或协调矛盾的统一性条件为立足点或着眼点。作为思维运动中矛盾的否定性方面，它构成了思维辩证运动中不可或缺的基本环节。

与从矛盾的单方面出发的正向思维方式相伴相随，逆向思维在思维运动中的意义至关重要。如果没有逆向思维而单凭正向思维，绝不可能产生思维的辩证运动，也不可能导致问题的发现、提出和解决，而只能导致思维的刻板和僵化。当然，正向思维作为一种成熟的关于某类问题的解题方式，对于某些问题的提出和解决，通常会起到类比或模型之类的方法论指导和启发作用。然而，它最初的确立仍然离不开逆向思维，并且曾经是作为一种解决问题的逆向思维方式而被确定和保留下来的。在应用于新问题时，仍然离不开运用逆向思维来发现差异、变化等特殊性。

逆向思维作为辩证思维运动的基本环节和内在动力，无疑是发挥辩证思维方式所特有的批判性、革命性、求异性、创新性、综合性等认识论功能的重要手段。然而，逆向思维毕竟不等同与辩证思维，它作为辩证思维运动的基本环节和内在动力是有条件限制的，主要是要受到关于矛盾之间相互依存、相互转化的同一性条件的限制。缺少这种必要的条件，逆向思维往往就会成为一种单纯否定的机械性思维方式，这不仅无助于问题的发现和解决，而且易于把人们的思维引向相对主义、怀疑主义、绝对主义等形而上学和唯心主义的歧途。

案例鉴赏6-2　番茄酱的逆向思维

6.3　自我沟通的潜意识状态

身心一致的状态，是意识与潜意识处于一个完全和谐、共鸣共振的状态。在这个状态里，蕴藏的内心力量能够更有效地发挥出来，为人生创造出更多的成功、快乐。每一个人的潜意识都很想与意识沟通，它不断地发出讯息，只是我们过去很少注意到，亦不知道如何做而已。有一句话说："你所不知道的部分正在掌控你的人生。"而这个"所不知道的部分"就是我们的潜意识。如果你想要掌控你的人生，你就必须学会与你的潜意识沟通。那么，要和潜意识沟通有哪些途径呢？

（1）持续出现的念头和想法。

你是不是有时会出现这样的情况：你在工作、开会、看书或是上课，但脑袋中总是会冒出一些想法、念头让你根本静不下心来？你可能为此感到很苦恼。实际上这些持续出现的，重复的想法、念头就是潜意识给出的信号，潜意识认为这些东西很重要，想要你去处理它。这时，你需要先识别潜意识想要提醒你的事情是什么，然后你可以对潜意识说："谢谢你！你的提醒我收到了，我做完这件事情后就去处理它。"你还可以把要处理的事情记下来。一般情况下，当你这样做后，这些持续出现的想法、念头就自动停止了。如果没有停止的话，那说明潜意识认为那件事情非常重要，需要你马上去处理它。

（2）情绪。

了解潜意识的第二个途径是我们的情绪。本质上来说，情绪是一股能量，我们只要去承认它、体验它、感受它，它就会转化、消失。同时，当我们有情绪的时候，也是我们觉察我们自己的一个很好的机会，因为情绪背后都有一个信念和价值观支撑。

举个例子：年底特别忙的时候，你参加了一个冗长又没什么意义的会议。这时，你的情绪是什么？大概率是有点生气、心想："年底都这么忙了，还开这种会！"你会有情绪是因为你的信念和价值观被触碰到了。

这时，你要允许情绪的发生，允许自己有这样的情绪，只是让自己去体验情绪的流动。

当情绪平复了以后，你可以问自己："我不要开会，那我要什么？"

"我要做事情，我要完成业绩目标！"

"目标完成了，会给自己带来什么？"

"会有丰厚的年终奖！"

"有了年终奖又会给你带来什么？"

"可以给父母一些钱，可以给他们买东西。"

"当你做了这些，你的感觉是什么？"

"很开心！"

"所以，什么对你很重要？"

"家庭对我很重要！"

当你知道了什么对你来说很重要，你就可以利用它来驱动你了。

（3）身体的感受。

潜意识与我们的沟通的第三个途径是身体的感受。

你是不是有遇到这样的情景：你遇到了一个销售人员，他与你交谈，他在你面前表现得很有自信，说辞很有吸引力，言谈举止也很得体。可不知为什么你就是感觉心里不舒服，不敢信任他。

你发现了吗？当你"感觉心里不舒服"时，你的胸口或者是身体的其他部位是有感觉的。

这就是潜意识通过身体的感受来告诉你一些信息。

我们可以体验到的是：我们依据意识的分析而做出的决定，很多时候可能会后悔。而依据身体的感受所做出的决定往往是符合你的最佳利益的。

假如你是一个很好学的人，经常去参加一些培训。而你经常会遇到的一个问题就是两个课程的时间冲突。这种情况会让你小小地纠结一会儿。当你要做出选择时，往往需要：

● 放松你的身体，放空你的头脑。

● 伸出你的双手，用你的直觉来决定哪只手代表 A 选择，哪只手代表 B 选择。

● 当你往 A 的方面走动时，你问自己："当我做出这个选择时，我的身体感觉舒服吗？"

● 同样的，当你往 B 的方面走时，你也问自己同样的问题。

这样两次做下来，你就知道哪个选择对你来说是最好的，身体会告诉你答案。

你可能会问："这样做的选择准吗？要是错了怎么办？"刚开始时，你可能会受到意识的干扰。所以，你可以从一些小的选择开始，来培养对身体的敏感度和对潜意识的信任度。当你对身体的感受越来越敏锐，对潜意识的智慧越来越信任时，你做出的选择就会越准。

（4）灵感与创造力。

你是否有过这样的体验：你为了一件事情思考了很长的一段时间，一直找不到头绪。可突然，在不经意间，在你的脑袋中闪过一个灵感或创意，然后那个事情就迎刃而解了。如果你是做艺术的、设计的或是写作的工作，一定会经常有这样的体验。奥南朵曾说过："跟随你的灵感去生活，而不是你的头脑。"那么我们要怎样才能获得更多的灵感和创造力呢？

我们经常用的一个方法就是与潜意识沟通，当我们对潜意识有更多的了解和对潜意识的信号更加的敏锐时，我们自然会懂得如何捕捉到灵感了。

在这里有三个关键点：一是要放松，二是要信任潜意识，三就是要放下意识。

6.4 自我沟通策略

自我沟通是个体进行自我管理的一种重要手段。个体根据生理、心理及所处的社会环境特点，可以选择适宜的自我沟通策略。

（1）听众策略。

听众策略分析是自我认知的过程。认识自我，就是人在社会实践中，对自己（包括自己的生理、心理、社会活动和整个主观世界）以及自己和周围事物的关系的认识。它包含在人的自我观察、自我体验、自我感知、自我评价等活动中。要认识自我，首先要理性地审视自己的动机。从心理学的观点看，人因为有需要，引起了动机，从而产生行为，因而在心理学中，把动机定义为由需要而引起的个体的行为倾向。其中动机可以分为内部动机和外部动机：所谓的内部动机，就是从个体自身的需要出发而产生行为；而外部动机是根据社会环境的需要而产生行为。内部动机和外部动机是一个相互作用的过程，如果内部动机与外部动机发生冲突，但仍按内部动机去发生外部所不需要的行为，往往会演变成不纯的动机；相反，如果外部动机所需要发生的行为与内部动机不吻合，就会缺乏内在的激励力量而导致行为发生强度的减弱。所以，重新审视自己的动机，是为了唤起自己残缺的内在动机，激发对行动的兴趣，认识自我在行动中的价值，从而以饱满的精神投入行动中。

案例鉴赏6-3 老人与孩子的故事

在管理沟通过程中，强调审视自己的动机，就是要客观地评价动机的社会性、纯正性和道德性。如果内部动机与外部动机发生冲突，就要修正自身的动机，因为，只有内部动机和外部动机得到了统一，才能为沟通对方所接受，并提升自身的形象。

（2）信息策略。

信息策略是指个体通过学习，寻找各种依据和道理对自我进行说服，所需的信息来自于他人的经验或书本的知识。所以，自我学习能力的提升有助于自我沟通有效性的提高。自我学习能力要求个体不仅要拥有宽泛博学的知识，还要学会自我学习的方法，树立终身学习的理念。

（3）反馈策略。

正确认识和客观评价自己是使自己的心理保持平衡的重要因素。如果一个人对自己的评价过高或过低，或自视高傲，或自感卑微，都会影响自身的人际关系。因此，我们在生活和工作中应不断反省自我，正视自我，既要充分了解自己的优点，又要正确认识自身的不足。唯有如此，才能保持心理平衡，使自己以一种健康乐观的心态适应环境。通常，人们可以借助来自各方面的反馈来客观认识和评价自己。

自我沟通过程中的反馈，表现为思想上的自我本来定位与现实要求之间的冲突从产生到解决的过程。基于自身长期的学习，人们不断建立其具有自我特征的对问题做鉴别、分析和处置的特有方式和价值观。因此，当他们面对某一件事时，会根据他们对客体（人、事、物）的先验判断去制定相应的对策和措施，一旦当自身这种先验性判断与外部的要求（如上级的要求）发生矛盾时，冲突就出现了。这种冲突出现后人们会表现出烦躁、不安、反感、恐慌，甚至出现抵触态度和行为，这些反应会冲击自己原来的判断。为了使自己的心态得到恢复，就必须不断说服自己，调整自己的判断标准、价值观或者处理问题的方式。我们把这种由于自我本来定位与现实要求之间的冲突产生、发展、缓解和最终解决的过程，称为自我沟通的反馈；把面对冲突时表现出来的外在形态，称为反应。从沟通过程看，成功的自我沟通就是要求自我在面临问题时，有良性的反馈，并表现为积极的反应。自我沟通过程中常见的反馈有以下几种。

①来自亲友方面的反馈。出于人性中亲情的特殊心理，亲友在有意无意间会对你的举手投足进行评价，往往认同占主导地位。也即他们在指出你的优点或缺点时，会不自觉地淡化实际状况。

②来自好友方面的反馈。一群经常往来的好友之间，心理上没有特殊的倾向性，他们在不经意间对你的言行举止做出评价，往往批评多于认同。他们会直言不讳地指出你的缺点和不足，且评价大致接近你的真实情况。

③来自学习、工作环境中同学或同事的反馈。由于这些人与你相处时间长，工作联系密切，互相之间更加了解，这种了解是一种更趋理性的了解，其评价更能反映客观实际。

④来自自身的反馈。这是一条审视自我、了解自我的特殊途径，通过自我肯定、自我评价等内心沟通活动来实现。其反馈的客观性因人而异。

基于以上论述，汇总多方面的反馈，并结合自我觉察，方可正确客观地描绘一个真实的自我也即正确客观地了解自我，认识自我，从而为良好的自我沟通和人际沟通奠定基础。

（4）媒体策略。

媒体策略是指个体根据沟通目标、沟通对象特点以及沟通内容等因素选择相应的沟通渠道。沟通渠道可以是口头（如自言自语）、书面（如日记、随感等），也可以是自我心理暗示。

①根据沟通目标选择。如果沟通主体单纯想要给自己传递信息，那么可以通过语言或书面的方式进行自我沟通；如果沟通主体想要通过自我沟通满足某种特定需要（如自我说服、自我认知、自我调适等），可以利用口头、书面和自我心理暗示等多种手段给自身施加影响。比如，为了更好地调适消极的情绪，一些人会采用记日记的形式进行自我沟通，将消极情绪释放出去，使精神压力得到缓解。

②根据沟通主体的特点选择。对于内向性格的沟通主体来说，选择书面的沟通渠道更为合适。比如通过写日记的方式表达自己的感情，或者通过书获得自我沟通所需的知识和经验等。而外向性格的沟通主体可能会采取较为直接的语言沟通渠道，通过抒发心情或者给予自我鼓励等方式达到自我沟通的目的。

③根据沟通内容选择。对于长期困扰沟通主体的复杂问题，沟通主体可能会需要长时间的自我沟通才能解决。这时采取日记、随感等书面沟通渠道更为适合，这样便于沟通主体记录每一个阶段自我沟通的效果。而对于沟通内容较紧急且比较简单的问题，沟通主体可以采取较为直接的语言渠道或者自我暗示的方式进行自我沟通。

案例鉴赏6-4　学会做积极的心理暗示

6.5　自我沟通艺术

6.5.1　自我沟通技能提升的三个阶段

自我沟通技能提升的三个阶段是自我认知、自我提升、自我超越，如图 6-1 所示。自我沟通过程以及技能提升过程具动态性。

管理沟通技能修炼：自我不断学习和交流、不断思考和总结，使自身沟通技能得到不断提高的过程。

自我沟通是天生的，也是后天修炼的。

三个阶段的进化是螺旋形的，没有绝对的阶段划分。

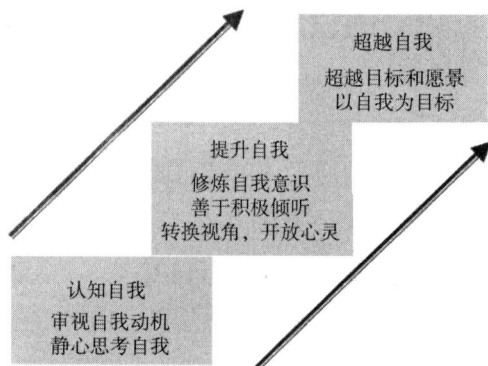

超越自我
超越目标和愿景
以自我为目标

提升自我
修炼自我意识
善于积极倾听
转换视角，开放心灵

认知自我
审视自我动机
静心思考自我

图6-2　自我沟通技能提升的三个阶段

6.5.2　自我认知的艺术

艺术之一：客观审视自己的动机。

认识自我，就是人在社会实践中，对自己（包括自己的生理、心理、社会活动和整个主观世界）以及自己和周围事物的关系的认识。它包含在人的自我观察、自我体验、自我感知、自我评价等活动中。要认识自己，首先要审视自己的动机。从心理学的观点看，人因为需要，引起了动机，从而产生行为，因而在心理学中，把动机定义为由需要而引起的个体的行为倾向。其中，动机可以分为内部动机和外部动机。所谓内部动机，就是由于个体自身的需要而产生的行为；外部动机是根据社会环境的需要而产生的行为。内部动机和外部动机是一个相互作用的过程，如果内部动机和外部动机发生冲突，但仍按内部动机去发生外部不需要的行为，往往会演变成不纯的动机；相反，如果外部动机所需要发生的行为与内部动机不吻合，就会缺乏内在的激励力量而导致行为发生强度的减弱。所以，重新审视自己的动机，是为了唤起自己残缺的内在动机，激发对工作的兴趣，认识自我在工作中的价值，从而以饱满的精神投入到工作中去。

从心理学观点看，自我认知包括三个组成要素：物质自我认知、社会自我认知、精神自我认知。物质自我认知是主体对自己的身体仪表、家庭等方面的认知；社会自我认知是主体对自己在社会活动中的地位、名誉、财产以及与他人相互关系的认知；精神自我认知是主体对自己的智慧能力、道德水准等内在素质的认知。

管理者为了提高自身的沟通技能，关键要从社会自我认知和精神自我认知两个方面剖悉自己。从外部动机看，就是要审视自身在社会中所处的地位，以及自身行为的道德水准。管理者如果不能摆正自己在组织和社会中的位置，必然会导致沟通的失败。

艺术之二：静心思考自我。

要清醒、客观地审视自己的动机，必须以精心地剖悉自我、反省自我为前提，这就要求管理者会静心思考的艺术。印度哲学家奥修在《静心的艺术》一书中，倡导我们与自然接触，内心平静，敞开胸怀，接纳一切。只有这样，管理者才能抛开世俗的眼光，走出自私的自我，从内部动机和外部动机结合的角度，从物质自我、社会自我和精神自我全方位的角度去剖悉自我，认识自我。如果你没有这样的空间和时间，你是很难有深刻的审视自我的机会的。

为了能够静心思考，首先要善于创造静的空间，把自己从烦琐的事务中解脱出来，从他人的干扰中解脱出来。这样的空间，可能是在你的办公室里，可能是在自己的家里，可能是在自然界里，也可能是在其他地方，关键在于你是不是有意识地去发现这样的空间或利用这样的空间。属于自己的空间要靠自己去创造，靠自己的心灵去创造。人们除了空间上营造与自然、人类和自我共鸣的环境外，还要努力在时间上延伸自我的价值。时间可以延伸到美好的过去，也可以延伸到美好的未来。管理者要学会静心思考，应该以学会自我控制时间为基础。为了分析每一个下属或者上司的需要，你得花时间去思考；为了明白自己的社会责任，你得花时间去思考；为了制定有效的沟通策略，你得花时间去思考。有效的管理者要把握自己的时间，从时间管理的角度看，就是要做时间的主人。为了有效地加强自我的时间管理，主要策略在于以效果为目的去管理时间，具体要遵守以下四个原则：一是学会把时间花在重要的事，而不是紧急的事情上；二是学会分清相对重要和相对紧急的事；三是时间管理策略上应注重结果而不是过程；四是在必须说"不"的时候不要感到内疚。

无论是创造自己的空间，还是创造自己的时间，根本目的是为自己创造一个自由思考的环境。

6.5.3　自我提升的艺术

艺术之一：修炼自我意识。

自我意识修炼就是通过自我意识的修正和提升，达成与外部对象的良好沟通绩效。自我意识的核心包括自我价值的定位、面临变革的态度、人际需要的判读以及认知风格的确立四个方面。其中自我价值的定位在于确定自身的个体价值标准和道德判断的差异性和一致性；面临变革的态度在于分析自身的适应能力和反应能力；人际需要的判断在于分析不同沟通对象的价值偏好和相互影响方式；认知风格的确立在于明确信息的获取方式和对信息的评价态度。

自我价值的定位，要求管理者在管理沟通中，从社会认同和社会道德的高度来修炼自我价值，要把自我价值的实现建立在他人和社会利益满足的基础上。"真正的朋友，可以使欢乐倍增，可以使悲伤减半。"这是谁都感受过的真理，尽管如此，人们往往只顾眼前的一块面包，而把这一真理置之脑后。把自我价值定位在满足他人和社会利益的基础之上，就要求在自我修炼和自我提升的过程中，把自我认知、社会认知和精神认知三个方面结合起来，在问题思考和自我认知过程中，使自我价值判别和社会价值衡量得到统一。

艺术之二：转换视角，开放心灵。

转换视角，开放心灵，就是要求我们从他人的角度去思考问题，要从封闭的自我约束中跳出来，通过转换自己传统的思维方式，跳出习惯思维的约束，以退一步海阔天空的视角分析问题。转换视角，开放心灵，就要求尊重他人。开放自己的心灵和尊重他人是紧密相连的为人之美德。转换视角，开放心灵，就要求把沟通的理念从"己所欲，施于人"转变为"人所欲，施于人"。转换视角，开放心灵，就是要积极地意识到自己的成见，或者意识到你会将不符合自己思想观念的信息加以"改造"成为自己的观点框架。

6.5.4　自我超越的艺术

艺术之一：超越目标和远景。

自我超越是个人成长的学习修炼之高级境界。认识自我和修炼自我是自我超越之必要条件，它是对"原我"的突破。显然，在没有认识原我的前提下，就失去了超越的目标，也就无所谓自我超越。具有高度自我超越的人，能不断扩展创造生命中真正价值的能力。一个具有自我超越理念的人，无论是在处事还是在为人方面，总有一个追求的目标和目标的引导下的愿景。在自我沟通过程中，设定的目标是认识自我、反省自我和修炼自我的方向和精神支柱。为了这个目标，他会乐于接受他人的建议和忠告；他会放开自己的心灵接受他人的思想，以修正自己的观念和行为；他会不断地审视自我和谐统一。一个具有高度超越意识的人，在学习和发展技能的过程中首先会确立追求的目标和愿景。目标的确立过程，是一个自我定位的过程。为了达到这个目标，他会设定具体的、阶段性的愿景。在不同阶段，自我超越的人把愿景看作一种召唤及驱使人向前的使命，而不仅仅是一个美好的构想。在这样的使命导向下，他们会把目前的境遇，不管是多糟，都看作盟友而非敌人，看作对自我意志和毅力的考验。他们学会如何认清以及运用那些影响变革的力量，而不是抗拒这些力量。他们具有追根究底的精神，将事情真相一幕幕地廓清。他们倾向于与他人，同时也与自我生命本身连成一体，因此，并不会失去自我的独特性。一个具有高度自我超越意识的人，在学习和发展技能的过程中，还具有不断否定"原我"（原来的目标和愿景）的气魄和胆略。超越自我的过程，是不断超越原先设定的目标和愿景的过程。自我超越不是你拥有的某些能力，而是一个过程，一个终身的修炼，因为自我超越是没有终极境界的。为了实现新的目标和愿景，具有自我超越的人会永不停止地学习，向他人学习，向生活和工作学习，向社会学习，向自然界学习。当他们在学习过程中不断"扬弃"自我，也就会发现自身人格的力量得到了不断的升华，与他人的关系得到了正强化，人际团结合作更加成为可能。

案例鉴赏6-5　追求忘我

艺术之二：以自我为目标。

在建设性的自我沟通中，应建立"以自我为目标"的理念，也就是要从纵向的、历史的角度去设定目标和愿景，去评判自我，超越自我，而不是一味地横向比较。强调"自我"和"新我"的比较以确定目标，是因为以超越他人为目标，在实现超越中可能会产生副作用。首先，超越他人可能会形成人人争当第一的局面，结果造成关系的紧张；其次，超越他人，可能会由于他人客观上在某些方面的特长，很难实现真正的超越，从而使自己丧失信心；最后，以超越他人为目标，一旦目标实现就会迷失进一步努力的方向。

"以自我为目标"强调的是自我精神追求的不断提高，是一种不断设定内心目标、持续自我激励的过程。自我超越的人不是封闭自我的人，在设定自我目标的过程中不断地向他人学习，在与他人、外界沟通过程中敏锐地觉察到自己的无知、力量不足和成长极限，但这绝不会动摇他们高度的自信，而是强化了对他们自我的认知和对目标追求的理性思考。

🏃 技能应用分析

案例分析与即测即评

※ 情景模拟训练

（1）了解自我沟通的含义和方式。

（2）灵活运用自我沟通的技能处理一些沟通问题。

第三篇

管理受众沟通技能

建立从客体价值导向层面进行有效沟通的思想，有效地运用策略去分析不同类型客体的价值特征，掌握并运用有效策略实现与上级、下级和同级的沟通。

第7章　沟通客体分析

自我技能测试　沟通能力评试（见表7-1）。

人际沟通能力指一个人与他人有效地进行信息沟通的能力，包括外在技巧和内在动因。一个具有良好沟通能力的人，他可以将自己所拥有的行业知识及行业能力进行充分的发挥，并能给对方留下"我最棒""我能行"的深刻印象。因此，沟通能力是职场人士成功的保证和晋升的阶梯。

表7-1　沟通能力评试

序号	题目	选项	计分
1	你辛苦工作了一天，自以为对今天的工作相当满意，却不料你的上司还是大为不满，你怎么办？	不耐烦地听他埋怨，心中满是委屈，但不作声	1
		拂袖而去，认为自己不应该接收这种委屈	0
		找上司询问自己做的不好的地方，注意自己做得不够的地方，以便今后改正	2
2	你上司的上司邀请你共进午餐，回到办公室，你发现你上司颇为好奇，此时你会怎么做？	告诉他详细内容	2
		不透露蛛丝马迹	0
		粗略描述，淡化内容的重要性	1
3	你刚应聘到一家公司就任部门经理，上班不久，你了解到本来公司中就有几个同事想就任你的职位，老板不同意，才招了你。对这几位同事你会怎么做？	主动认识他们，了解他们的长处，争取成为朋友	2
		不理会这个问题，努力做好自己的工作	1
		暗中打听他们，了解他们是否具有与你进行竞争的实力	0
4	如果某位与你竞争最激烈的同事向你借一本经营管理畅销书，你会怎么做？	立即借给他	2
		同意借给他，但声明此书无用	1
		告诉他书遗忘在其他地方了	0
5	有位下属对你说，"有件事我本不应该告诉你的，但你有没有听到……"你会怎么说？	我不想听办公室的流言	0
		跟公司有关的事我才有兴趣听	1
		谢谢你告诉我怎么回事，让我知道详情	2

续表

序号	题目	选项	计分
6	在说明自己的重要观点时，别人却不想听你说，你会怎么做？	既然对方不想听，就不说了	0
		等等看还有没有说的机会	1
		想想对方不听自己的原因，换一个方式去说	2
7	有位员工连续四次在周末向你要求他想提早下班，此时你会怎么说？	我不能再容许你早退了，你要顾及他人的想法	0
		今天不行，下午四点要开个会	1
		你对我们相当重要，我需要你的帮助，特别是在周末	2
8	对不同身份的人讲话，你会怎么做？	对身份高的人说话，总是有点紧张	1
		在不同的场合，会用不同的态度与之讲话	2
		不管是什么场合，都是一样的态度与之讲话	0
9	当有人与你交谈或对你讲解一些事情时，你是否时常觉得百无聊赖，很难聚精会神地听下去？	是	0
		偶尔	1
		否	2
10	开会时，听众中某位地位高于你的人士强烈抨击你的提案，你如何应付？	针锋相对，反戈一击	0
		立即打退堂鼓，承认自己的提案中确实有不妥之处	1
		保持冷静，尽可能在某些方面与他取得一致	2
11	你正在和一个怒气冲天的客户通电话，这时候，你的老板突然过来了。你会怎么做？	立刻把客户的电话转给一个关系很熟的同事，或者对客户允诺五分钟之后再打给他	2
		太棒了！这是个好机会，我会立刻让老板知道，我每天的工作是多么有难度，要面对的都是些什么样的人	1
		心里免不了七上八下起来。但是在老板面前，我不能显示出我的弱点：我一定要保持冷静！	0
12	你在听别人讲话时，总是会怎么做？	对别人的讲话表示兴趣，记住所讲的要点	2
		对方老是讲些没必要的话时，你会立即打断他	1
		对方不知所云时，你就很烦躁，就去想做别的事	0
13	如果一个人说话不清，但是你还必须听他的话，你将怎样回答他的问题？	重复他的问题，确认理解无误后再进行回答	2
		听不明白，随便应付过去	0
		不知所措，找其他人来帮忙	1
14	当你和上司存在意见分歧时怎么办？	我会设法使双方的分歧显得并没有这么重要	2
		我会坚持我的意见	0
		为了避免争议，我会保持沉默	1

续表

序号	题目	选项	计分
15	在会议中请大家提问时，一位提问者的问题显然表明他漏掉了你讲话中最重要的部分。你会怎么做？	为自己未将这个问题讲清楚而表示歉意	1
		等他把话讲完，再把这部分内容重复一遍，解除其疑虑	2
		打断他的话，指出这个问题你已经解释过了，不过你乐意重复一遍	0
16	你认为你的沟通能力是怎样的？	高	2
		中	1
		低	0

测评结果见附录。

本章学习目标：

◆ 成功管理沟通的本质：沟通者能站在对方的立场思考问题；能够根据客体的需要和特点组织信息，传递信息。

◆ 沟通客体分析应解决的三组问题：他们是谁？他们了解什么？他们感觉如何？

◆ 激发的客体兴趣。

◆ 不同类型客体分析及有效策略选择。

> **引例**

小公主的愿望

一个小公主病了，她娇憨地告诉国王，如果她能拥有月亮，病就会好。国王立刻召集全国的聪明智士，要他们想办法拿月亮。

总理大臣说："它远在三万五千里外，比公主的房间还大，而且是由融化的铜所做成的。"

魔法师说："它有十五万里远，用绿奶酪做的，而且整整是皇宫的两倍大。"

数学家说："月亮远在三万里外，又圆又平像个钱币，有半个王国大，还被黏在天上，不可能有人能拿下它。"

国王又烦又气，只好叫宫廷小丑来弹琴给他解闷。小丑问明一切后得到了一个结论：如果这些有学问的人说的都对，那么月亮的大小一定和每个人想的一样大一样远。所以当务之急便是要弄清楚小公主心中的月亮到底有多大多远。

于是，小丑到公主房里探望公主，并顺口问公主，"月亮有多大？""大概比我拇指的指甲小一点吧！因为我只要把拇指的指甲对着月亮就可以把它遮住了。"公主说。

"那么有多远呢？""不会比窗外的那棵树高！因为有时候它会卡在树梢。""用什么做的呢？""当然是金子！"公主斩钉截铁地回答。

比拇指指甲还要小，比树还要矮，用金子做的月亮当然容易拿啦！小丑立刻找金匠打了个小月亮穿上金链子，给公主当项链，公主很高兴，第二天病就好了。

沟通时只有关注沟通对象的真实需求，掌握对方的心理才能实现有效的沟通。完全是按照自己的意愿做事情，结果不论多么努力，效果总是不好。俗话说："知己知彼，方能百战百胜。"作为沟通的主体——沟通者（信息的发出者、反馈者），为了达到良好的沟通效果，必须对自己在客体（听众或读者）心中的可信度、与客体的关系以及沟通的目的进行分析。同时也要充分了解客体的构成、背景（受教育背景、知识背景）、爱好和兴趣、是否对所要传达的信息有偏见等方面的信息，从而了解沟通的困难程度，并为如何激发客体的兴趣、转变客体的观点做好准备。

7.1 客体导向沟通理念

客体导向沟通的概念：客体导向的沟通，即站在客体的角度换位思考，分析客体的特征、需求；分析沟通对客体而言，希望达到什么样的目标；分析客体可能已经掌握的相关信息及他在沟通中最希望对方采取的态度等。通过对客体的分析，才可能尽快找到沟通的切入点，使沟通在融洽的气氛中进行。

沟通主体不能仅仅只关注自己的价值取向，也不能忽略对方的关注点、经历、地位、知识结构等。否则，将会出现沟通过程中把自己的观点强加给别人，或者导致信息的发送与理解的偏差。

分享：德鲁克管理沟通的四个基本原则

客体导向沟通理念的核心：以客体价值导向来检讨自身的行为，分析沟通对象的要求和期望，根据其利益要求采取相应的策略，最大程度地（以有效沟通的方式）消除双方之间的认知隔阂，寻求对问题看法上的统一。

7.2　沟通客体分析

沟通客体分析策略，是指根据客体的需求和利益期望组织沟通信息、调整沟通方式的有关技巧，在沟通的过程中，沟通客体通常会根据自己的需要、动机、经验、背景以及其他个体特点等对沟通主体所传递的内容和信息有选择的去接收。沟通客体分析应解决的三组问题：他们是谁？他们了解什么？他们感觉如何？

7.2.1　他们是谁

听众是你想要与之沟通的对象：可能是购买你产品的顾客；可能是需要听取你汇报的上司；可能是需要你进行指导的下属；可能是组织中同你部门发生联系的其他部门人员；可能是单个听众；也可能是几个或一群听众。总之，需要你去进行沟通的对象多种多样，你必须了解各自不同的特点，有针对性地进行沟通。

案例鉴赏7-1　迁升之道

从以上案例中可以看出，在进行以客体为导向的沟通时首先要解决的问题就是确定沟通对象，解决以谁为中心进行沟通的问题。列出可能对你的建议有影响或受其影响的每一个有意义的听众，即他们是谁？

上述案例中，刘宇与自己上司沟通时应重点强调自己当上了销售部经理后的规划与设想，而非过多地向其吹嘘自己的能力。因为作为自己的上级，销售部经理对于自己下属的能力已经非常了解，无须过多介绍。销售部经理关心的是刘宇当上了销售部经理之后能否维持甚至提高部门现有业绩，以实现公司的销售目标，同时巩固自己的地位。相反，刘宇在与其他副总进行沟通时可对自己做一个全面的介绍，包括自己的教育背景、工作经验和所取得的成绩，因为他们可能对刘宇一无所知，需增加他们对刘宇的全面认识，加深印象。

他们是谁？这个问题看起来似乎很简单，但事实上对客体进行选择划分，并决定以谁为中心进行沟通，却是一个微妙而复杂的过程。从沟通的角度来说，每一个沟通对象都有两种角色：一种是他在社会中所处的角色，如工作性质、内容、职位等；另一种是他在特定的沟通活动中所处的角色，即他属于主要客体还是次要客体，是属于守门人还是属于意见领袖等。

欲确定个体的范畴并对其进行分析，需要从两个方面入手：

（1）哪些人属于客体范畴？

在很多管理与商务场合，沟通者可能拥有或考虑到会拥有多个不同的客体（群）。无论是通过书面还是口头的沟通方式，只要客体多于一人，就应当针对其中对沟通目标影响最大的人或团体而调整沟通的内容。一般的情况下，沟通中的客体包括六类，如表7-2所示。

表7-2　沟通客体的类型

客体类型	内容与特点
初始客体	初始客体就是最先接触到信息的人，对信息进一步传递有决定性作用。有时，初始客体可能与信息传递的主要客体没有直接联系，他们对信息的内容页没有多少发言权，但是，初始客体对信息的进一步的准确传递非常重要。有时，这些信息就是这些初始客体要求你提供的
主要客体	主要客体也称直接客体。沟通中应首先决定哪些人将成为主要客体，即那些将直接从沟通者处得到口头或书面信息的人（团体）。他们可以决定是否接受你的建议或按照你的提议行动，各种信息只有传递给主要客体才有可能达到预期的目的，主要包括决策者及其他你需要获取他们支持来实施计划的人
次要客体	次要客体也称间接客体。即道听途说或受到信息波及的人（团体）。即将成为次要客体或"幕后客体"的人（团体）将获得信息副本，得到尚待证实的信息，次要客体可能会对你的提议发表意见，或在你的提议获得批准后负责具体实施。次要客体包括将受到你的计划影响及长期以来可能对决策者有一定影响的人
守门人	守门人即沟通者和客体之间的"桥梁客体"，他们有权阻止你的信息传递给其他对象，因此也有权决定你的信息是否能够传递给主要客体，守门人包括你的上司，需要获取他们的支持来实施计划的人及其助理人员，有时守门人甚至来自企业外部
意见领袖	意见领袖即客体中具有强大影响力、非正式的人或团体，意见领袖一般是在某些非正式组织中有较高威信、强大影响力的人。但其在正式组织中未必具有较高的职位，因此，他们可能没有权利阻止信息传递，但他们可能因为拥有政治、社会地位、社会阅历等，而对你的信息传递产生巨大的影响
关键决策者	关键决策者即最后且可能最重要，可以影响整个沟通结果的决定性的人或组织，沟通中若存在关键决策者，则应依据他们的标准调整信息内容

这里要特别指出的是，在我们日常的沟通中，客体可能兼有多种身份，角色也是可以互换的。如我们要为一家营销公司作营销战略，在课题组成员的方案提交给公司之前，必须得到课题组长的认可，所以初始沟通的对象是课题组长，也是守门人；主

要客体则是公司的高层，他们将决定是否采用我们的营销方案；公司的一些部门领导则是次要客体，如果他们的意见在方案中不能被体现，方案也有可能被推翻；总经理在销售领域的专家顾问，则可成为意见领袖。

（2）怎样了解你的客体？

一旦确定了哪些人属于或应属于客体范畴，就应该尽量仔细的对客体进行分析，分析客体的方式及其内容如下。

分析方式。了解你的客体，一般可以用两种方法：客观分析方法和主观分析方法。

客观分析方法，即借助于市场调研或其他已有数据，如档案、记录等资料，运用统计分析等知识对客体进行客观分析。例如，一大型公司欲招聘一名经理助理，该公司的人力资源部经理在招聘和甄选人员前就会调查和了解应聘者的一些与工作有关的客观情况，用事实记录、档案等来评价求职者的个人品行、工作能力及工作责任心等。

主观分析方法，即站在客体的立场，将自己假设为其中的一员，以此来分析。如许多企业都通过面试来测试和评价候选人，为了有的放矢，在面试时能够有出色的表现，大多数求职者在面试之前必然要做一番准备。应聘者会站在招聘人员的立场，考虑他们可能会提出什么问题——比如你应聘的动机是什么？你对本公司及你应聘的职位了解多少？你原来的收入水平如何？你预期得到的收入水平如何等。求职者在这些分析基础之上有针对性的为面试沟通做准备，一定能够在面试时表现出色。

分析内容。要了解客体，就必须对沟通客体的个性和共性都有一个充分而全面的认识和了解。

客体是由不同的成员组成，而每一个成员都有不同的个性特点，因此必须分析客体中的每一个成员。如有条件，可以对客体成员进行逐一分析。考虑他们的教育层次、专业培训、年龄、性别以及兴趣、爱好，他们的意见、喜好、期望和态度各是什么。

在对客体的个性了解的同时也必须对客体进行整体分析，了解其共性。如果无法对客体逐一进行分析，也可以将他们分组后依次进行分析。分析他们的群体特征、立场、共同规范、传统、标准规则、价值观等。

了解客体个性的常见误区：

误区一：听众错位。

✓　应该与上司沟通的，却与同级或下属进行沟通。

例：人力资源部的任经理对上面交办下来的工作感到非常为难。刚刚经过层层筛选招进来的网络部门的员工，却因为公司经营政策调整要被辞退走人，他感到很不好受。吃午饭时，他和系统集成部的习经理谈起了此事："公司太不负责了，这让我怎么和新员工交代？"

这种问题应当与上司沟通可以直接解决的方案，因为沟通对象的错误，将会产生始料不及的后果。

✓ 应当与同级沟通的，却与上司或下属进行沟通。

例：销售部的肖经理对新近人力资源部招来的一批销售代表感到很不满意，在一次同老总的谈话中谈到了此事："不知道现在人力资源部的人都在忙什么，最近给我们招来的人根本就不合适。"老总把这件事记在了心上，在一次部门经理会议上点名批评了人力资源部任经理。任经理感到非常气愤，认为你的销售部觉得招的人不合适可以给我说嘛，到老总那里告什么状。从此，和销售部有了芥蒂。

沟通对象的错误将会把事情搞复杂，或是造成当事部门、人员之间关系紧张。

✓ 应当与下属沟通的，却与上司或其他人进行了沟通。

例：销售部经理发现最近部门的小王成了问题。于是中午休息时，他对部门的另一位下属小张抱怨道："最近这个小王又成了问题了，是不是这样啊？"很快，小张把这件事传给了小王，其他同事也知道了，弄得大家都挺别扭。

误区二：不讲沟通方式。

✓ 应当会议沟通的，选择了一对一沟通。

例：公司近期要改变报销办法，这是一件涉及全公司的事情。但是，老总却认为有必要同每一位部门经理谈谈此事，于是一个人一个人的谈，以每个人40分钟计算，8位经理共花了老总320分钟。

效率太低了！

✓ 应当一对一沟通的，选择了会议沟通。

例：由于职位说明书写不当，造成人力资源部招聘来的销售代表不符合销售部的要求。就此事，销售部可以直接与人力资源部进行沟通，商议解决的办法。但是，销售部经理却将此事拿到了部门经理会上，结果是其他经理只能看着这两位部门经理你来我往地对话，耽误了会议的其他议程。

✓ 逐级报告与越级申诉混淆。

例：营销副总午休时高兴地拍拍销售部肖经理的肩膀，"你们最近的工作做得很不错，上次小马（肖经理的地区经理）对我说起他的销售业绩比上一季度提高了一倍。"肖经理感觉有些摸不着头脑暗想：小马怎么没有向我汇报此事？他心中对小马有点不满。

不管是下属还是中层经理个人，汇报工作应当逐级汇报，而如果有什么申诉的可以越级进行。

误区三：公司内部沟通与外部沟通混淆。

应当是公司内部的沟通，却变成了外部沟通。

例：客户向销售部经理提出了延期付款的要求，正巧销售部经理对财务部的一些规定和做法早就不满，于是就着这个话题把公司财务部狠狠骂了一顿，"别提了，公司现在乱得很，财务更是不得了……"。公司形象在客户心中大大降低。

这种有关公司内部管理等问题是内部解决，提出建议，而不能当着外人—客户、供应商、媒体自揭伤疤。

7.2.2　他们了解什么

通过上述分析，我们已经明确了受众的类型，现在应进一步分析的是，"在特定的沟通过程中，受众已经了解、但仍需了解的是什么？"分析"他们了解什么"的目的在于对客体作进一步分析。即了解他们的期望、知晓度、偏好、风格等，从而克服有效沟通的障碍。在沟通过程中，客体会根据自己的需要、动机、经验、背景、兴趣爱好等选择性的过滤信息、接收信息。要实现高效的沟通，必须了解客体已经了解了什么，仍需了解的是什么以及客体的兴趣、偏好等。其中，特别需要解决的是以下三个问题：

● 客体对背景资料的了解情况如何？即分析有多少背景资料是受众需要了解的，沟通的主题他们已经了解多少，有多少专业术语是他们能够理解的。

● 客体对新信息的需求如何？即分析对于沟通的主题，受众需要了解什么新的信息，以及他们还需要多少细节和例证。对于新信息需求高的受众，则应提供足够的例证、统计资料、数据及其他材料。对于新信息需求低的受众，如有的受众倾向于依赖专家意见，把做出判断的权利交给沟通者，则主要向这些受众提供决策的建议。

● 客体的期望和偏好是怎样的？即分析在沟通的风格、渠道和格式方面，客体更偏向于哪一种。客体对沟通的风格、渠道或格式方面有不同的喜好决定着沟通主体采取截然不同的沟通策略。个体的期望与偏好具体分为以下三个方面：

风格偏好。客体在文化、组织及个人的风格上是否有偏好（如正式与非正式、直接或婉转、互动性或非互动性的交流方式）？

渠道偏好。客体在沟通渠道的选择上是否有偏好（如书面文件或电子邮件、小组讨论或个人交谈、口头或笔头）？

标准长度和格式偏好。客体对文件的标准长度和格式是否有偏好（如对带有圆点条例的长度为一页备忘录的标准格式的选择或对时间为半小时的一次非正式每周圆桌例会的议程确定）？

例如，某公司的老总有一个习惯，就是轻易不接受下属的当面口头汇报工作，而要求用书面的方式，提交报告汇报工作。而且，要求递交的报告必须遵守"丘吉尔法则"，即每个报告不超过一页纸。当老总审阅报告后，认为有必要再找提交报告者面谈，不需要面谈的，就转交给相关部门经办。该董事长的体会是，只有这样，工作时间才是自己的。如果你的上司也是这样一种管理风格，显然，笔头沟通是有效的沟通渠道，而且简明扼要地表述你的想法，以尽可能少的笔墨，让你的上司对你的意见感兴趣。

7.2.3　他们感觉如何

没有比读一份陈词滥调的信函更令人厌倦的了，也没有比听一次完全陌生的演讲更让人沮丧的了。这两种经历都可能把一个持中立态度的听众变成怀有敌意的听众，或把积极支持者变成中立者。在了解客体了解什么的基础之上，还应该清楚客体的感觉，掌握他们是怎么想的。为了使沟通者了解客体在沟通过程中可能产生的情感，从而进行有效的沟通，需要解决以下问题：

（1）客体对于你的信息感兴趣的程度如何。

这是一个非常关键的问题。对于客体而言，沟通者的信息属于较高的优先级，还是较低的优先级？客体对于所提供的信息去认真阅读或聆听的可能性大吗？客体对于沟通主题和结果是否关注？沟通信息将对客体的财务状况、组织地位、价值体系、价值观及人生目标产生何种程度的影响？

兴趣较高。若客体对信息的兴趣程度较高，即可直奔主题，不必多花时间以引起他们的兴趣。沟通者必须构筑完善的逻辑论证。若是没有长期不懈的努力，他们的意见不可能得到改变，但一旦说服了他们，比起兴趣较低的客体，他们的意见会更持久。

兴趣较低。若客体兴趣较低，则可以采用征询策略，或采用共同参与的模式进行沟通，要求客体加入讨论，从而分享控制权，以得到他们的支持并使信息尽可能明了。冗长的文件或信息往往令人生厌，而且客体会不自觉的忽略其中的琐碎部分。此外，对于这些兴趣较低的客体，沟通者应及时对他们的意见变更做出反应。

对于兴趣较低的客体，而你的要求费时、复杂或会遭遇对方心理方面的障碍，你可采取以下沟通措施：

● 尽量简化要求。例如，使用能快速填好的表格，写信时附上一个贴好邮票并印有回信地址的信封等。

● 将复杂要求细化成清单，以方便受众在完成时核对。这份清单也有助于得到完整的答复。

● 说明你的要求与受众的想法一致的地方。

● 说明这样做不仅对于你和公司有好处，而且对受众也有好处。

（2）客体对你的信息态度如何。

客体的态度对沟通策略具有巨大的影响。他们可能的意见倾向是正面的、中立的或是反面的？他们对你的想法或建议可能采取何种态度？他们可能赞成、漠不关心，还是反对？从你的想法中他们可能会得到哪些利益或损失？这样的想法为什么在以前没有得到实施？为什么他们可能会说"不"？客体的态度可能有三种：积极的听众、中立的听众、怀有敌意的听众。

要点一：为什么有些人支持你。

持支持态度的听众需要被激发并被告知行动计划，让他们知道他们的重要性及他们能帮助你做些什么，尽你所能使他们的工作轻松并且有回报。

一些人之所以支持你，只因为他们是你的朋友，与你想法的是与非没有关系，不要让这种支持诱使你对其他听众的态度产生错误的感觉，认为你的想法已经得到了很多人的认同。

例：在部门经理会议上，销售部肖经理提出："要简化费用报销制度，即部门不签字，也能报销，公司现有的费用报销制度需要经过当事人—部门经理—财务经理—主管副总4道手续，而销售部经理由于业务需要，一出差就可能1个月、2个月不在公司，销售部门的员工想要报销只能等到经理回来，既麻烦又影响工作。"

研发部严经理立刻表示支持。而实际上研发部很少出差，根本不存在销售部那种问题。严经理之所以支持这个提议就是因为他与肖经理私交很好，要为肖经理说说话。

他人支持你，可能出于他们自身的权益，而与你的动机毫不相干。

例：系统集成事业部的史经理也对肖经理的提议表示支持，系统集成部为客户设计系统集成，几个月不在公司是常有的事。史经理表示支持是为了他们部门自身的利益。

要点二：为什么有些人中立。

持中立态度的听众容易受理性说服方法的影响，使他们参与到事件中来共同分析、讨论。

需要考虑的是：如果听众对所要讨论的问题已经知道了很多，那么你长篇大论的铺陈就会使听众变得兴趣索然。可能把一个中立者变成敌对者，或积极的支持者变成中立者。所以，在进行沟通之前，应当问自己一些问题：

● 我应概括哪些听众熟悉的信息为自己论证？

● 听众要想理解和判断我的建议，还需要哪些补充信息？

● 我能不能用听众可以理解的语言来表达？

要点三：为什么有些人反对你。

持敌意态度的听众可能永远不会支持你，但通过表明你理解他们的观点，并解释为什么你仍相信你的计划，有可能使他们变为中立。有时候，听众中的关键成员可能会根据你的建议提出相反意见，或者可能直接对你的建议予以否决。不管在何种情况下，最好坦白说出自己的想法，虽然你也承认反对者的担忧和他们意见中的优点。

要点四：你的建议同听众自身利益的关系是什么。

这个问题是听众分析的核心，成功的管理人员应当站在别人的立场上思考问题。所以，你可以问问自己，如果你处于听众的位置上，什么能激发你提供支持呢？分析听众意味着首先是分析你自己，然后是你的听众，识别出他们支持你所能得到的利益。可以问如下问题：

自我提问一：为什么这种宣布或建议会伤害听众？清楚地找出原因以后，至少表明你理解和同情他们的观点。

例：肖经理在提出简化费用报销手续之前，可以问问自己：谁会反对他的提议？当然是行政以及总办的经理了，因为简化报销手续意味着削弱了他们手中的权力。

自我提问二：我能否向我的听众证明，不管我的建议是否被采纳，他们都将受到正面的影响？如果能够做到，或许能证明你的方法是众多糟糕的方法中最好的，并证明其他可供选择的策略更糟糕。

例：肖经理就费用报销的问题在部门会议上讲话，他说："我们目前的报销制度对我们大家来说都不是最好的选择。"接着他列举了一些事实，对此各位经理都表示赞同。在分析了各种可能的解决方案之后，他提出了自己的方案，指出这个方案是目前最有效的。

自我提问三：找出听众反对你的理由之后，能否找到缓解对抗的方法？或许可以提出在将来可能得到改善情况的希望。这样做能使你处于听众同盟者的位置上。

例：肖经理在建议中提出，只要部门经理出差不超过一周，报告时仍然由部门经理签字承认，其他部门经理表示了赞同。这样就确保了行政等部门经理们的利益。

根据上述步骤进行听众分析之后，接下来要回顾你的目标，能否仍然确信你的目标是有价值的、能达到的以及值得付出的？你的想法、建议或许在真正有机会推销它之前需要修改？或许可用另外的手段来完成它会更容易获得你的听众的首肯？总而言之，确保你传递给听众的信息前后一致。

（3）你所要求的行动对客体来说是否容易做到。

了解受众的响应程度，要思考你所要求的行动对于受众来说是否容易做到。你预期的行动对于客体来说完成的难度如何？是否对客体而言会耗时过多，或是过于复杂、过于艰难？

若行动对于客体比较难做到，就一定要强化你所希望的行动对客体的利益和信念。

案例鉴赏7-2　老总的心思

在这次沟通中，这位老总 A 准确把握了沟通对象 B 是怎样想的，因此在沟通一开始就着重强调这个项目的重要性，尤其指出完成这个项目无论对于公司的发展还是对于 B 的个人发展都是一个难得的机遇。同时，A 也清楚这个任务对于 B 比较难做到，因此通过"你是最佳人选""公司会全力配合你的工作"之类的话来强化他的希望以及此次行动将给 B 带来的利益。试想，在这种情况下，部门经理还能再推托吗？

我们常听到："尽最大努力去做。这是每个人都可以做到的。"但是，"尽最大努力去做"意味着什么？我们是否知道自己已实现了那个含糊不清的目标？如果你的父母曾经对你说"在英语课上你应该努力争取比 85% 以上的同学学得好"，而不是告诉你"尽最大努力去做"，你是否会在英语课上表现得更好呢？具体的、困难的目标比笼统的目标"尽最大努力"效果更好。

7.3　客体兴趣的激发

"我的建议符合听众的利益吗？我能向听众提供什么支持呢？"分析客体意味着首先是分析自己，然后分析客体，确认他们如何从对你的支持中获益。可能产生的益处如同人性一样是多种多样的，包括金钱、权力、妒忌、骄傲等。

采用适宜的激励技巧可以激发客体的沟通兴趣。

7.3.1　通过明确的利益激发客体

在很多情况下，在沟通过程中以明确的利益（如具体的物质利益、事业成就感、自我利益、团体利益等）来激发客体，可以最大化激励和打动沟通客体。假设你劝说顾客购买你的产品，顾客感兴趣的是产品是否价格合理、经久耐用等，而你从颜色漂亮、线条流畅、功能齐全等方面试图说服消费者购买，虽然你提供了大量的信息给顾客，但未必能唤起消费者的兴趣和认同，沟通的效果也就可想而知了。如果你的下级关注的是职位的提升，那么对他工作的肯定以及可能提升的暗示将会是他最感兴趣的。

不同的沟通对象有不同的利益需求。要打动客体，最大程度激发他们的兴趣，沟通者所推销的应该是利益而不是结论，所以首先要明确客体的利益，其次是传递恰当的信息给客体以利益。

（1）客体利益的类型。

不同的沟通对象有不同的利益需求。总体来说，受众的利益有两类：第一类是具体好处，即强调某一事物的价值和重要性（但不要夸张）。第二类是事业发展和完成任务过程中的利益。包括：向受众展示沟通者所表达的信息对于他们目前的工作有何裨益；任务本身驱动，如受众往往会更喜欢接受任务的挑战或者共同处理艰巨的任务；对个人事业的发展或声望感兴趣，如表明你的沟通内容将有效的帮助他们得到组织上或上级的重视、有利于他们获得声誉和建立交际网络。

案例鉴赏7-3　一个老太太和三个小贩的故事

从以上小故事中可以了解第三个小贩的成功之道：

首先，探寻基本需求（问老太太买什么？）。

其次，通过纵深提问挖掘需求（你为什么要买酸李子？）。在现实场景中，沟通参与各方有时确实不知道自身的需要，或者对于自己的价值需求是模糊的，沟通者通过帮助对方识别清楚自己的需求。

再次，激发客户需求（那你知道不知道孕妇最需要什么样的营养？）。

最后，引导客户解决问题（问那你知不知道什么水果含维生素最丰富？）。

沟通在于寻找对象的价值需求，很多看起来似乎不可能的事情，之所以"不可能"，关键在于不能找到让对方接受的理由，因此，在沟通之前先找到对方的价值需求特征，成为成功的管理沟通的前提。沟通者还要掌握尽可能充分的信息。该故事中第三个小贩从各种水果的营养信息中找到了能满足参与者需求的理由，促成了沟通的成功。

（2）如何明确客体利益。

客体的需求多种多样，而且"表里不一"。有时候动机明显，如为了满足物质上的需要；有时候却只是隐隐约约，如为了满足某种精神方面的需求。对于不同受众以及他们所期望的不同的利益，有的是直接的，沟通者比较容易识别；有的利益是只可意会不可言传的，沟通者就需要深入去了解和发掘。

美国心理学家马斯洛需求层次理论对分析客体的需要、恐惧和欲望，明确受众利益提供了很好的理论支撑。马斯洛认为每个人都存在以下 5 种需要层次（图 7-1）。

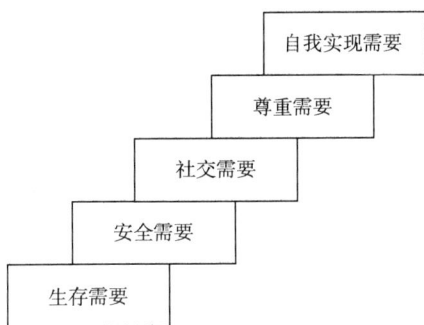

图7-1　马斯洛需求层次理论

当任何一种需要基本上能够得到满足后，下一个需要就成为主导需要。如图 7-1 所示，个体顺着需要层次的阶梯前进。从激励的观点来看，这种理论认为，虽然不存在完全获得满足的需要，但那些获得基本满足的需要也不再具有激励作用。根据马斯洛需求层次理论，分析客体的需要、恐惧和欲望。沟通者必须知道客体现在处于需要层次的哪个水平上，才能够去满足这些需要及更高层次的需要。

因此，在沟通过程中，应强调与客体利益最相关的内容，满足不同层次的需求，如对一位高薪的白领，最有效的激励不是薪水和奖金，而是完善的保险、愉快休闲的旅游度假等。对于每个企业所提供的产品也是如此，通常企业所提供的产品能同时满足不同层次的需求，但在信息沟通过程中，应重点强调最能打动和影响目标顾客的信息和内容。

使用下面的技巧可能有助于我们去确认受众的利益：首先，了解能引起受众需求动机的感受、恐惧或欲望；其次，找出自己表达信息的客观性能或政策中有助于实现这些感受（恐惧或欲望）的特点；最后，说明受众怎样利用介绍的产品和政策满足他们自身的需求。

（3）如何传递恰当的信息给客体以利益。

不同的客体有不同的需求，只有针对客体具体需求，找准客体利益需求点的沟通信息，才可能传递恰当的信息给客体以利益，从而最大化激发客体兴趣。

假如你是某著名电脑公司的销售人员，你想劝说人们购买你公司的便携式电脑，但是仅说明公司该款便携式电脑的特点和功能是不足以吸引尽可能多的顾客来购买该产品的。如果把该款便携式电脑的特色、卖点和顾客联系起来，强调不同顾客所关注的不同内容，就能吸引到更多的消费者。因此，必须根据顾客不同的需求来安排不同的沟通信息。

7.3.2　通过可信度激发客体

若客体对主题的关注程度较小时，沟通者就可用可信度作为驱动因素来激发客体的兴趣。影响可信度的因素有五方面：身份地位、良好意愿、专业知识、外表形象、共同价值。应用可信度作为驱动手段的技巧如表 7-3 所示。

表 7-3　可信度激发客体技巧

可信度技巧类型	关键点
"共同价值观"的可信度	构筑与客体的"共同出发点"
良好的意愿可信度	运用"互惠"技巧或"砍价"技巧
地位可信度	运用恐吓和惩罚技巧

（1）确立"共同价值观"的可信度，关键是构筑与客体的"共同出发点"。

共同价值观的可信度应用于驱动技巧最为有效，那就是构建与客体的"共同出发点"，特别是在沟通的初始阶段。如果在一开始你就能和客体达成一致，那么在以后的沟通中，你就更容易改变他们的观点。这样，从共同点出发，及时探讨的是全部相关的话题，也能增强你在沟通主题上的说服力。例如，先谈及与客体在最终目标上的一致，然后表明为达到目标在方式上存在的不同意见。

（2）确立良好的意愿可信度，关键是运用"互惠"技巧。

一种将良好意见可信度应用于驱动技巧的方式称为"互惠"技巧。人们通常遵循"投桃报李，礼尚往来"的原则。因此，沟通者能通过给予利益而得到利益；通过己方让步换得对方让步。人们的思想往往受互惠互利原则的影响，因而即使不甚情愿，也会主动做出让步或不期然地获得利益。

（3）运用恐吓和惩罚技巧确立地位可信度。

地位可信度的一种极端驱动方式就是恐吓和惩罚。如斥责、减薪、降职乃至解职。虽然经理人员在某些场合必须采取惩处方式，但仍应保持极度谨慎。研究人员发现，惩罚会导致紧张、对立、恐惧与厌恶。它只有在你能确保对方的顺从且确信能消除不良行为但又不影响良好行为的产生时才能奏效。因而，惩罚与恐吓对绝大多数客体或多数场合都不适用。

7.3.3　以信息结构激发客体

（1）通过开场白激发客体。

从开头起就吸引客体的注意力和兴趣。吸引客体的注意力和兴趣的开场白：一开始就列举能激发客体兴趣的利益问题，列举存在的问题、采用问题及解决办法的结构模式。若客体兴趣低落，先唤起他们的兴趣；当话题与客体之间的关系不甚明了时，以讨论这种关系开始。

很多公司在组织员工开会时，管理者往往从汇报的主题说起，然后迅速将其人性化。比如管理者可以说，"经过大家的努力，公司终于达到了现在的业绩提升，我们为此应该开香槟庆祝"；或者是"公司刚刚丢失了几个重要客户，我彻夜难眠，总在想如何避免更多客户的流失"等，因为在公司会议上，一些可以与大家分享的个人体验能帮助你获得更多的认同感。

（2）通过内容的主题激发客体。

就是通过适当的内容安排在沟通过程中增加说服力。

①灌输技巧。就是将你的观点、思想、思维模式不间断地有逻辑性地灌输给客体，劝说客体，以改变对方的想法、态度的一种方法。这种方法通常是在对方对你的意见不感兴趣甚至是持反对意见的场合下使用。比如，你提出一个改革方案，你的上司并不认同，那么你就要想方设法弄清他反对的理由并一一加以反驳，来达到说服的目的。

②循序渐进技巧。就是将行动细分为可能的最小，以便逐步去实现，从而降低实现的难度，而当行动结束，行动的预期目的也会达到。比如，一个工资改革方案，如果遇到的阻力比较大，考虑不要在整个公司推广一步到位，不妨先推行小部分试点，而后再逐步推行。

③开门见山技巧。开门见山技巧，实质上是由难到易。沟通者可先提出一个过分的且极有可能遭到拒绝的要求，然后提出较合适的要求，那么后者就更有可能被接受。正如商务谈判中，谈判者为了达到自己的底价目标，通常一开始会"漫天要价"，开出一个远远高于底价的交易价格，而后再逐步降低价格。正如基辛格所说的："开价的技巧在于你可以提出一个极端到令人无法接受的开价点，你越是漫天要价，那么对方就越有可能把你'真正的'要价看作是让步。"

④双向技巧。双向技巧，实质上是一种互动性的沟通，为自己着想，也为他人着想。它通常在客体持反对态度或极有可能听到反对意见的场合下使用。具体做法是：

将双方的观点都加以阐述，而不单单只是阐述自己的观点，要表现中立与合情合理。对于你提出的观点以及客体自己已有的观点，客体更倾向于反对前者。客体的反对倾向越强烈，在沟通中对这些反对意见的处理就应该更及时。

（3）通过信息结尾的安排激发客体。

从听众记忆曲线可看出，在始端和末端，听众的记忆可以到达最高点。在面谈沟通时，最好的结束点是在聊得最热烈的时候。在聊得最好的时候结束谈话，会让对方觉得"意犹未尽"，产生下次再聊的渴望。而且，随着时间的推移，这种渴望感在对方的头脑中会变成对你的好感。在行为经济学上，这种现象称为"峰终定律"。也就是说，事件结束时的感受，极大地左右着人对这个事件的记忆。基于这个道理，我们可以通过信息结尾的适当安排来激发客体兴趣。也就是简化客体对沟通目标的实现步骤，过程和细节要忽略，结果要强化。

7.3.4 以环境影响客体

人的心情会随着环境的不同而大有改变的事实是众所周知的，不同的环境气氛会影响人们的心里接受定势，我们应根据不同的沟通情景选择不同的沟通方式。例如，在较有格局布置的场所，往往较适合处理任何事都讲求效率的人，在这里一般选择非正式沟通、深层沟通等方式；在有气氛的场所，如酒吧、卡拉 OK 等地方，为沟通双方创造了一种融洽的氛围，可选择随意的沟通方式。特别要注意的是，要分清楚是在喜庆的环境还是悲伤的场合，其非语言沟通方式应与环境相适应。

7.4 客体类型分析和策略选择

管理沟通的过程是管理者推销自己观点的过程。在沟通策略的选择上，要根据对象的不同类型作选择。但其前提是对自我的正确认识，要坚持"人所欲，施于人"的理念去进行沟通，要把注意力放在与你谈话的人身上。

7.4.1 沟通对象的类型

沟通对象由于心理需求、性格特点、管理风格等的不同，可分为各种不同的类型。表 7-4 根据不同的标准将沟通对象划分为不同类型。针对不同类型的人，在沟通过程中应采用不同的策略。现在对不同分类法下的个体特点及相应的策略做分析，重点将针对不同管理风格下的沟通策略作具体的讨论。

表7-4　沟通对象的类型

划分维度		沟通对象的类型
心理需求		成就需要型、社交需要型、权力需要型
性格特点	动力来源	内向型、外向型
	注意力方向	感官型、直觉型
	决策方式	思考型、情感型
	生活方式	判断型、感觉型
管理风格		创新性、官僚型、整合型、实干型

（1）心理需求分析及沟通策略。

以客体为导向的沟通，除信息本身外，还包括人的情感等。我们首先从心理需求开始分析沟通客体。麦克兰德需要理论为我们提供了从心里需求分析的方法。根据麦克兰德需要理论，可以将沟通对象分为成就需要型、权力需要型和社交需要型（图 7-2）。

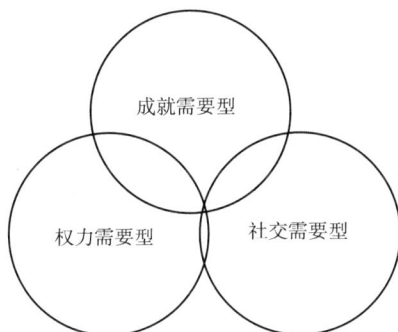

图7-2　麦克兰德需要理论

①成就需要型的心理特征及沟通策略。成就需求是指追求卓越，实现目标，争取成功的内驱力。在公司中，每一个员工都有不同程度的成就需要。有的员工喜欢接受困难的挑战，能够承受成功或失败的个人责任，而不是将结果归于运气或其他人的行为。这样的员工就属于成就需要型的沟通对象。

沟通策略和思路：要充分认同这类人对工作的责任感，沟通过程不要输出"你们要认真负责，要把事情做好"之类的信息。沟通时应给予他们的是大量的反馈信息，要对他们表示肯定的态度，如告诉他们"你们的工作做得很好。"

②权力需要型的心理特征及沟通策略。权力需要，是指影响和控制其他人的欲望。具有高权力需要的人喜欢承担责任，努力影响其他人，喜欢处于竞争性和重视地位的环境。与有效的绩效相比，他们更关心威望和获得对其他人的影响力。

沟通策略和思路：应采用咨询和建议的方式，尽量不要以命令和指导的方式；要认同他们在工作中的职责，在沟通时要对他们的职责给予肯定；在倾听过程中，对于对方的影响力要特别表示出你的兴趣。

③社交需要型的心理特征及沟通策略。社交需要，是指建立友好和亲密的人际关系的欲望。社交需要可比作戴尔·卡内基的目标——被其他人喜欢和接受的愿望。具有高合群需要的人努力寻求友爱，喜欢合作性的而非竞争性的环境，渴望有高度相互理解的关系。在公司中，这样的人群往往容易形成非正式组织。

沟通策略和思路：以交朋友的姿态和口气与他们交流，设法与之建立良好的人际关系。从理念上应该始终坚持平等相待的原则。在具体沟通过程中，可以先询问他们的家庭情况、生活情况，了解他们的兴趣爱好，甚至可以与他们在参加活动的过程中，在轻松氛围下交流些看法，以及与他们交流对某些事物的想法和感受。

（2）信息处理方式及沟通策略（表7-5）。

表7-5　信息处理方式的特征与沟通策略

类别	思考型	感觉型	直觉型	知觉型
心理特征	思路非常清晰、富于逻辑思考、非常注重事实和数据	对接收到的信息以个人的价值观（感受）和判断能力进行处理	具有丰富的想象力和创造性思维，对周围的事物很敏感，容易产生一些创造性的方式，对接收到的信息不是基于信息本身来思考，而是凭直觉、预感来处理事务	富于行动、实干实战、处理问题当机立断。在信息的处理上注重结果、处理问题善于抓住实质、不善言辞
沟通策略	给予充分的信息，客观地、始终如一地对待事物，以咨询的态度进行沟通	要明确表达你的价值观（感受），突出你的支持与合作以得到认可和肯定	不要轻易地否定他们的观点、不要轻易地给他们问题的答案，要充分发挥他们的想象力	不要对事物添加过多的细节和想象的成分；清晰地交流、抓住要点

（3）管理风格与沟通策略（见第8章）。

7.4.2　与客体之间不同关系的沟通策略

由于在企业中地位的不同，有管理者和被管理者之分，掌握的信息不同，决策权力不同，就会出现针对不同对象如何表达的问题——对不同对象应当采取不同的表达方式。按照组织结构职位不同，沟通客体的表达方式包括以下几种。

第一种：你向下属表达。当你完全握有权威和信息时，听众就完全处在了一种被动接受你的观点的地位，这时你可以用"告诉"的方式：你就照着我说的去做吧。听众没有能力提出与你意见相左的看法来。这是一种从上到下单向式的方式，可以节省互相交流的时间，要求你的下属完成一项常规性工作时可以采用。

例："小张，请把这份资料整理出来，按照这些地址发送出去。"

第二种：你向上司或客户表达。当你掌握一定信息，但你的听众却握有最终决策权时，你扮演的角色是一种利用你掌握的信息去说服听众，引导他们朝有利于你的目标的方向思考，并最终同意你的建议，实际上是你在向听众推销你的想法，你想让你的听众按你的要求做些什么，也就是说，你需要一些听众的参与。

这种情况下，你需要做好准备，特别是对于所"推销"的观点，从不同角度、不同层次向听众展示它的特点和优势。同时，你可能还要学习使用现代营销的方式，为听众着想，稍有不慎，可能前功尽弃，所以，需要耗费大量的时间和精力。在你想要向上司提建议，或说服顾客购买你的产品时，你可以考虑这种方式。

第三种：你向同一级同事表达。当你期望与同一层级的听众就某一行动达成共识时，可采用"咨询"的方式。首先征求听众的建议，然后逐渐提出你的建议，经过一定的引导和劝说，双方达成共识。这是一种双向式的、需要平等态度进行沟通的过程，你需要同你的听众交换意见，并控制双方相互作用的过程。

例："最近我们的销售额一直停滞不前，请大家想想我们有什么办法可以改变这一状况？"

第四种：你向混合听众表达。当你发现有许多和你意见相同的人的时候，就可以省去说服、告诉的时间和步骤，而多谈大家共同认可的观点，强调大家共同的利益和要求，寻求更多的共鸣，即使用联合的方式进行彼此之间的对话。

例："大家有目共睹，公司最近管理上非常混乱，我们必须找到可行的解决方案。"

🏃 技能应用分析

即测即评

※ 情景模拟训练

（1）生活、工作中需要与各种各样的人交流，请你回忆一下，你遇到的最难打交道的一个人或几个人。为了把事情办成，你做了哪些努力？结果如何？

（2）领导者应如何正确处理与上级、同级、下级的关系？请结合实际谈谈。

（3）情景模拟：

◆ 假设你是个新款家庭用高清投影仪的推销员，你如何确定你的推广对象？

◆ 你如何了解他们对投影仪的了解情况？

◆ 你如何向你的客户介绍你的产品以激发他们对你产品的兴趣？

第8章 上行沟通技能

自我技能测试 *测测你的上行沟通能力。*

表8-1自测主要了解你和主管进行的沟通是否积极，包括正式沟通和非正式沟通。根据你面临的实际情况并依照你同意的程度进行选择。

同意程度：1——非常不同意，2——不同意，3——无意见，4——同意，5——非常同意。

表8-1 上行沟通的积极性自测表

序号	情境	1	2	3	4	5
1	尽管没有重要的事，我也会频繁地和主管沟通					
2	我会时常忙于和老板交谈					
3	我时常赞美主管					
4	我会关切主管的私人生活					
5	我常和主管分享笑话和有趣的事情					
6	我将主管视为自己的朋友一样对待					
7	在社交聚会中，我会制造和主管互动的机会					
8	我曾经和主管一同分享我们过去的经验					
9	当主管遇到难题，我会给主管鼓励并一起讨论					
10	我曾询问主管对我在组织中工作的观点及看法					
11	我会和主管分享我未来的生涯规划					
12	即使不需要，但我还是会找主管来帮助					
13	我常和主管沟通工作上的事务					
14	我在工作上遇到困难会寻求主管帮忙					

测试结果见附录。

本章学习目标：

◆ 与上级沟通前做好准备。

◆ 准确分析上级的管理风格。

◆ 赢得上级信赖的技巧。

◆ 采取恰当的信息策略向上级传递信息。

争取旅游名额

去年公司的业绩喜人，为了奖励市场部的员工，公司制定了一项海南旅游计划，名额限定为 10 人。但是该部门共有 13 名员工，部门经理老王打算向上级领导再申请 3 个名额，于是找上级领导说："朱总，我们部门 13 个人都想去海南，可只有 10 个名额，剩余的 3 个人会有意见，能不能再给 3 个名额？"朱总说："筛选一下不就完了吗？公司能拿出 10 个名额就花费不少了，你们怎么不多为公司考虑？你们呀，就是得寸进尺，不让你们去旅游就好了，谁也没意见。我看这样吧，你们 3 个做部门经理的，姿态高一点，明年再去，这不就解决了吗？"

老王说："朱总，大家今天听说去旅游，非常高兴，非常感兴趣。觉得公司越来越重视员工了。领导不忘员工，真是让员工感动。朱总，这事是领导们给大家的惊喜，怎么能想出这么好的安排呢？"朱总："真的是想给大家一个惊喜，这一年公司效益不错，市场部的功劳很大，考虑到大家辛苦一年。年终了，第一，是该轻松轻松了；第二，放松后，才能更好的工作；第三，是增加公司的凝聚力。大家要高兴，我们的目的就达到了，就是让大家高兴的。"

老王："是呀，计划太好了，大家都在争这 10 个名额。"朱总："当时决定 10 个名额是因为觉得你们部门有几个人工作不够积极。你们评选一下，不够格的就不安排了，就算是对他们的一个提醒吧。"

老王："其实我也同意领导的想法，有几个人的态度与其他人比起来是不够积极，不过他们可能有一些生活中的原因，这与我们部门经理对他们缺乏了解，没有及时调整都有关系。责任在我，如果不让他们去，对他们打击会不会太大？如果这种消极因素传播开来，影响不好吧。公司花了这么多钱，要是因为这 3 个名额降低了效果太可惜了。我知道公司每一笔开支都要精打细算。如果公司能拿出 3 个名额的费用，让他们有所感悟，促进他们来年改进，那么他们多给公司带来的利益要远远大于这部分支出的费用。不知道我说的有没有道理，公司如果能再考虑一下，让他们去，我会尽力与其他两位部门经理沟通好，在这次旅途中每个人带一个，帮助他们放下包袱，树立有益公司的积极工作态度。朱总，您能不能考虑一下我的建议？"

案例中老王去与朱总的沟通用了换位思考法，以低姿态，站在公司的角度上考虑建议的缘由，做好与朱总平等对话、为公司解决此问题的心理准备。和上司沟通工作，是每个职场人都必须面对的重要课题。一个不被上级所接纳的下级显然是无法开展工作的。要想使工作顺利进行，作为下级就要想办法和上级之间建立心理上的认同和默契，使上级从心里真正接纳你，这样才会有和上级在工作中的配合和默契可言。

8.1　与上级沟通之前的准备

8.1.1　明确沟通目标

做事没有目标，就像没有缰绳的野马，到处横冲直撞。沟通也一样，尤其是和上司沟通时，首先要确立目标。

（1）目标一：接受上级指令。

接受上司的命令和指示时，主管应该注意以下要点：

①沟通之前，与上司确认沟通的时间、地点。

②接受指示时，要事先问一问相关的内容，以便做好充分的准备。

③认真倾听。

④不要担心让上司觉得自己理解能力差，要多发问。

⑤对指示进行反馈，让上司就重要问题进行澄清和确认。

⑥不要急于表达自己的观点，即使自己对上司的指示有异议，也不要急于反驳，可以等上司把话说完，按照上司的思路，以假设的口吻提出异议，让上司思考解答。

⑦不要在接受指示时与上司讨论和争辩，以免因为考虑不周，对问题阐述不清，说服不了上司，反而引起不快，但可以把自己疑惑的问题概括出来，并让上司确认时间、地点，再进行沟通。

（2）目标二：向上级汇报工作。

汇报的内容包括说明已做了什么、尚未做什么；遇到了哪些问题，有哪些可能的改进方法；将要做什么，完成的日期等。

在向上司汇报工作时，由于与上司之间存在差异，往往会出现意想不到的问题。汇报工作时应客观、准确，不要带有突出个人和自我评价的色彩，避免引起上司的反感。

汇报时应注意的要点如下：

①精简。对上司汇报工作不要渲染，一个聪明的上司只会从你完成任务的速度和质量上来评价你的能力，所以，不要带着邀功的心态，极力强调你工作的难处。同时，因为领导都很忙，所以要把汇报做得简明扼要。

②有针对性。汇报的内容要与上司原来的指示、计划和期望相对应，避免文不对题，浪费上司的时间。

③补充事实。在汇报完后，一般上司会给予评价，他的评价其实就是一种反馈，从中可以知道上司对哪些地方不很清楚，你可以补充介绍，或提供补充材料，加深上司对你所汇报工作的全面了解。

如何改进你向上司汇报的沟通效率呢？汇报，作为几乎天天发生在你身边的沟通方式，任何改进都会提高你的工作效率。可以通过表8-2中的练习，对你的汇报工作加以改进。

表8-2　沟通演练"汇报"改进计划

请你对现在汇报工作的方式加以描述性的评估：
（1）你的汇报通常是这样进行的：
（2）汇报时存在如下缺陷：
（3）改进计划： 期望改进之处： 期望达到的目标： 改进措施： 用时：　　　　　　　　本改进计划自　　　　月　　　日至　　　月　　　日
改进计划结束之后： （1）达成预期的目标了吗（"汇报"改进了哪些方面）？ （2）还有哪些未能改进之处？ （3）下一步的改进计划。

（3）目标三：与上级商讨问题。

在自己对事情有较深入的思考后再与上司商讨，用合适的方式说明问题是什么，注意重大问题事先约定；向上级提出有哪些解决方案，各自的利弊是什么，注意当场形成的决议的严密性，同时重要决议事后要确认。尊重上级的决策，积极主动获得工作任务。

与上级商讨问题时的要点：

①商讨问题时应注意对事不对人，应本着开放、平等和互动的原则进行。如果是主管首先提出问题，则应当注意对重大的事情事先进行约定，注意不要勉强上司进行讨论。

②不要只带问题见上级。你若只是把问题交给了上级，让上级帮你处理，那上级要你又有何用？上级是最不喜欢这种下属的。因此，你必须清楚地告诉你的上级，你对问题有几种看法或有几种解决方案。在解决这些问题的过程和步骤中，哪些需要他的帮助。这样就能提高解决问题的速度和品质，也能体现出你解决问题的能力。

③要抓住主要问题，分清重要和次要、眼前和将来的问题。在准备好资料的同时，做好摘要和必要的索引指示。问题越简单，你的上级花在问题上面的时间就越短；解决问题的途径越明了，你的提案就越容易获得批准。

——明确告诉你的上级，你所提交的一大堆材料的提案是希望他做什么？是共同决策或需上级的处理意见？是当务之急或是等上级有空再处理？是需要增加某项指标或要求重新评估？指出哪些项目是需要你的上级协助的，并扼要说出你的要求和意见。

——多用图表和影像来让你的上级快速进入状态，并对可能出现争议的问题提出事实和资料进行评估。

——粗列你的提案的理由。说明上次讨论了什么，目标是什么，而因过去没解决好此问题，又造成了哪些新问题。

④商讨问题 SOS 原则。Situation（背景），Options（方案），Suggestions（建议）。

辅助上级决策。让上级做选择题，别做填空题，最好也别做判断题。按照 SOS 模式操作，对多个方案进行排序，然后各陈利弊，请上级决策。

（4）目标四：表达不同意见。

表达不同意见时，意见应确切、简明、完整。要有重点，不要拖泥带水。要注意摆正自己的心态，不要与上司辩论。

表达不同意见的要点：

①在适当的时机、适当的场合，以适当的方式去说服上司。这里所说的适当的时机指的是在上司有空闲时间时；适当的场合，指在无其他人在场的情况下；适当的方式，指语气必须委婉，能够让人接受，比如以这样的语句"对这个问题，我有个个人观点……"作开场白会让上司内心舒坦，从而为接下来的沟通创造好的氛围。如果不具备这三个"适当"，千万不可造次，否则必然适得其反。

②如果上司没有采纳自己的意见，在指示没有变更之前，仍要按原指示不折不扣地执行，但在执行中应积极采取措施，把可能造成的损失降到最低程度。当上司得知你的努力后，一定会发自内心地赞赏你。

③向上级提出意见和建议不要有损领导的尊严，不要强调自我私怨。向上司表示不同意见时，一定要考虑表达方式。通过表 8-3 中的练习，可以找出向上司表达不同意见的最佳方式。

表8-3　向上司表示不同意见的沟通演练

你向上司表达不同意见顺利吗？请描述一下表示不同意见未被采纳而且导致上司和你都不愉快的案例。 案例阐述：
你认为这次不愉快的原因是： 上司的原因　　　　　　　　你自己的原因 （1）　　　　　　　　　　　（1） （2）　　　　　　　　　　　（2）

借你学习沟通之机，请上司谈一下他感到不愉快的原因，看看与你所认为的原因是否一致。
原因阐述：
对于来自你自己的原因，你的改善计划是：
改善机会：

8.1.2　准备好沟通材料

向上级呈送的文件，很多人认为上级反正还要修改，文件就草率处理。表格没完成，文章不通顺，资料不齐或遗漏。因为你交的文件中的观点、论据、事实、佐证等都有上述问题，所以就根本无法有力地说服你的上级接受你的观点或要求，达不到你呈文的目的。其结果是会被上级频繁地要求修改，并造成一种你办事草率、不力的印象，直至你的申请被驳回。

在与上级沟通之前，要充分准备好材料，了解自己所要说的重点，简练、扼要、有条理性地向领导汇报。如果有些问题需要领导做出选择决断，下属应有两个以上的方案，而且能向上司分析各方案的利弊，这样有利于上司做决断。为此，事先应当周密准备，弄清每个细节，随时可以回答，如果上司同意某一方案，应尽快将其整理成文字再呈上，以免日后上司又改了主意，造成不必要的麻烦。

8.1.3　选择合适的时机

根据问题重要与否，选择上级乐意听取信息的时机沟通。要明白的一点是，上级没有和你一样多的时间，因此，不要把问题扩大化，为了避免拖延你的建议，最好是找对时间，并锁定重大议题。万一你提交议题的时机不对，八成会被否决，除非你的问题必须立即解决。

一般下列情况是不好的时机：每逢周一上午和周末快下班的时间，月初和月末、节假日前，你的上级要向他的上级汇报也要听下属的汇报和计划；每逢你的上级出公差或休假回来时，需处理他不在公司时发生的一切问题；每逢你的上级大发雷霆的时候；每逢你的上级在处理与公司生死攸关的问题时；每逢你上级的亲属出现病故的时候，等等。

自检：你是否也这样请示工作？

公司高层开会，就在总经理刚要进会议室的那一刻，有部门经理就拿着需要批的文件匆匆赶来，然后说："王总，这件事情需要您马上批准，不然就要违约了。"

对于部门经理来说，可能是因为总经理非常忙碌，见到总经理也不容易。对于总经理来说，他可能把注意力都放在了即将召开的会议上，在此情况下沟通效果会大打折扣，如果长期下去还可能会引起总经理的反感。

8.1.4　选择恰当的场合

上司办公室是谈工作最好的地点。但如果上司经过自己的座位，突发奇想就某个问题与自己探讨，或者你们刚好同坐电梯，而上司又表现出对自己工作的兴趣时，也不失为沟通的好场所。

8.1.5　方式应得当

沟通方式也要因人因事而宜，应根据沟通时机、上司的性格特征和沟通内容的不同而变化。要做到有效沟通，要想取得满意的沟通结果，就要运用得当的沟通方式（见表8-4）。

表8-4　沟通方式选择

沟通方式		使用情境
语言沟通	工作会议	找准时机，准确表达意图或提出建议
	一对一面谈	表达时找准话题，营造融洽的气氛
	正式讲话	表达严肃、庄重，给上司沉稳的印象
	电话沟通	表达简洁，语意明确
书面沟通	电子邮件	可以用于不便于口头表达的事项
	文书写作	表达讲究层次和逻辑，适当修辞

在与上司沟通时，个人表达应避免九大"雷区"（图8-1）。

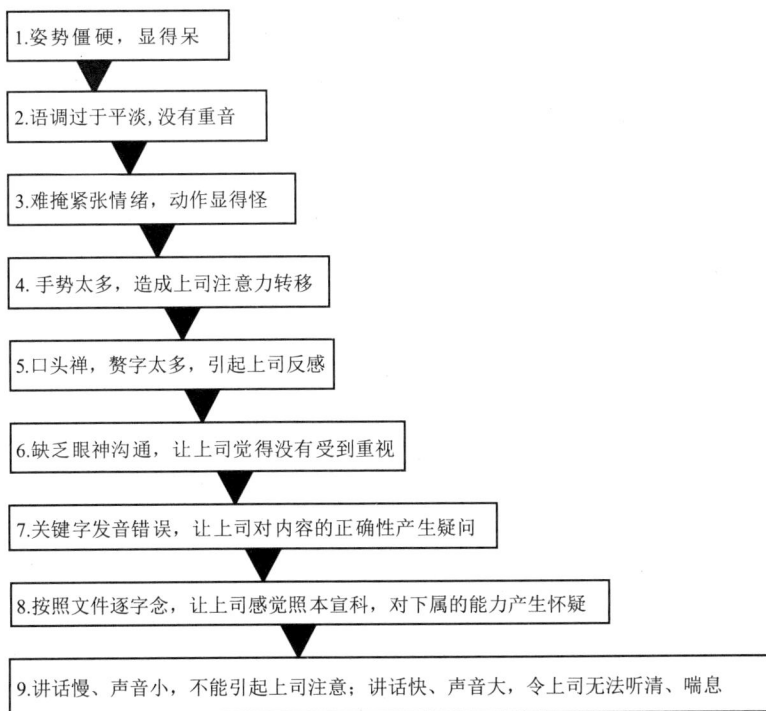

1.姿势僵硬，显得呆

2.语调过于平淡，没有重音

3.难掩紧张情绪，动作显得怪

4.手势太多，造成上司注意力转移

5.口头禅，赘字太多，引起上司反感

6.缺乏眼神沟通，让上司觉得没有受到重视

7.关键字发音错误，让上司对内容的正确性产生疑问

8.按照文件逐字念，让上司感觉照本宣科，对下属的能力产生怀疑

9.讲话慢、声音小，不能引起上司注意；讲话快、声音大，令上司无法听清、喘息

图8-1　与上司沟通的九大"雷区"

8.1.6　整顿仪表

刚见面时留给上级的仪表、风度的印象往往会形成沟通的良好基础。整洁的衣着、礼貌的仪态是与上级进行有效沟通的开始。从仪表开始有意识地培养职业素养，会让上级感觉到你是一个有效率、负责任的人。

8.2　分析上级的管理风格

美国 PDP〔Professional Dyna-Metric Programs（行为特质动态衡量系统）〕中心，组织 29 年的研究和实践，以及全球 1600 万人次的使用案例，将人群分为五种类型，包括：支配型、外向型、耐心型、精确型、整合型。为了将这五种类型的个性特质形象化，根据其各自的特点，分别用 5 种动物来形容：老虎型、孔雀型、考拉型、猫头鹰型、变色龙型。根据领导者的不同特质对应五大类型，会呈现出不同的领导风格。

（1）老虎型领导者。

老虎型的领导往往目标明确，作风强势、喜欢掌控局面，专注、做事情之前不会太张扬，如果一个方式不成功，他会立即考虑另一种方式，比较个人主义，属于开拓市场的类型。不喜欢被人控制，具有比较强的独立性，只有认同目标和上司，才会团队合作，不害怕冲突，甚至认为冲突是一种解决问题的方式，容易功高震主，喜欢物质性的奖励，做品牌喜欢诉诸功能。他们的口号是爱拼才会赢。

如何为老虎型领导人当下属：

● 摆脱"恐惧感"。

● 平等地与他交往、主动与他交流工作中的问题，是与老虎型老板交往的要诀。

● 提高自己的工作能力和应变能力也是博得老虎型老板青睐的重要因素。

● 注重工作的结果。

（2）孔雀型领导者。

孔雀型领导人天生具备乐观与和善的性格，有真诚的同情心和感染他人的能力。在任何团体内，都是人缘最好的人和最受欢迎的人，是最能吹起领导号角的人物。他们擅长口语表达，很会沟通激励、描绘愿景并带动气氛，是宣扬理念、塑造愿景的能手。他们喜欢跟别人互动，重视群体的归属感，善于透过人的关系发挥影响力。由于他们富有同情心并乐于分享，具有鼓舞性和带动性，善于交际，容易广结善缘、建立知名度，在以团队合作为主的工作环境中会有最好的表现。

如何为孔雀型领导人当下属：

● 乐于在团队中工作。

● 对孔雀领导谦逊得体，不露锋、不出头，把一切成功光华都让与领导。

（3）考拉型领导者。

具有高度的耐心，敦厚随和，行事冷静自持；讲求规律但也随缘从容，面对困境，都能泰然自若。在需要专业精密技巧的领域，或在气氛和谐且不赶时间的职场环境中，他们最能发挥所长。当企业的产品稳踞市场时，考拉型的企业领导人是极佳的总舵手。但当企业还在开拓市场的时候，老虎型或孔雀型的人似乎较占优势。

如何为考拉型领导人当下属：

● 真诚是第一要旨。

● 进取心强者有更大的发展空间。

● 对酬劳和晋升，你得比他更主动。

（4）猫头鹰型领导者。

猫头鹰型的人具有高度精确的能力；其行事风格重规则轻情感，事事以规则为准绳，并以之为主导思想；性格内敛，善于以数字或规条为表达工具，而不大擅长用语言来沟通情感或向同事和部属作指示。行事讲究条理分明，是个完美主义者。组织完善和发展安定的企业，宜用猫头鹰型企管人当家。但其创造和创新能力也相对弱，因而不宜担任需要创建或创新能力的任务。

如何为猫头鹰型领导人当下属：

● 守时守信。

● 直奔主题，但不要直奔结论。

● 用事实和数据说话。

● 逻辑清晰。

● "我不知道" 胜于 "我猜"。

● 积极创新。

（5）变色龙型领导者。

能密切地融合于各种环境，适应力及弹性都相当强，对内擅长协调，对外擅长整合资源，以合理化及中庸之道来待人处事。变色龙型领导者会依组织目标及所处环境的任务需求，随时调整自己，因为他们往往没有预设立场，不走极端，柔软性高，言谈举止都很得体，是个称职的谈判斡旋高手，也是手腕圆融的外交人才。他们善于随机应变，不论在企业开创期、过渡期或转型期，均非常需要此种人才参与。美国前国务卿基辛格、诸葛亮都是这种类型的人。

如何为变色龙型领导人当下属：

● 不妨韬晦。

● 保持同步。

● 做事谨慎，坚定目标。

8.3 如何赢得上级信赖

8.3.1 尊重上级的权威

"尊重上级是一种天职，尊重同事是一种本分，尊重下级是一种美德，尊重客户是一种常识，尊重所有人是一种教养。"

上下级之间可能会出现矛盾，无论是出于基本的礼节，还是组织的原则，对领导都要有基本的尊重。要把握好自己说话的分寸，给领导留足情面。对于一个明智的领导，他会很欣赏你的气度。在管理中，领导要有威信，没有威信，就不能实行真正的领导。领导者的威信，主要源自他的人格魅力，但下级对他的尊重也是提升其威信的一个重要方面。

有的下属经常自以为比别人聪明，在与上司的沟通中，自觉或不自觉地流露出某种优越感，动辄与上司称兄道弟，或随便揭露他的短处，让上司感到很没面子，这种上行沟通效果之差可想而知。

案例鉴赏8-1 "同人不同命，成败皆沟通"——朱元璋的两个朋友

为什么同样是朱元璋的朋友，同样有着一段艰苦的经历，同样打算以"怀旧"的方式来唤起朱元璋昔日的感情，甚至于两个穷朋友所述内容实际上也是一回事。为何结局却大相径庭呢？前一个被杀，后一个却做了将军。

第一位穷朋友的悲惨命运与他同朱皇帝（上级领导）的说话方式不当有很大的关系。要想获得理想的沟通效果，就要了解沟通对象，在把握自我因素的基础上，把握住沟通双方的特定关系，以便在信息的发送与反馈中调整好语言形式，从而达到沟通的目的。而第一位朋友显然没有顾及朱元璋此时地位、身份的变化，所用的称谓本来应该体现这种关系，但他还是一口一个"你"，并且把少年时的旧事不加修饰地和盘托出，把朱元璋的老底都兜出来了。对于古代皇帝来说，出身卑微是件很不光彩的事，而这个朋友的一番话正好戳到他的痛处，伤害了他的自尊，有揭短的嫌疑。不分场合，不分处境、不分身份地乱说话，正是孔子说的"未见颜色而言之"，这种没眼色的人，沟通的结果，非但不能实现自己的沟通目标，甚至会产生许多难以预见的祸端。

第二位穷朋友了解自己的沟通对象。他察言观色，牢牢把握住了双方的特定关系，昔日的穷朋友如今是君臣关系了，他以"微臣"自称，而以"陛下"称朱元璋，把角色的关系做了明显的定位，极大地满足了朱元璋的虚荣心，这样就造成了心理相容的效应，融洽了双方的感情。再有，第二位穷朋友看得清场合。在金銮殿上，他把朱元璋小时割草抢吃被卡的事用一种"隐语"表达出来，把小时割草说成"南征北战"，把割草说成砍"草头王"，把朱元璋抢吃说成"冲锋在前"，把打破瓦罐说成打破"罐州城"，把罐破汤流说成了逃走了"汤元帅"，把逮住豆子说成了逮住了"豆将军"，把草梗子卡在喉咙口说成遇着"草霸王"挡住了"咽喉要道"……这在朱元璋这位局内人听来是彼此心照不宣，但在局外人听来完全是在描述朱元璋当年金戈铁马的戎马生涯，在文武大臣面前为朱皇帝争了面子。第二位穷朋友巧妙地回顾了往事，赞颂了皇帝当年的英武形象，不仅沟通效果好，让上级领导朱皇帝大为满意，也为自己的职业生涯做好了铺垫。

现代企业中的上行沟通也与此类似，尤其是公开场合的上行沟通，注意维护上级领导的尊严和面子，这是上行沟通的重要原则。

8.3.2　请示汇报有分寸

跟上级沟通大有学问，不能不说，不能说得太快，更不能不分场合就乱说一气，否则不但不能实现自己的沟通目标，反而会给自己带来更多的麻烦。

人们的情绪对沟通效果有很大影响。领导也是凡人，也有喜怒哀乐，每天要考虑的问题很多，各个时段的心情也大不一样。例如在上司正遇到麻烦，焦头烂额地处理事务时，下属为自己的个人琐事贸然前去打扰，轻则上司敷衍应对，重则可能被上司劈头怒骂，赶出办公室。

下属应当根据自己的问题重要与否，选择领导乐意听取报告的时机进行请示。如果不知上司何时有空，不妨先给他发消息，写上问题的要点，然后请求与他交谈，或写上请求面谈的时间、地点，跟领导先预约。

案例鉴赏8-2　这样的上行沟通有什么问题？

从上面的案例可以看出，李明事先没有及时向总经理报告未完成销售计划的原因，已经引起了总经理的不满。总经理主动约谈后，李明没等把情况说完，就中断谈话去处理别的事务，使总经理更加不高兴。李明在总经理情绪不好的时候再次打电话汇报，当然不会取得什么好的沟通效果。

8.3.3 有胆有识受器重

大部分领导都不会喜欢平庸无能的下属。通过上行沟通，让上司知道自己的工作能力与真才实学，对下属的职业生涯发展会有很大帮助。

所以，作为下属，不仅工作态度要认真，更重要的是有良好的沟通能力，要争取让自己的才能得到上司的赏识。商界是个讲求效率的领域，如果你对上司持畏惧心理，事事谨小慎微，如履薄冰，那就很难与上司进行沟通。不能与上司有效沟通的下属，如何让上司相信你的才能？上司不知道你的才能，又如何器重你呢？

通过沟通充分展示自己，让上司对你"刮目相看"，这样可以轻松打通你与上司之间良好关系的路径。赢得器重须做到3点：

（1）工作态度认真，善于领会上司的意图，圆满完成上司交给的任务。

能正确地领会并执行上司的意图，表明你是一个精明果断又值得信赖的下属，容易引起上司的好感。

如果一件事需要上司反复交代几次，直到最后明确说出他的意图时你才"茅塞顿开"，那么你给他的印象就不太妙了。只有你干出真实的成绩，在上司面前提一些改进工作程序的建议，才能让上司认为你是一个有工作能力的人。

（2）主动沟通，不卑不亢。

对上司要做到有礼貌、谦逊。但是，决不要采取低三下四的态度。绝大多数有见识的上司，对那种一味奉承、随声附和的人是不会予以重视的。很多人在上司面前表现得躲躲闪闪，生怕说错一句话。这样做会形成人际交流的恶性循环，把上司了解你的大门也同时关上了。作为下属，要积极主动的与上司交谈，逐渐消除彼此间可能存在的隔阂，使上下级关系相处得正常、融洽，使上级逐渐了解你的学识和能力。

（3）适度地展示自己尚未被发现的能力，但不要轻易对上司作口头许诺。

在与上司的沟通过程中，要抓住机会，巧妙地把自己的长处充分展示出来，取得上司的认可。当上司交给你某一项任务时，如果这件事你还没有做，你自己也不知道能否在规定的时间内完成的情况下，千万不要轻易做出承诺。如果你满口答应着说"保证完成任务"，而最终没有实现你许下的诺言，那么上司对你的信任感就大大减弱了。

8.3.4　体谅和理解上级

每个人都有自己的难处，领导也不例外。下属要和上司建立良好的情感关系，就得细心体谅上司的难处，善于为领导排忧解难。

例：有个饮食公司因为产品质量问题而引起社会公众的投诉。当电视台记者到公司采访时，最先遇到是经理助理小杨。小杨怕担不起这个责任，就对记者推却道："我们经理正在办公室，你们有什么事就去直接问他吧！"记者闯进经理办公室，把经理逮了个正着，经理想躲也躲不开了，又一点没有心理准备，只好硬着头皮接受了采访。事后，经理得知是小杨不仅没有提前给自己报信，还推却责任于自己一身，很不满。

下属要体谅和理解上级，并能在关键时刻挺身而出，为上级分忧，这样才能让上级感觉到自己下属具有良好的思想品质和突出的工作能力，能胜任目前的工作并能担任更重要的工作。

8.3.5　越级沟通需慎重

越级沟通是指下属越过自己的直接主管向组织的高层领导反映，反馈关于组织及个人的意见、建议等信息的过程。它产生的原因是因为常规的上下沟通无效或不采取常规沟通的方式。当在必要情况下必须进行越级沟通时，应掌握沟通的要领技巧。

为了实现成功的管理沟通，你必须同时考虑你的直接上司和间接上司（你上司的上司）的背景特点，以及直接上司和间接上司之间的关系。这种类型的沟通关系比较复杂，应该在沟通前有一个全面的考虑。对这种沟通，我们认为，应该系统思考这样几个方面的问题：这次沟通的目标是什么？应考虑哪几方面的策略？直接上司和间接上司的背景如何？我自身的特点如何？应选择何种沟通渠道和什么样的沟通环境？以下就围绕这些问题，提出相应的建议。

首先，对于这种类型的沟通，你的目标要非常明确。这不外乎这样两个方面：一是取得间接上司对你建议的认同，二是避免直接上司给你"穿小鞋"。为实现这两个目标，沟通过程中一个基本原则是，整个沟通必须坚持以事实和问题为导向，避免以人为导向。

其次，在沟通策略的思考上，基于前面提出的目标，就应该深入分析两个沟通对象的特点，包括他们的背景、偏好、思维方式等；分析自身的特点，对自我的恰当定位；分析沟通渠道策略的选择，确定最佳的沟通路径；分析沟通信息的内容、表达方式、信息的客观性和被认同性；分析沟通环境的选择，要尽量选择与对方特点和自身特点相适应的沟通场合。

对沟通对象的分析，具体说来，关键要做好以下几个方面的工作：

①充分掌握间接上司和直接上司的背景。他们各自的心理特征、价值观、思维方式、管理风格、偏好和知识背景（包括学历和文化层次、专业背景等）如何。比如，你的间接上司的管理风格不能接受越级汇报的做法，你只能放弃这种想法；如果你的间接上司有较好的沟通技巧，能够为你的地位考虑，通过恰当的沟通技巧避免他的下属（也就是你的直接上司）给你"穿小鞋"，你就可以有较少的顾虑与间接上司去沟通。

②要了解直接上司为什么不愿意接受你的建议的原因。这一点很重要，因为有可能你的间接上司就不希望你所在部门改变原来的管理模式；或者你的直接上司已经向他的上司谈起过你的建议，是你的间接上司不主张马上改变局面，如果事实是这样，你去沟通也就没有意义了。

③要了解直接上司和间接上司之间的关系。他们之间是相互信任的，还是不信任的；他们之间原来的关系是否融洽，如果不融洽，原因何在。显然，如果这两个上司本来关系就非同一般，你恐怕就没有必要去冒这个风险。

④要了解间接上司对越级反映问题的态度及其处理艺术。包括间接上司对越级沟通的态度是支持、中立还是反对；对间接下级所反映的问题是乐于接受还是不乐于接受；是否能够艺术性地处理好越级反映的问题。比如，他能够以策略性的手段把他下属的下属所反映的意见转达给他的直接下属，同时也能够恰当地减少这个过程中的副作用，这显然对你的沟通是有利的。

对于自身地位和特点的认知，在越级沟通时也是非常重要的。对自我的认知，重点在于弄清楚以下几个问题：

①弄清楚"我是谁"和"我在什么地方"。也即能够对自己在公司里面的地位和身份有合理的认知，不要以为自己懂得管理，而你的上司就没有考虑过这些问题，说不定你的直接上司很早就考虑过。

②弄清楚自身的可信度，考虑间接上司对我的认同可能性程度，分析自身在公司中的地位和影响力。如果你在公司中的口碑并不好，你在别人心目中的印象是负面的，就可能会影响你沟通的效果。

③弄清楚你对问题看法的客观程度，对目标问题考虑的深入程度和系统程度。如果你所提出的，只有问题，没有对策，你最好不要提，因为谁都会对问题发牢骚，领导听得多了就失去了沟通的兴趣，领导可能更感兴趣的是如何解决这些问题的建议。

8.4 信息策略

对于信息策略的分析，关键点在于问自己这样三个问题："我是否是站在组织的立场思考问题的？""我是否能站在上司的立场思考问题？""上司最感兴趣（或最关心）的是什么？"在一般情况下，与上司沟通要贯彻以下四个原则：

①就事论事，对事不对人，如根据个人感受，立足于公司利益去确定内容，不对上司的身份进行评论，不对他人评头论足。

②在信息结构安排上，能从客观情况描述入手，引出一般性看法，再就问题提出自己的具体看法，比如，以争求间接上司意见的方式引出话题，在恰当的时机提出相应的建议。

③在语言的表达上，言辞不能过激，表情平淡，态度谦虚。

④在沟通渠道和沟通环境的选择上，应根据上司的背景选择用口头沟通或笔头沟通，用正式渠道或非正式渠道。一般来说，为了尽量避免直接上司知道，私下沟通较为合适，比如可以通过工会开会、合理化建议的方式作为反映问题的通道，或者用其他灵活方式安排的沟通渠道。在制定沟通环境策略时，应选择合适的时机、合适的场合，以咨询的方式提出，比如以"表面上的不刻意，实际上的精心准备"作为策略，营造合适的、宽松的氛围（如单位集体活动、工会组织召开的本身是鼓励反应映情况的场合），向间接上司提出你的建议。

技能应用分析

案例分析　领导最喜欢提拔什么人？

※ 情景模拟训练

现在，假设你碰到了以下几件比较麻烦的事情。现在我们把这些事情的发生看做一个情境，当你面临这样的情境时，如何通过恰当的沟通方式去解决？

根据下面描述的每个情形，即兴组织模拟一次沟通，以解决面临的问题。

具体步骤：

（1）由你和小组中另一位同学（或几位同学，可根据你自己的设计安排）承担下面情境中的对应角色，可以简要商量如何沟通的思路，但以即兴为主，准备沟通。

（2）正式进入角色，进行情境模拟。

（3）请小组内其余同学对模拟的沟通过程进行评述，指出其优点和不足。

（4）由小组 4~5 位成员再共同讨论解决这样问题的方法。

（5）对照个人的思考、情境的模拟和小组的讨论，总结出以后处理这些情境的可操作性方案。

情景一：如何处理上级领导的越级管理问题

我是公司里负责某项工作的经办人员。因为此项工作对公司来说十分重要，公司主管副总黄炯很重视，便经常越过我的直接领导——部门经理王永明，亲自向我布置任务。王永明是职级观念比较强的人，为避免他有不满情绪，我主动向他汇报工作进度，再由他向黄副总汇报。由于任务很复杂，需要不断修正完善，而王经理对情况不熟悉，当由王经理向黄副总汇报时，就会出现信息传递迟滞或表达不清等问题。黄副总很不满，就把我叫去，要我直接对其负责，下次应直接向他汇报，并且也没有就这个事情和王经理沟通。过几天，当王永明经理问我工作进度时，我很为难：我应该如何向王经理说明，今后将由我直接向黄副总汇报？

情景二：如何与这样的上司相处

张敏的上司是一位管理细致的领导，每次布置任务，连非常具体的细节都有所要求，完全按照他的思路和模式来做每一项工作，员工没有任何创新的空间。有几次，张敏就某个方案根据自己的观念做了创新，而没有完全按照上司的思路设计，事后也向上司陈述了自己的理由，她解释说，按照这样的思路可以更快更好地完成此项工作。但上司还是认为，这是不按规矩办事，予以否决。张敏觉得非常不满，工作积极性大大受挫。但目前，张敏对于公司氛围、所从事专业以及收入还比较满意，不想因为上司的工作特点不适应而调换部门或跳槽。于是，张敏不得不考虑：如何做好与上司的沟通，使自己能在工作中发挥自己的创造性和主动性。

第9章 下行沟通技能

自我技能测试 下行沟通能力测试（见表9–1）。

表9–1 下行沟通能力测试

序号	问题	是（√）否（×）
1	你下班后是否会和员工一起参加休闲活动	
2	你是否会和下属共同讨论受训及升迁机会	
3	你是否会给予表现出色的员工以衷心的赞美	
4	你是否了解下属所需要的激励	
5	如果下属表现出色，你是否会向上司提起	
6	你是否会鼓励并协助下属达成自己设定的挑战性的目标	
7	你是否与下属聊及其事业发展的抱负	
8	你是否在周、月、季的报告上表扬下属不错的表现	
9	你是否会向下属的家人提及其出色的表现及表示感谢	
10	下属提出的建议与你背道而驰，你是否也会仔细聆听	
11	你是否会自掏腰包，找机会请下属吃饭，给下属打气加油	
12	你的下属每天见到你会示以好感吗	
13	你是否为了使下属工作不枯燥，特意设想一些点子	
14	你是否会优先考虑下属的困扰	

测试结果见附录。

本章学习目标：

● 理解下行沟通的目的及意义。

● 下行沟通的策略：沟通时机选择策略；根据不同下行沟通方式选择策略，具体围绕下达指令、听取汇报、商讨问题、推销建议进行选择。

● 下行沟通艺术：赞美下属的艺术；批评下属的艺术；绩效激励艺术；化解员工

抱怨的艺术。

引例

一条腿的鸭子

有个很有名的厨师，他的拿手好菜是烤鸭，深受顾客喜爱。可是他的老板从来不给厨师任何鼓励，这使得厨师整天闷闷不乐。有一次，老板有贵客来访，在家设宴招待贵宾，招呼厨师露一手。酒席上，当老板夹了一条鸭腿给客人时，却找不到另一条腿，他便问厨师，"另一条鸭腿哪里去了？"厨师说："老板，我们家里养的鸭子都只有一条腿！"老板很诧异。饭后，老板就跟着厨师到鸭笼去看个究竟。时值夜晚，鸭子正在睡觉，每只鸭子都只露出了一条腿。厨师指着鸭子说："老板，你看我们家的鸭子不全是一条腿的么？"老板便举手拍掌，吵醒了鸭子，鸭子被惊醒后，都站了起来。老板说："鸭子不全是两条腿吗？"厨师说："对！对！不过，只有鼓掌拍手，鸭子才有两条腿啊！"

没有难以沟通的下属，只有不善于沟通的上司。成功管理者的沟通不受任何客观条件的制约，凭借游刃有余的沟通能力，管理者就能驾驭下属，取得事业成功。作为上司，应重视组织内部沟通，多与下属交流，用心与下属沟通，讲究沟通技巧；关心、信任下属并经常传达这种信任及对他的期望。如果你拥有了某种权利，那不算什么；如果你拥有一颗富于同情的心，那你就会获得许多权力所无法获得的人心。

9.1 下行沟通的意义

判定一名经理的管理能力，不仅要看企业收益报表上的数字以及服务的顾客与货源单位数量的多少，更重要的是要看他是否具备创造一种企业和员工都需要的工作环境的能力。而这种环境的创造在很大程度上取决于管理者与员工是否相知，是否保持良好的沟通状态。

员工沟通有助于企业与员工间建立稳固的联系，并传播企业文化。沟通的努力应着眼于：

●让每个员工都了解企业经营活动存在的问题及追求的目标；

●让每个员工都清楚地了解和掌握企业或与他们有关事项的重大进展；

●诱导和鼓励员工为改善经营状况出力献策。

9.2　下行沟通的策略

9.2.1　沟通时机选择策略

（1）与员工沟通需要强化如下四个环节。

①开始阶段。利用招聘广告、文谈、企业简介以及会面等方式吸引、选择、教育新员工。

②工作阶段。在这一阶段通过多次直接和间接的沟通，提供指导、消息及与员工有关的信息。

③报酬与鉴定。包括对有关奖赏、升迁、福利、特殊事项以及优胜奖励等的通知。

④解雇或终止工作。包括解雇、罢工、设备损坏、自然灾害、职务的裁减或单位撤消。

（2）沟通时间的确定。

以新员工与老员工的分类为例。

新员工是企业的一个特殊群体，由于对企业及所在团队并不熟悉，认同度也不高，因此，对新员工的有效沟通直接影响一个新员工融入团队的程度。一般来说，与新员工的沟通至少有五个时间点。

第一次：上班的第一、第二天。

原因：员工刚入职对企业会根据所见所闻产生第一印象，第一印象的形成直接影响接下来的员工工作心态。因此，应第一时间了解新员工的想法，及时纠偏，并针对性的解决员工的误解及困惑。如果感觉员工对企业的认同度不是很强烈，也可主动与员工达成相互淘汰的口头协议。

第二次：上班一个月后。

原因：相对刚入职，上班一个月对工作对团队都已有了实质的接触，但了解还不够深入。这个时候员工对公司的认同感并不稳固，因此很有必要及时与员工的沟通，以利于及时调整员工的工作方式方法，给员工更多的鼓励。一方面让员工在接下来的工作中少走弯路，另一方面也及时了解员工的心理动态。

第三次：上班三个月后。

原因：三个月多是试用期结束要转正了，这是与员工沟通的关键时间点。

第四次：上班一年后。

原因：这是一个总结的时间。对于一般性岗位的新员工来说，一年的时间足够使新员工向老员工开始过渡转换，这个时候的沟通面谈很有必要。

第五次：员工工作有重大成绩或重大失误发生的第一时间。

原因：重大成绩或重大失误的沟通，是为奖惩提供准确的依据，也了解重大事件对员工的影响，以便为该员工的管理提供依据。对员工重大成绩的沟通面谈，当然是以激励为主。

与老员工面谈的时间点选择较为灵活，多在一些事件主动或被动发生时的第一时间沟通。

第一，定期与老员工沟通，如半年一次；

第二，在员工出现工作上的重大或突出问题、或生活变故时；

第三，在周期性绩效评估前；

第四，在员工提出离职时；

第五，在员工异动或晋升的第一时间等。

沟通时间的选定依据是员工需要及企业利益的需要，确保不疏漏任何一次，确保第一时间介入沟通。

9.2.2 根据不同下行沟通目的选择策略

（1）下达指令。

当向下属下达指令时，注意激发下属完成任务的意愿；确保下属理解；尽量为下属提供完成任务所需的条件；相应地授权；让下属提出疑问，尽量帮助解决疑问；口吻平等；关心其工作进度，既要关注结果，也要关注过程。策略要点：

要点一：遵循5W1H的原则，即从原因（why）、对象（what）、地点（where）、时间（when）、人员（who）、方法（how）等六个方面进行思考。

要点二：激发意愿；

要点三：口吻平等，用词礼貌；

要点四：确认下属理解；

要点五：你会为下属做些什么；

要点六：相应地授权；

要点七：让下属提出疑问；

要点八：问下属会怎么做。可能的话，给予辅导。

例："明天的产品验收任务很重要。"——重要到什么程度？

向员工提出工作要求时，应当明确自己需要什么，以及什么时候需要，同时也要让员工明白自己要完成的任务和要求达到的标准。指定完成的期限也要明确一点，例如"请在下周一以前将解决方案呈交上来。""星期三有客户前来参观，请各部门作好准备工作。"分配任务切忌使用抽象的字词，要用看得见、听得见、摸得着的东西描述，以便让下属真正理解自己的意思。

如果下属得到的是模糊指示，他就不得不猜测上司的心思，揣摩出上司到底期望自己怎么做。下属只有接受到了明确的信息，才有可能真正对工作负责。作为任务分配者，在刚开始布置任务时，需要向员工说明自己对他的期望。

需强调的是下达指令分配任务不是单向沟通，任务分配者要让下属有发言机会。例如，"对于下个月的销售任务，各位还有什么不清楚的地方吗？""小李，你觉得这项任务完成起来有困难吗？""在正式分配之前，请各班组负责人先讲述一下自己班组的情况。"

任务分配者在分配前、分配中、分配后需要针对任务分配的相关情况给予下属发言的机会，即便不给下属发言的机会，任务分配者也应当通过观察下属的表情、动作、眼神等收集反馈信息。任务分配者需要警惕下属利用所给予的反馈机会讨价还价，以减轻自己所承担的责任，拖延完成任务的期限。

（2）听取汇报。

当听取下属汇报时，应集中精力，充分运用倾听技巧，耐心听完全部信息，不要急于下结论，对下属的汇报给予评价。需掌握的策略要点如下：

要点一：充分运用倾听技巧；

要点二：约时间；

要点三：当场对问题做出评价；

要点四：及时指出问题；

要点五：适时关注下属的工作过程；

要点六：听取下属汇报要采取主动；

要点七：给予下属恰当的评价。

（3）商讨问题。

探讨问题的过程中容易产生的问题主要是不能摆正自己的位置。

与下属商讨问题时容易出现你和下属都不易注意的误区，这些误区大大降低了商讨问题的效率（见表9-2）。

表9-2 商讨问题中的误区

序号	在与下属商讨问题中，你是否有以下倾向
1	认为下属的问题或建议幼稚，不值一听，所以认为没有必要同下属商量什么问题
2	认为下属的问题早就有答案了，不值得商讨，采取不屑一顾的、轻视的态度
3	认为下属的意见根本不是下属应当关心的事，不务正业
4	认为下属同自己商讨问题是想推卸责任
5	嫌浪费时间，没时间听下属唠叨
6	发现下属没兴趣，自己心里很恼火："我大经理一个，用这么宝贵的时间同你商讨问题，你还爱答不理的样子，哼！"
7	急于下结论
8	过多的评价
9	急于指示下属怎样做

如果忽视以上误区，随着时间的延长，你会渐渐地淡忘与下属交流采取的态度是什么，取而代之的是"我是领导，这里都得听我的"，你的态度逐渐强硬起来，你的话逐渐多了起来。而下属的满腔热情逐渐被你的气势所压倒，慢慢地他的话少了，慷慨激昂变成了对你仰视，规规矩矩地坐好，对你的指示频频点头称是，商讨问题的氛围转而变成了你在开导员工。商讨问题策略要点如下。

要点一：注意倾听。多数情况下，下属不愿意直截了当地把想说的都说出来，他们可能采用"婉转"的方式谈论一些事情，而且时刻注意着你的反应，随时准备收回一些话。同时对实际工作下属接触得很多，但很可能他们的理论性、叙述问题的条理性有待提高，这也需要你倾听，找出下属话中的关键。因此注意多发问和多使用鼓励性的言辞，诱导下属讲出自己的真实想法，不要听一遍就完，而没有抓住下属谈话的核心。

要点二：不要做指示，以防止商讨问题的过程演变为下属接受指示。

要点三：不要评价，使下属能够畅所欲言。

要点四：让下属来下结论，或者整理归纳，以便于下属能够对自己更有信心，同时，把问题当成自己的问题，有归属感。

要点五：事先制定好商讨问题的过程、步骤、规划，以便充分利用时间，防止跑题，以提高沟通的效率。

（4）推销建议。

上司往往经历过低层和中层领导职务，有很丰富的经验，而下级刚刚担任一些职务，因为经验不够，就会按自己的想法去做。在这个时候，就要向他推销建议。要让下属采纳上司的建议，就要运用营销学的推销理念进行探讨。

要点一：把下属看作你的客户。

要点二：把你的建议当成产品。

如果建议被下属采纳的话（就像你的客户那样心甘情愿的来购买），他还能不是发自内心的"干"吗？而发自内心地接受，对下属的工作、积极性的提升是巨大的。

当向下属推销建议时，上司的建议就像产品一样包含两个方面的内容，即特性和利益。例如，销售部经理向业务员小孙建议道："我建议你向甲级医院推销药品的时候，从药剂科主任那里入手，这样可能会比从处方医生那里入手更好。"

职业经理向下属推销建议时，常见的误区如下：

误区一：特性不明确。

例如，肖经理说："我给你提个建议，你就别从处方医生那里入手了，你从别的地方想想主意。"实际上，下属只知道不能怎样做，但并不知道应该怎样做。

误区二：只注重建议的特性，不注重建议给下属带来的利益。

例如，肖经理说："我建议你向甲级医院推销药品的时候，从药剂科主任那里入手。"肖经理此处忽视了向下属说明建议给下属带来的好处，所以下属很可能因为对新的建议心里没有底、从药剂科主任入手又要做很多工作、现在的销售还过得去等原因而不去接受这个建议。

9.3　下行沟通艺术

表扬和批评是下行沟通中常用的两种方法，也是做上司的必须掌握和运用好的最基本的领导艺术。下属有了成绩，上司就应及时加以肯定和赞扬，促其再接再厉不断进步；下属有了缺点和错误，上司也应及时指出并加以批评，促其醒悟，以免在错误的道路上越走越远，甚至出现更大偏差而影响全局工作。

9.3.1　赞美下属的艺术

当人们由于别人对自己的赞赏而感到愉悦和鼓舞时，不免会对说话者产生亲切感，从而使彼此之间的心理更加靠近，更容易在沟通中接受对方的观点。作为领导，可以赞美下属的业绩、敬业精神、上进心、创新动力、可成长性等与工作相关的内容，也可以赞美下属的穿着、家庭、潜力、待人处事、特长、心胸、气质、作风等间接与工作相关的内容。

赞美部下作为一种沟通艺术，也不是随意说几句恭维话就可以奏效的。事实上赞扬部下也有一些技巧：

技巧一：赞扬的态度要真诚。英国专门研究社会关系的卡斯利博士说过："大多数人选择朋友都是以对方是否出于真诚而决定的。"在赞美下属时，必须确认你赞美的人的确有此优点，并且要有充分的理由去赞美他。

技巧二：赞美的内容要具体。赞扬要依据具体的事实评价，例如："你处理这次客户投诉的态度非常好，自始至终委婉、诚恳，并针对问题解决，你的做法正是我们期望员工做到的标准典范。"赞美用语越详实具体，说明你越了解对方，对他的长处和成绩越看重，使对方感到你的真挚、亲切和可信，你们之间的人际距离就会越来越近。

技巧三：注意赞美的场合。赞美的效果在于见机行事、适可而止，要注意在场人数的多寡选择恰当的赞美话语。被赞美者单独在场时，不管哪方面的赞美话语，都不会引起他人的不自在；如果多人在场，你要赞美其中一人，有些赞美话语会惹出其他在场者不同的心理反应。因此，公开赞扬最好是能被大家认同及公正评价的事项。

技巧四：适当运用间接赞美的技巧。所谓间接赞美就是借第三者的话来赞美对方，这样比直接赞美对方的效果往往要更好。比如，"前两天我和刘总经理谈起你，他很欣赏你接待客户的方法，你对客户的热心与细致值得大家学习。好好努力，别辜负他对你的期望。"间接赞美的另一种方式就是在当事人不在场的时候赞美，这种方式有时比当面赞美所起的作用更大。一般来说，背后的赞美都能传达到本人，这除了能起到赞美的激励作用外，更能让被赞美者感到你对他的赞美是诚挚的，因而更能增强赞美的效果。

技巧五：要把握"度"。要尽量如实赞美，不能任意夸大，随意拔高。如果领导者在表扬员工时随意夸大事实，把员工的朴素想法拔高到理想化的境界，可能会产生如下消极后果：其一，会使被表扬者产生盲目性自满情绪，误以为自己真有夸大的那么好，从而坠入自我欣赏、不求进取的境地；其二，会造成其他员工的逆反心理，其他员工会由不服气到反感和生厌，容易在今后的工作中为被表扬者设置障碍；其三，容易助长人们不务实、图虚名的不良风气。

技巧六：赞美要因人而异。赞美下属能起到锦上添花、雪中送炭的作用，是帮助下属进步的催化剂，但如果不能因人使用，则可能导致嫌隙顿生，关系恶化。不同下属要有不同的赞美方式，如图9-1所示。

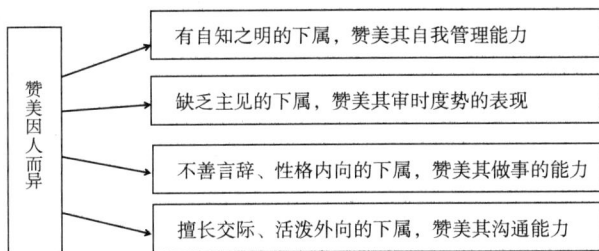

图9-1　赞美策略

技巧七：赞美下属要防范三大陷阱。

●既然是长处，赞美总是没错的。一味地赞美下属的长处可能会导致"过犹不及"。

●既然是扬长避短，缺点还是不提为好。假如你的领导在全体会议上夸你"以前爱在背后说别人的闲话，现在改了许多"时，你该作何感想。

●公开赞美胜过私下肯定。一般来说，下属都希望得到公开表扬，让更多的人知道自己受到了肯定。

9.3.2　批评下属的艺术

赞美下属要注意技巧，批评下属也有讲究。高水平的批评，不但有助于转变下属的错误行为，而且能取得良好的人际关系，甚至有时批评会成为最有效的激励。

（1）批评的步骤。

①直接了当地提出问题。

例：

主管：小陆，我今天是想和你谈谈你迟到的问题。我平时也不止一次的提醒过你。

小陆：我知道，我有时是不大准时。

主管：你知道你的所谓"有时不大准时"，频率有多高吗？你几乎每天都迟到，甚至没有一次你能准时参加晨会。

小陆：昨天我没有迟到，而且今天的晨会我也准时参加了。

主管：你……

主管第一句话就一针见血，直接提出问题，目标非常明确："小陆，我今天是想和你谈谈你迟到的问题。我平时也不止一次地提醒过你。"但是，接下来主管的话就不能让员工信服了，因为主管使用了模糊语言，没有指出事实。

②提出事实，不要谈感受。

例：

主管：你知道你不准时的频率吗？（拿出一张考勤表）上个月你有 6 次迟到，2 次没能准时参加晨会。

小陆：看来我迟到的次数是不少，我以后注意。不过你也看到了，我并没有因迟到而影响工作呀。

主管：这倒是事实。不过，你一定要认识到，迟到本身就是很严重的问题。

③让下属认识到问题的存在。

例：

小陆：看来我迟到的次数是不少，我以后注意。不过你也看到了，我并没有因迟到而影响工作呀。

主管：没有影响工作吗？那你说，如果公司的其他人也都每月有 6 次迟到，会不会影响到你的工作呢？

小陆：这个，会影响到我的工作。如果我去找他们，他们没在，我最少还要再跑一次。

主管：如果其他部门的人来找你，你偏偏不在，他们会如何评价我和咱们的部门呢？

小陆：他们也许会说您管理不善，说我们部门有问题。看来迟到真是个大问题，我真的需要非常注意了。

主管：好，非常高兴你能进一步认识到这个问题。明天不要再迟到了。

批评的重要目的之一就是让下属认识到问题的存在。如果通过批评，下属仍然没有认识到问题的存在，那么批评就是毫无意义的，因为下属没有认识到问题的存在，也就无法改正。上例中主管成功地让下属认识到了问题的重要性，而不是他认为的无关紧要。主管所使用的技巧有：

●换位思考。让员工处在其他同事的位置，对于他的迟到会有什么麻烦。作为成年人，都有对事物的分析能力和判别能力，一旦自己意识到或感受到问题的严重性，就会主动地改进，而不是在压力下进行改进。

●使用引导式的问题。使用假设句，如果怎样，你觉得怎么样，让员工回答，就会怎样。员工自己来回答时，会比较认同这种观点。

虽然员工认识到了自己的问题，但这还不足以保证问题就能得到解决，还需要让员工认识到问题的重要性并作跟踪观察。

④提出后果。

例：

主管：既然你能意识到迟到是个大问题，那如果再迟到会怎么样呢？

小陆：总不会开除我吧？

主管：当然有这种可能。《员工守则》里有明确的规定，迟到现象严重的将会被开除。你很能干，我不希望因为迟到这种事而严重地影响了你的事业发展。

小陆：真的会有那么严重？

主管：（有一点得意）当然。

在提出后果方面，不少主管存在着心理误区：

● 说得太明白，有点儿像在威胁员工；

● 大家心里知道就可以了，直接指出在面子上总觉着有些过不去；

● 给自己留条退路，不要得罪人。

事实上，主管要站在帮助员工的角度上看问题，提出后果不仅是警告，还可以让下属对下一步的改进计划能更加有效地认真执行。

⑤找到解决的办法。

例：

小陆：真的会有那么严重吗？

主管（严肃地）：当然。有什么办法可以让你不迟到呢？

小陆：其实我现在在每天早上都去我家附近的早点店吃早点，有时候会排队。以后我会在家准备一些早点，或把闹钟拨早10分钟。

主管：如果这样能解决你的迟到问题，那就太好了。

与下属一同找到解决的办法，是批评的最后一步。其实，很多时候问题并不难解决，之所以长期地拖着不解决，可能是因为员工从来就没有意识到问题的严重性和严重后果。一旦主管明确的指出来，一般而言，员工就会自己主动地想办法解决。找到解决办法，是主管或基层经理和下属共同的责任，只有一起找到合适的解决办法，才能真正改正。

分享：批评方式不同，效果迥异

下面列举的是针对同一问题的两种批评方式，效果截然不同：

（1）我们部门除了你之外，别人都取得了业绩，你有什么想解释的吗？（让下属感觉具有侵略性和不安全感。）

我知道你很努力，并且也一直在尝试找到更好的工作方法，这种创新的意识难能可贵。目前，我们部门几乎每个人都取得了业绩，接下来我希望看到你也带给我更多的惊喜。你近来遇到了什么困难吗？（暗示是否工作方法出现了问题。）

（2）你怎么又错了？就不能认真点吗？为什么总是这样？（这种责备和发愁的语气，会让下属急于辩解，甚至引发争吵，或者直接哭出来。）

你的工作效率很高，这是非常令人高兴的。不知为什么这次又出错了？是马虎了吗？还是什么其他的原因？以后你想怎么改进？（重点是找到原因，而非责备。）

（3）看着你现在的表现，我很失望，希望你可以成长得再快一点。（让下属感觉辩解也没有意义，甚至会让他产生自我否定的情绪。）

你今年确实有不小的进步，这是大家有目共睹的。我相信你还可以成长得更快一点，你一定不会让我失望的，是吗？（期望效应的力量是无穷的。）

（4）这个创意并不适合我们的客户定位，你为什么没有从全局的视角来考虑呢？（指责下属。）

这真是一个不可多得的精彩创意，一定会吸引很多顾客的注意力。不过，对某某，某某客户来说，可能把另外一些观点加进去会更好，比如再改进一下，然后把方案给我。（提出建议和期望，并且表示出持续的关注，给下属信心。）

（2）批评的艺术。

批评本身并不必然导致矛盾和冲突，但不当的批评必然导致矛盾和冲突。因此，要掌握批评的艺术技巧。

技巧一：利害摆清促改变。一味地数落下属的不是、缺点和不足，往往会令下属感到厌烦，也缺乏改正的动力，也许他会认为"我就是这种个性，怎么着。"

技巧二：批评肯定不分开。让批评和肯定同时进行，下属才会心甘情愿地接受。下属在接受批评时的心态往往是"我付出了那么多你没看见，就这点问题你都批个没完"，会产生不平衡的心理。这就需要批评者适时肯定下属的积极表现，让下属知道领导是了解他的付出和业绩的，批评并没有完全否定他。

技巧三：恰到好处效果好。批评也需要有"度"，暴风骤雨般的浇灌或和风细雨般的浸润，都无所谓，关键在于为了达到好的效果，选择的方式对不对，拿捏的力道准不准。

技巧四：因人而异的批评。

● 批评直率和有魄力的下属。直率和有魄力的下属比较容易接受批评，他们对于批评有正确的认识和理解，通常不会把他人的批评记在心上，也不会过度去联想他人对自己的态度，只要批评得对，他们都能欣然接受并努力改进。

● 批评爱面子的下属。爱面子的下属在心里承认自己错了，但由于自尊心比较强，拉不下脸来，所以口头上才拒不接受。面对这样的下属，批评时，应选择一对一的方式，并控制自己的表情和态度，尽量选择旁敲侧击的方式，点到为止。

技巧五：批评少用情绪化的字眼。批评别人但不损对方的面子，不伤对方的自尊。而情绪化的字眼有推波助澜的作用。如：

"我这次任务没完成，都是因为你！"

"我当初根本不是这个意思，你怎么这么笨啊！"

"你要是再这样，我就只能认为你无药可救了，有本事你别在这儿呆着啊！"……

对一个领导者来讲，针对特定的事件，应该采用正确的批评方法、巧用批评的技巧和谋略，调节下属的心理，抓住管理的关键和核心。

案例鉴赏9-1　张飞之死

在故事中，张飞对自己的两员将领提出了难度极高的任务要求，已经是有点强人所难了。部署反应情况，他非但没有自我检讨，竟然还将他们当众吊在树上鞭打，打完后仍继续要求完成，否则要以死罪查办。如此高压政策等于是将下属逼上绝路。

古人说，"攻人之恶勿太严，当思其堪受。"不同的人由于经历、文化程度、性格特征、年龄等不同，接受批评的承受力和方式也有很大的区别。列举几种比较有效的批评方式：

①三明治批评法。先表扬，后批评，再表扬，这种批评方式，就像三明治，在面包的中间夹着其他东西。三明治的批评方法是指使用积极正面的语言去表达消极负面的信息，使受批评者同时感到鼓励和鞭策，效果十分显著。管理人员在工作中应善于应用。

②对事不对人批评法。批评他人，并不是批评对方的人格、品性，而是批评他的错误的行为，千万不要把对下属错误行为的批评扩大到对其本人的批评上。对事不对人的批评，既点出问题，令对方受到震动，又维护对方的面子，给他们改正的机会，使对方更容易接受。

③单独场合批评法。古人说，"扬善于公堂，规过于私室。"人犯错后，受不了的是大家对他群起而攻之，因为这伤害了他的自尊。他也许会承认错误，但无法接受这种批评方式，这将使他对领导、同事充满敌意，一旦有机会，将以牙还牙。如果希望自己的批评取得效果，最好选在单独的场合对下属进行批评教育，如独立的办公室、安静的会议室、午餐后的休息室，或者楼下的咖啡厅都是不错的选择。

④启发式批评法。对自觉性较高者，应采用启发他做自我批评的方法。例如，有

人在挂着"禁止吸烟"的牌子下吸烟，管理人员发现后，递给抽烟者每人一支烟，说："如果你们到外面抽，我会感谢你们的。"通过这样委婉的批评，员工当然知道自己破坏了规定。管理者采用这样的批评方式，提高了自己的威望，也获得了员工的尊重。

9.3.3　激励艺术

拥有高超的激励能力，就能够对下属施以有效的影响，帮助下属和自己获得成功。

开展有效的激励，需要牢记六个原则。

①听比说重要。

② 精神比物质重要。

③ 肯定比否认重要。

④ 发掘优点比挑剔缺失重要。

⑤ 给予机会比空谈信任重要。

⑥以身作则比空许诺言重要。

因为每个人都有自己的工作习惯和风格，采取与其风格相匹配的沟通策略和方法是有效沟通的途径之一。作为上级，与下属沟通时主要是根据下属的工作能力和意愿采取适当的激励策略和技巧。按照能力和意愿的差异，可以将下属划分为四种类型，即高能力高意愿、高能力低意愿、低能力高意愿和低能力低意愿。

对于高能力高意愿的下属，沟通主要强调任务目标和行动结果，而对于实现目标和完成任务的具体过程不必作细致周密的指导或干涉。尽量为这类下属留出足够的空间让他发挥个人的能力和实现工作成就感。否则，他会感到自己没有得到上级的信任，上级对他做事不放心。

对于高能力低意愿的下属，主要是发挥沟通的激励功能。首先分析工作意愿低下的原因及各种利益需求，然后激发对方的工作动机，满足其利益需求，提高其工作热情。一般来讲，这类下属以老员工为主，有一定的资历、工作经验、较强的工作能力，但很容易产生工作惰性、散漫、热情不高。因此，在沟通时要以尊重对方为基础，以职业规划发展为诱因，以个人利益与组织目标相结合为激发点，不断强化激励，鼓励创新，提高其工作意愿。

对于低能力高意愿的下属，要以培训式沟通为主。这类下属具有很高的工作热情，但个人能力和素质有限，往往干事不让人放心。与他沟通时，重点应该是关注过程和细节，并加强监督和指导，不断培养技术，提高其能力。如果下属的能力与工作不匹配，应该重新调配工作。

对于低能力低意愿的下属，按照人力资源管理的原则，应该淘汰或调换工作。但在实际工作中，组织往往很难立即采取此类行动。在与他沟通时，既要提高他的工作热情，又要加强指导和监督，沟通成本比较高，要有耐心和影响力，也可以通过组织的群体压力对他施加影响。

案例鉴赏9-2　问题出在哪儿？

从"能力—意愿"特征看，很明显，主管马林做错了。马林认为小刘的意愿很好，但可能内心怀疑下属的能力是否达到他的要求，因此过多的询问引起了小刘的不满。因为，对于一个自以为意愿与能力都不错的下属来说，当领导怀疑自己的业务能力时，对他肯定是一个打击，因为小刘相信业务能力是其工作的根本，不容上司怀疑。马林由于不了解下属心理，结果双方产生了冲突，影响了情绪。

🏃 技能应用分析

案例分析与即测即评

※ 情景模拟训练

以下两个事例，你通常是采取哪项行动，请做出选择，并说明理由。

（1）你的一名女雇员工作热情和效率一直都很高，每次都能圆满地完成工作指标，你对她的工作十分放心，不必予以监督。最近你给她分配了一项新的工作，认为她完全有能力胜任这项工作，但她的工作情况却令人失望，而且还经常请病假，占了很多工作时间，你会选择怎么办？

①明确地告诉她去做什么，并密切注视她的工作。

②告诉她去做什么，怎样去做，并设法查明她的问题出在哪里。

③安慰她，帮她解决问题。

④让她自己找出应付新工作的方法。

（2）你刚刚晋升为车间主任，在你被提升以前，生产平稳发展，但现在产量下降，因而你想改变工作程序和任务分配。但是你的职工不但不予配合，反而不断地抱怨说他们的前任老板在位时情况是如何如何好。你怎么办？

①实施变更，密切关注工作情况。

②告诉他们你为什么要做出改变，说明改变将会给他们带来的利益，并倾听他们所关切的问题。

③同他们讨论打算改变的工作计划，征求他们提高生产能力的建议。

④让他们自己找出完成生产指标的方法。

第10章　平行沟通技能

自我技能测试　部门或团队效能评估。

思考下列每一个特征，为你所在的部门或团队打分，每一个特征可在1~10分之间计分，将所打分数填入表格内对应的栏目中（见表10-1）。

表10-1　部门（团队）评分表

题号	题　目	得分
1	团队的任务或目标被所有成员很好地理解和接受	
2	团队的气氛是非正式、舒适的、放松的。这是一种每个人都被包含、被吸引的工作气氛，这里没有厌倦的迹象	
3	留出讨论的时间，鼓励每个人参与讨论，保持讨论主题与团队的任务密切相关	
4	团队成员互相听取意见。在别人谈话时用倾听表现出相互尊重。任何一个想法都有机会说出来	
5	团队成员自由地表达自己的想法和感受，无论是关于问题的还是关于团队运转的。人们不害怕提出新的、不同的意见，即使这些意见相当偏激	
6	不同意见不会遭到团队草率的禁止和反对。团队在寻求对问题的全面理解过程中，会仔细地分析存在的分歧和差异。接受观点的冲突和分歧，作为创新的代价	
7	批评是问题导向的，从不针对个人。团队能够提出和接受建设性的批评。批评的目的是解决问题，完成使命。没有人提出针对个人的批评	
8	以意见一致为标准。在每个人都大体上赞成和支持的情况下，根据一致意见做出决定。尽量少采用正式投票的形式	
9	非正式领导依据情况不时转变。这里没有争夺权力的迹象。问题不在于由谁来控制，而在于如何完成工作	
10	清楚的任务分派。把行动的计划告知所有团队成员。一旦开始行动，团队领导就会进行明确的指派，每个成员承担相应的任务，人们知道自己应该做什么	
11	共同价值和行为规范。存在关于核心价值的一致意见和行为规范，这些决定了团队中行为的对错标准	
12	人们致力于实现团队的目标	

测试结果分析见附录。

本章学习目标：

◆　平行沟通的定义和作用。

◆ 部门间平行沟通技能：了解部门间沟通障碍，清楚部门间平行沟通的六个问题。

◆ 掌握横向沟通五项规则。

◆ 与平级沟通：如何向平级展示自己，如何赢得平级的信任，如何获取平级支持。

◆ 避免与平级沟通需注意的几个问题。

引例

邻人疑斧

从前，有一个樵夫上山砍柴，有一天他的斧子找不到了，他怀疑是邻居偷了他的斧子，之后他看邻居的一举一动都像是偷了斧子的人，于是更加相信自己，认为他的斧子就是邻居偷了。有一天这个樵夫在山上发现了他的斧子，原来是他砍柴的时候忘在了山上，回来之后再看他的邻居，怎么看也不像是偷斧子的人了。

这个故事可以看作是在影射平级之间缺乏交流沟通而引起猜疑。现实生活中，平级之间以邻为壑，缺少知心知肺的沟通交流，因而相互猜疑或者互挖墙脚。这是因为平级之间都过高看重自己的价值，而忽视其他人的价值。有的是源于人性的弱点，尽可能把责任推给别人；还有的是因为利益冲突，唯恐别人比自己强。

一个优秀的企业，强调的是团队的精诚团结，密切合作。因此平级之间的沟通十分重要。平级之间要想沟通好，必须开诚布公，相互尊重。如果虽有沟通，但不是敞开心扉，而是藏着掩着，话到嘴边留半句，那还是达不到沟通的效果。

10.1 平行沟通的定义和作用

10.1.1 平行沟通的定义及类型

（1）平行沟通定义。

平行沟通，又称横向沟通，指的是组织或群体中同级机构或同级成员间进行的信息交流。与纵向沟通的实质性差别是：平行沟通中不存在上下级关系，沟通双方均处同一层面。

（2）平行沟通的类型。

根据沟通涉及的主体来源，平行沟通有以下类型：

根据沟通主体是否来自同一部门，分为同一部门内的横向沟通，不同部门间的横向沟通（包括部门管理者间的沟通、部门管理者和其他部门员工之间的沟通、不同部门员工间的沟通）。部门内部员工间的横向沟通，多采用面谈、备忘录的形式。跨部门的平行沟通通常采取的形式包括会议、备忘录、报告等。其中会议是最经常采用的沟通形式，包括决策性的会议、咨询性的会议和通知性会议等。

根据沟通主体是否来自同一管理阶层，分为同一层次中成员间的横向沟通，处于不同层次的没有隶属关系的成员间的交叉沟通。

10.1.2　平行沟通的作用

平行沟通是为了增强部门及人员之间的协作，减少摩擦，最终实现组织的总体目标，这对组织的整体利益有着重要的作用。随着组织结构越来越扁平化，跨职能、跨部门的沟通日益成为组织成功的关键。概括地说，平行沟通具有以下作用：

（1）减少部门之间的冲突。

在项目实施过程中，经常看到各部门之间发生矛盾和冲突，除其他因素外，部门之间互不通气是重要原因之一。保证平行部门之间沟通渠道的畅通，是解决部门之间冲突的一项重要措施。

（2）节省时间，方便协调。

平行沟通在节省时间和方便协调上经常是必需的。平行沟通有时是正式批准的，而大多数情形中，平行沟通是非正式进行的，以便缩短平行沟通的时间并加速行动。

（3）清除上下沟通的障碍。

在通常情形下，组织内部的沟通多以上下沟通为主，平行的部门之间或小组之间的横向交流较少，特别是在专业分工较细的职能型组织结构中，本位主义、缺乏沟通表现得更为突出，而平行沟通却可以消除这些障碍。

（4）促进部门间达成共识。

沟通各方的组织状况越接近，就越容易达成共识。因而，在横向沟通中，组织各部门相互信息接收的准确程度比纵向沟通更为准确，良好的平行沟通可以促进部门间达成共识。

10.2　部门间平行沟通技能

10.2.1　部门间沟通的障碍

平行沟通是跨命令链的沟通。这是协调工作所必需的。而且，人们喜欢平行沟通的非正式性，而不是正式命令链中的上下行过程。然而。平行沟通一直是中层经理们小心跨越的灰色地带，由于失去了权力的强制性，中层经理往往容易陷入灰色陷阱。

不同职能部门彼此立场不同，对问题的看法也就各不相同，采购抱怨财务管得太死，财务指责采购不走流程；销售抱怨市场部花钱太多，市场部更是一肚子委屈……部门间平行沟通的障碍有很多，有意识问题，也有技巧问题，比如高估自己部门价值；不直接沟通而背后抱怨；人性的弱点——推责任、妒忌；机构设置不合理，权责不清；组织合作氛围不好；未及时处理冲突，矛盾积累等。表10-2列出了组织中平行沟通常见的四种障碍。

表10-2　组织中横向沟通的4种障碍

特征	具体表现
没有共同的目标	组织中各部门及各部门员工的目标与思路都不相同，从而忽略了整个组织的共同目标
不肯共享，相互防范	在组织中，平行部门与成员之间很少就本部门工作的相关话题进行交流，认为没有必要，或者怕言多必失，存在相互防范心理
没有共同的价值观	部门缺乏共同的价值观，各部门都认为本部门才是组织内的关键部门，起着举足轻重的作用，从而忽视了其他部门，形成各部门各自为政的局面，造成横向沟通的障碍
一盘散沙	平级部门与成员间未将双方看成一个组织的整体团队，互相勾心斗角，只为自己的利益而拼搏，缺乏团结互助的团队精神

部门认同差异是平行沟通的一个重要障碍，表10-3举例说明了这一问题。

表10-3　部门认同差异

生产部门心目中的自己	市场部门心目中的自己	销售部门心目中的自己	人力资源部心目中的自己	财务部门心目中的自己
我们从事生产工作，每天很辛苦，工作环境又不好，公司的产品是由我们生产出来的。业务部门以及财务部门的人却常常来找我们的麻烦，他们不体谅我们的困难。我们任劳任怨地工作，却没有得到应有的肯定。而且有了我们，才有了产品。如果没有我们，公司又如何做生意呢	公司的前途都要靠我们，我们看得准市场的方向，可以制订明确的决策，并且引导公司走向成功，我们还有很好的眼光应对变化的世界，并策划未来的成长。在内部，我们还必须与那些狭隘短视的财务人员、销售人员以及生产人员打仗，幸好有我们在，公司的未来才不会出问题。幸好有我们在，公司才有了品牌，公司的产品才被消费者了解，销量才能不断增加……	公司的利润靠我们。我们整天风里来、雨里去，看人脸色，把产品一个一个销售出去，把钱一分一分挣回来。公司那些人，还不都靠我们养活？没有我们，公司的人吃什么？喝什么？我们战斗在第一线，不像其他部门，坐在办公室里，可以喝茶、聊天、看报，空谈清议，那有什么用呢	人是第一位的，市场竞争不是产品的竞争，不是技术的竞争，实质是人才的竞争。没听世界上优秀的企业家在说，企业生产的不是产品，实际上是生产人吗？我们就是公司生产人的大本营。我们整天做的是选人、用人、留人、激励人、培育人的事情，公司的各个岗位上的人才都是我们千辛万苦生产出来的。试想，如果没有我们，研发部能有优秀的研发人员吗？销售部能有优秀的业务员吗？厂子里能有优秀的工程师吗	我们是公司资金的守护神。我们控制成本以确保利润，我们做事小心谨慎，并且防止公司发生重大错误。如果让生产部门的主张得逞，我们会买更多更昂贵的机械设备而浪费资金，减少利润。至于业务部门，如果放手让他们去干，他们可能只会做广告。没有我们的工作，公司岂不变成福利院了

工作中的许多麻烦、冲突，源于对"部门价值"的错误理解。

沟通演练：横向沟通的障碍在哪里。

横向沟通的障碍在哪里呢？可能有许多方面，但还是让我们通过表10-4从自身找起吧。

表10-4　找出横向沟通的障碍

举出一个你与其他部门沟通最为失败的案例，描述一下
在这个案例中，来自你自身的障碍有哪些
对于自身的这些障碍，你曾经做过哪些改善之举
你认为自身的这些障碍仍未克服的原因是什么
你的改善计划是什么

10.2.2　部门间平行沟通六问

在进行沟通前，以下六个问题是各方首先要清楚的。

（1）利弊是否权衡？人无利，沟不通，没有权力施压，只有实在的利益。对方如果帮你，他是否值得？如果不帮你，对他的损害又有多大呢？

（2）沟通是否对等？程序是否正确？在横向沟通中，往往细节决定成败。很多中层看似平易近人，其实心里还是很在乎沟通细节的。

（3）信息是否对称？"对自己显而易见的事，对别人未必知悉。"这是十分常见的一种沟通误区。你的要求对方并不理解，往往是你知他不知，你急他不急的状况。

（4）私交是否良好？如果沟通对象和你有过节，或者彼此谁看谁都不顺眼，就要注意平时的关系维护。

（5）部门是否相对弱势？强势部门面对弱势部门，由于权力地位不对等，双方往往存在潜在矛盾。

（6）是否存在公司政治？公司政治是最讳莫如深的了，可能是几个部门存在潜在利益冲突，也可能是两个部门的主管之间的个人恩怨，而造成中层管理者之间明争暗斗。

10.2.3　部门间平行沟通的策略

（1）主动打开沟通之门

部门之间的沟通最关键的是谁先迈出第一步。部门之间往往容易画地为牢，一扇沟通的门就把大家隔开了。只有主动打开沟通之门，主动找当事人去沟通，部门之间的问题才有可能解决。横向沟通当中最大的问题就是我和你不谈。比如技术总监和人事总监有矛盾，技术总监向市场总监讲，人事总监向财务总监讲，他们都和别人在讲，就不和对方当事人讲，所以中层经理人在横向沟通中首先要养成和当事人主动沟通的习惯。

案例鉴赏10-1　尽责的项目总监

（2）寻找共同利益点。

横向沟通前，一定要目的明确，你想要什么结果？你和对方是否能达成共识？寻找共同利益点，这是前提。由于部门不同，大家在认知上难免有差异。如果再加上沟通的信息不对等，不能及时反馈等因素，就会导致目的不同或结果预期的不同。

案例鉴赏10-2　招人的困惑

（3）扮演公关和发言人角色。

每个经理人既是本部门的发言人，也是本部门的公关人员。在管理好自己团队的同时，还要带领着团队通过有效的沟通与协商，争取自己团队的权益与其他部门的支持，建立良好的合作关系。

（4）永远不厌其烦。

跨部门沟通的一个重要策略就是永远不要嫌麻烦。不要以为开完会就没事了，事后应该随时保持联系，主动了解其他部门的工作进度，掌握最新情况。不要被动等对方告诉你问题发生了，而是要主动而持续地沟通，预防问题的发生。只有平时积极防火，关键时候才不用救火。

案例鉴赏10-3　卢爽的故事

（5）注重平时的关系维护。

横向沟通的效果，很大程度上也取决于平时彼此交往的频率和关系。不要让对方觉得你有事才想起去找他。部门间多走动走动，鼓励本部门的员工与相关部门的员工建立朋友关系。在可能的情况下，请需要配合的部门主管来参加本部门的业务会，彼此增进了解，获得配合，而且其他部门经理可能也会请你"回访"。还可以定期与其他部门搞一些联谊活动，如周末打球、爬山等休闲活动。双方处的时间长，感情好了，合作自然顺利默契了。

（6）谨慎对待斜向沟通。

斜向沟通是组织内部不同部门、不同层级之间的沟通，是非命令链上的沟通形式，存在于部门协作较多的组织中。斜向沟通涉及不同部门、不同层次的员工，所以相对比较敏感，沟通技巧也因此显得尤为重要。需要注意的是以下一些方面。

①权衡采用斜向沟通的必要性。斜向沟通越过了平级部门的直接领导，且沟通对象之间不存在隶属关系，会存在沟通对象之间相互不熟悉，造成沟通障碍。因此，在选择沟通方式时，除非迫不得已，否则不建议选择斜向沟通渠道。

②明确与沟通对象之间的关系。因为斜向沟通主体之间不存在隶属关系，在斜向沟通中，沟通发起者要考虑沟通双方之间平常工作关系以及个人私交的熟悉程度，尤其是层级接近的两个沟通主体之间。当然，高层管理与基层部门员工之间的跨部门沟通会因为高层管理者的权威性而显得相对容易。

③获得授权。在斜向沟通中，如果可能的话，最好先获得授权，也就是说先与沟通对象的领导通报，获得直接领导的授权，再进行沟通，或者是先与自己的直接领导汇报再作斜向沟通，以避免不必要的误会。

10.2.4 横向沟通五项规则

规则一：不指责抱怨，站在对方立场想一下。

组织内部不同部门职能各异，一旦某一组织目标实现过程中出现误差，很容易出现部门推诿责任，指责其他部门过错的现象，部门间甚至部门员工间还会因此出现相互抱怨的现象，为组织沟通带来伤害。

所以在组织中，欲清除横向沟通障碍，组织中的任何部门及人员都必须注意沟通礼仪，要学会尊重他人，善于换位思考，谨慎选用沟通语言。这对组织个人、团队及组织文化等，都是不容忽视的。

规则二：职责界定清晰，减少边际责任。

职责界定清晰是组织发展的基本条件，这种职责界定清晰是指在上级制定目标和原则后，各部门都应事先明确自己应负的责任、应守的立场，从而尽自己的职责去完成。

这里所谓的边际责任是指在界定完主要职责归属之后，对于一些相对较小的、模糊的、介于个人之间或部门之间职责划分边界上的职责。这类边界责任通常由于界定不清，在沟通时，容易造成互相推诿的现象，降低办事效率，并且一旦因横向沟通导致项目合作等的失败，在追究责任时也不易界定。

总之，职责界定越清晰，边际责任越小；职责界定越模糊，边际责任越大。

规则三：提供背景资料，多设横向沟通平台。

在项目实施过程中，由于横向沟通的缺失或者无效，经常可以看到各部门之间发生矛盾和冲突。这一方面是由于部门间沟通渠道的缺失，另一方面也可能是部门间相互不了解。要解决这一问题，首先就要各部门在实现某一共同目标时，尽量提供各自掌握的背景资料，在部门间达成有深度和宽度的共同认识领域，共识越多则横向沟通越有效。可以采用以下 5 种方法设置横向沟通平台：

● 考虑把联系紧密的两个或几个部门集中在一个办公室办公；

● 不同部门之间的例会是横向沟通最常采用的方法；

● 企业的布告栏、网络论坛、企业内部报刊、联谊会也是横向沟通可以采用的方法；

● 生产企业可以利用看板管理进行横向沟通；

● 成立专门的小组，协调跨部门之间的合作。

规则四：岗位轮换。

组织中平行部门有很多种，但起到链接作用的沟通关键人物，无外乎各部门的主管和秘书等人。所以应该鼓励岗位轮换，请有业务背景的人员担当人力资源、培训、行政、商务管理等支持部门的主管。这样做，全组织通过他们而进行内部沟通，摩擦也就会大大降低。

规则五：组织结构调整。

必要时调整组织结构，有助于改善平行部门间的沟通。因为有时一个组织结构随着自己的快速成长，其中很多部门的职责易出现交叉，这就可能导致部门矛盾。组织结构的重组能够有预见地改善组织结构，对降低内部沟通协调成本有着事半功倍的效果。

10.3　与平级沟通

大胆地走出自我空间，敞开胸怀，乐于与同事进行坦诚交流，才能使自己的职场意义得到体现，才能拥有更加和谐、更加广阔的发展空间。

10.3.1　如何向平级展示自己

无论自己处于什么职位，都需要与同事多沟通。个人的视野和经验毕竟有限，为避免给同事留下"独行侠"的印象，要通过有效表达积极展示自己的每一面。

（1）展示友善。

平级同事是指在公司中具有相同职权地位的人，彼此之间既没有奖励的权力，也没有惩罚的权限。所以平级之间沟通，不能用命令、批评等方式来进行，而应通过建议、劝告、咨询等方式进行。

人与人相处，都会或多或少的心存戒备，担心被人算计和陷害，这是十分正常的心理。在公司中亦是如此，虽然在同一个公司工作，但各自都会关心自己的利益总怕被同事损害了。

此时，通过坦诚的沟通，主动表示友善，可以减少或者打消同事的顾虑，使双方建立良好的沟通关系。

（2）展示自信。

自信是获得成功的关键因素。人不应该妄自尊大以及言行莽撞，无声的自信同样能给同事留下深刻的印象。自信地在同事面前展示自己的才艺和优点，朝着自己有兴趣的方向前进，多培养一些爱好，才能让自己变得更加自信满满。

不仅要有自信，还要将自信积极地传递给同事，这样才能使同事对自己产生信心，让同事感觉到和自己在一起工作前途是光明的。

（3）展示能力。

"好酒不怕巷子深"的道理在现代职场中并不适用，与其等待伯乐发现自己这匹千里马，不如学会用积极的表达来展示自己的能力。在这个人才济济的社会里，如果总是默默地躲在一个角落而不去积极展示自己的能力，恰如一只不懂得在人前开屏的孔雀，难以得到他人的信任和赞赏。

（4）展示幽默。

幽默可以消除彼此之间的敌意，更能营造一种亲近的人际氛围，并且有助于自己和同事放松心情，消除工作中的疲劳。那么，在同事的眼里自己的形象就会变得幽默，容易让人亲近。当然，幽默也要注意把握分寸，分清场合，否则会讨人嫌。

案例鉴赏10-4　小故事：狄仁杰与娄师德

（5）展示宽容。

在公司中与同事相处时，同样需要宽容，但宽容也要有个度，非原则性的错误是可以宽容的，而原则性的错误绝不姑息。

10.3.2　如何赢得平级的信任

（1）适当放利。

在公司中，对那些细小的、对自己前程影响不大的好处多一些谦让，例如公司里分发福利不够时可以少拿一些，把一些荣誉称号让给即将退休的老同事，与其他人共同分享一笔奖金或是一项殊荣等。这种豁达的处世态度无疑会赢得同事的好感与信任，也会增添自己的人格魅力，同样会带来更多的"回报"。

（2）主动帮忙。

在公司里，对遇到困难的同事应主动关心，对力所能及的事应尽力帮助。这样，不仅会增进同事之间的感情，使关系更加融洽，赢得同事的信任，还会有利于双方的发展，既帮助同事又帮助自己。

在工作中主动帮助同事的时候，一定要征求对方的意愿，并遵照对方的意愿帮忙，千万不要贸然行动。那些"包办代替"或"越俎代庖"式的帮助要尽量避免，否则不仅弄巧成拙，还会引起同事的反感。

谨记：搬开同事脚下的绊脚石，恰恰是为自己的发展铺路。

10.3.3　如何获取平级支持

（1）放低姿态。

同事之间既然存在竞争，那么必然有做得好与做得不好之分。做得好的同事一定要照顾到做得不好的同事的心理，在他们面前注意放低姿态，尽可能帮助他们提高业务水平，切忌趾高气扬，给他们造成更大的刺激。

案例鉴赏10-5　李虎的改变

（2）相互体谅。

与同事相处的最大问题就是各自为政，互不支持。作为同事，没有理由苛求他人为自己尽忠效力。要获得他人支持，先要体谅他人。彼此工作有轻重缓急，在无事时建立良好关系，有事时自然好说话。

当然，支持应慎重。支持意味着接纳，而一味地支持只能导致盲从，也会滋生拉帮结派的现象，影响公司决策层对自己的支持。

（3）真诚赞美。

看到同事的优点，并能真诚坦荡地去赞美，这是胸怀宽广，能成大事的表现。人人都需要赞美，同事也不例外。在与同事沟通的过程中，不要吝啬自己的欣赏和赞美。赞美同事，即使与工作无关，也能够成为自己与同事建立友好关系的契机。因为赞美同事，同事不仅会有言语回报，更会有行动上的回馈。

谨记：多栽花，少种刺。

10.3.4　与平级沟通需注意的几个问题

与平级沟通时要顾及对方的自尊心，采用委婉的语言，用建议代替直言，用问题代替批评，诉求共同的利益，最终达成工作目标。

（1）要以大局为重。

对于平级同事的缺点如果平日里不当面指出，在与公司外部人员接触时，就很容易对平级同事品头论足、挑毛病，甚至恶意攻击，影响平级同事的外在形象，长久下去，对自身形象也不利。

同事之间由于工作关系而走在一起，就要有集体意识，以大局为重，形成利益共同体。特别是在与公司外部人员接触时，要形成团队形象的概念，不要为自身小利而损害集体大利，切记"家丑"不外扬。

谨记：多补台，不拆台，好戏就连台。

（2）求大同存小异。

同事之间由于经历、立场等方面的差异，对同一个问题，往往会产生不同的看法，引起一些争论，一不小心就容易伤和气。因此，与同事有意见分歧时，一是不要过分争论，二是不要一味地以和为贵。

面对问题，特别是在发生分歧时，要努力寻找共同点，争取求大同，存小异。实在不能化解时，不妨冷处理，表明"我不能接受你们的观点，我保留我的意见"，让矛盾淡化，且不失自己的立场。

谨记：求同存异，分歧巧处理。

（3）避免心生嫉妒。

许多同事平时一团和气，然而遇到利益之争就当"利"不让，或在背后相互谗言，或嫉妒心发作，说风凉话，这样既不光明正大，又于己于人都不利。因此，对待升迁、功利等与利益相关的事情时，要保持一颗平常心。

（4）表达善于用词汇。

沟通从心开始，同事之间的沟通更要注意考虑对方的感情。

在沟通前应该认真思考对方能够接受什么样的语言、什么样表达的方式，因人而异地进行沟通，这是与同事沟通获得成功的第一个步骤。

相处哲学：良言一句三冬暖，恶语伤人六月寒。

（5）说话不要犯忌讳。

各地的风俗不同，说话上的忌讳各异，一不留神的脱口而出，很可能会伤害同事间的感情，因此需要沟通双方在表达时注意日常用语。

例：夏宁是西北某地区的人，而秦欢是北京人。一次，两人在业余时间闲聊，谈得正起劲儿，夏宁看见秦欢头发有点长，便随口说："你头上毛长了，该理一理了。"

不料秦欢听后勃然大怒："你的毛才长了呢！"

结果两人不欢而散。

无疑，问题就出在夏宁的一个"毛"字上。夏宁家乡的人都把头发叫做"头毛"，他刚来北京的时间不长，言语之中还带着方言，因此不自觉地说了出来。而北京人却把"毛"看作是带有侮辱性的骂人话，什么"杂毛""黄毛"，无怪乎秦欢要勃然大怒了。

沟通中要注意：三思而后言。

案例鉴赏10-6　寓言：黑白天鹅一起飞

🏃 技能应用分析

案例分析与即测即评

※ 情景模拟训练

（1）假如你刚走上工作岗位，从事的工作与你所学的专业对口，你非常希望通过自己的努力在工作中取得成绩。可你所在的处里，只有一位老同志和你，由于年龄的关系，老同志工作热情不高，你提出的建议经常被他的"别着急，放着吧"而搁置。这时，你怎么办？

（2）设身处地，站在别人的角度看问题，是改善水平沟通的重要方式。因为大多数水平沟通不畅是由于只从自己立场看问题而不从他人立场看问题所造成的。

邀请三位与你同级的同事，一起进行"设身处地训练"。

第一步：发给每位同事两张白纸，请在两张白纸上分别写出"对对方的期望"和"对方对自己的期望"。

第二步：交换——将"对对方的期望"与另一位同事相交换，比较"对方对自己的期望"和"对方对自己可能的期望"之间的差异。

第三步：讨论——四位参加者轮流从以下几方面发表几句感想和观点（每位5分钟）：

◆ 以前意识到这些差异了吗?

◆ 为什么会有这些差异?

◆ 你的改善计划的内容。

第四步：追踪——本训练小组请在1~2个月后再次聚会，检讨改善的效果，并对未改善之处寻找原因，重新制订改善计划。

第四篇
个人沟通技能

管理者作为个体，其沟通技能将直接影响管理沟通的效果。个人的沟通技能包含面谈沟通技能、书面沟通技能、倾听能力和设计能力（形象设计、动作设计、环境设计）。沟通技能看起来是外在的东西，而实际上是个人素质的重要体现，反映了一个人的知识、能力和品德。沟通技能是管理者必须具备的基本技能。

第11章　面谈沟通技能

自我技能测试　面谈技能自我检查。

请你认真回想一下前几天参加过的单独面谈。面谈可以是你的上司叫你去他办公室讨论某个问题，或约定一个具体时间与你见面；还可以是约一个客户讨论某个问题或沟通感情；也可以是与导师在学校单独讨论学术问题。通过如下 11 个问题的判断，评判你的一对一沟通技能水平。

（1）为什么要进行面谈？

（2）面谈的目的双方都明确吗？

（3）我对面谈的期望是什么？

（4）我的期望实现了吗？为什么？

（5）面谈对象的选择是否合适？

（6）进行面谈的时间、地点选择是否合适？是促进了沟通，还是阻碍了高效沟通？

（7）我听得充分吗？是否所说的比该说的多？

（8）我认真考虑别人的观点了吗？

（9）对方认真考虑我的观点了吗？

（10）面谈实际进行了多长时间？它应该进行多长时间？

（11）时间安排得好吗？是否把大部分时间用于目的性问题上了？

测试结果见附录。

本章学习目标：

◆面谈是指任何有计划的和受控制的、在两个人（或多人）之间进行的、参与者中至少有一人是有目的的，并且在进行过程中互有听和说的谈话。

◆把握面谈的特征。

◆能制订良好的面谈计划，有效管理面谈，掌握面谈计划的五个阶段。

◆掌握不同类型的面谈所需的技巧。

罗芸的难题

　　罗芸在汇丽食品公司担任地区经理快一年了。此前，她在一家名牌大学获得过 MBA 学位，又在公司本部科室干过四年多的职能管理工作。她分管 10 家供应站，每站有一名主任，负责向一定范围内的客户销售和服务。汇丽公司主要向成批订购盒装中、西餐的单位提供所需食品。供应站主任主要负责计划、编制预算、监控分管指定客户的销售报务员活动。

　　罗芸上任的头一年，主要是巡视各供应站，了解业务情况，熟悉各站的所有工作人员。通过巡视，她收获不小，也增加了自信。罗芸手下的 10 名主任中资历最老的是陈万龙。他只念过一年大专，后来进了汇丽公司，从厨房代班长干起，直到三年前当上这个供应站的主任。老陈很善于和他重视的人，包括他的部下搞好关系。他的客户都是铁杆，三年来没一个转向汇丽的对手去订货的。他招来的部下，经过他的指导培养，有好几位已经升职，当上其他地区的经理了。不过，由于他的不良饮食习惯给他带来了严重的健康问题，身体过胖，心血管疾病加胆囊结石，使他一年中请了三个月的病假。

　　其实医生早就给他提出过警告，但他置若罔闻。再则，他太爱表现自己了，做了一点小事，也要来电话向罗芸表功。他给罗芸打电话的次数超过其他 9 位主任的电话总数。罗芸觉得过去的同事中没有一个是这样的。

　　由于营业的扩展，公司盛传要给罗芸添一副手。老陈公开说过，各站主任中他资格最老，他觉得地区副经理非他莫属。但罗芸觉得老陈来当她的副手真叫她受不了，两人管理风格相差悬殊。再说，老陈的行为准会激怒地区和公司的工作人员。

　　年终的绩效评估到了。公正地讲，老陈这一年的工作，总的来说是干得不错的。汇丽的年度绩效评估表总体是 10 级制，10 分最优；7~9 分属良，虽然程度有所不同；5~6 分属于中等、合格；3~4 分是较差；1~2 分为最差。罗芸不知道该给老陈评几分。评高了，他就更认为该晋升他；太低了，他准会发火，会吵着说对他不公平。

　　老陈的自我感觉良好，觉得跟别的主任相比，他是鹤立鸡群。他性格豪迈，爱去走访客户，也爱跟手下打成一片，他最得意的是指导部下某种操作方法，卷起袖子来亲自下厨，示范手艺。跟罗芸谈过几次后，他就知道罗芸讨厌他事无巨细，老打电话表功，有时一天三四次，不过他还是想让她知道自己工作中的每项成绩。他也知道罗芸对他不听医生劝告，饮食无节制有看法。但他认为罗芸跟他比，实际经验少多了，只是多学点理论，到基层来干，未见得能玩得转。他为自己学历不高但成绩斐然而自豪，觉得这副经理的职位非他莫属，而这只是他实现更大抱负过程中的又一个台阶而已。

考虑再三，罗芸给他的绩效打了个 6 分。她觉得这是有充分理由的：因为他不注意健康，病假三个月。她知道这分数远远低于老陈的期望，但她要用充分的理由来支持自己的评分。然后她开始给老陈的各项考评指标打分，并准备怎样和老陈面谈，向他传达所给的考评结果。

11.1　面谈的概念和性质

"你在走廊、马路上与人相遇，打个招呼，谈上几句话"，这是面谈吗？这是谈话！这样的聊天不能称为面谈，因为这样的谈话没有明确的目的，没有计划。

面谈是指任何有计划的、受控制的、在两个人（或多人）之间进行的、参与者中至少有一人是有目的的，并且在进行过程中互有听和说的谈话。面谈既可以是沟通者和沟通对象之间一对一进行的，也可以是以一对多的口头沟通形式进行的，它是人际沟通的重要形式。从面谈的定义看，它具有以下五个特征：

目的性：参与面谈的一方或双方有明确的目的。

计划性：谈什么（What）？何处谈（Where）？何时谈（When）？与谁谈（Who）？如何谈（How）？

控制性：至少有一方处于控制地位，或者由双方共同控制。

双向性：面谈必须是双向的而非单向教训和批评。

即时性：面谈要求沟通双方即时对沟通信息做出反应，反应速度快。

根据上面五个特征，首先，我们要把面谈与闲聊、打招呼、谈话区别开来。如你在走廊、马路上与人相遇，顺便谈上几句话，这样的聊天不能称为是面谈，因为这样的谈话没有明确目的，没有计划。尽管面谈和谈话很相似，但仍有很大区别，面谈作为一种特殊的交流形式，是与工作有明确的目的相关性的。

其次，对面谈要制定计划和策略。面谈时，沟通双方以口头语言作为沟通的媒介，针对沟通对象的特点，选择相应的沟通策略。面谈与一般沟通一样，同样要针对沟通对象的特点（听众策略分析），结合自身特点（沟通者策略分析），选择相应的信息编码策略、渠道策略和信息反馈策略。

最后，面谈较书面沟通有更高的技巧性要求。面谈作为面对面的口头沟通，在信息组织和表达（信息编码技巧）方面，与书面沟通相比，更有技巧性。这一方面是由于面谈的即时性特征，它更需要快速的反应、灵活的信息组织技巧、及时的听众分析技能；另一方面，是因为在我们日常的沟通中，口头沟通的可能性和发生频率要比书面沟通多得多，正如我们可以一个月不动笔，但不能一天不开口讲话一样。这就给我们提出了挑战：如何把自己培养成为成功的面谈者？这个问题的解决与否，在一定程度上也决定了你职业的成功与否。

11.2 面谈计划

11.2.1 面谈计划的必要性

根据上面我们所讲的面谈的五个特征和本章开头的引例，首先，我们要明确面谈的目的是：向老陈传达所给的考评结果。其次，需要制定计划和策略，罗芸需事先对老陈的各项指标打分，对其工作表现好的地方予以充分肯定，然后提出充分理由（因为他不注意健康，病假三个月），最后告知其综合考评结果。

在这里我们就提到了一个问题——面谈计划。在讲面谈计划前我们再看一下以下谈话，该面谈发生在公司部门主管郭靖和部门职员袁晓悟之间。

郭：袁，我一直想找时间与你谈谈关于你在某些工作方面的事。也许我的话并不都是你喜欢听的。

袁：你是我的领导，既然你找我谈谈，我也没有太多的选择。请说吧。

郭：我不是什么法官，也不可能给你什么判决，我只想要你认真对待这次谈话。

袁：可是……是你安排了这次会谈。继续发你的牢骚吧。我还记得一次我们吃午餐时，你告诉我你不喜欢我那身褐色套服和蓝色衬衫的打扮。我觉得那有些无聊。

郭：我很高兴你提到仪表。我想你给客户造成了一个不合规范的印象。一个技术服务人员看上去应当是精明的。你给人的印象好像是你买不起好衣服，你的裤子是松的，你的领带也不合时宜，并经常沾满油渍。

袁：公司可以向顾客要价很高，但我的报酬不允许我购买绚丽的衣服。我对把自己装扮得使客户感到眩目这一点几乎没有兴趣。而且，我从来没有听说过来自他们的抱怨。

郭：然而，我想你的仪表应当更加稳重一点。好，让我们再谈谈另一件事。在对你的例行审计中发现的一件事，我认为你做的不对。你连续三周星期三请一个客户吃晚饭，但你填写的出车单表明你每周都是在下午三点回家。那种行为是不符合职业要求的，对于这三次离奇的晚餐费用报销你怎么解释？

袁：出车单可以说是下午三点，但我出去后可以去约见客户，既然约见客户就不妨请他们吃餐饭，公司不是有规定如果工作需要可以在 500 元范围内自己做主请客户吃饭吗？

郭：但你为什么是在下午三点在饭店吃晚饭呢？

袁：我认为所有在下午一点以后吃的饭都是晚饭。

根据这段谈话，大家思考一下这个问题：该谈话是成功的面谈还是失败的面谈？为什么？如果你安排这次面谈，将如何进行？应做什么准备？如何实施面谈？采取什么策略？

我们认为上面的面谈是失败的。要实施有效的面谈，作为部门主管，首先应该明确面谈的目的；其次，应采取策略性的面谈技巧；最后，应以建设性沟通的策略去实施面谈。总体来说，面谈主体（郭）应该考虑"如何计划面谈"和"如何实施面谈"这两个基本问题。

那么如何制订面谈计划呢？如图 11-1 所示。

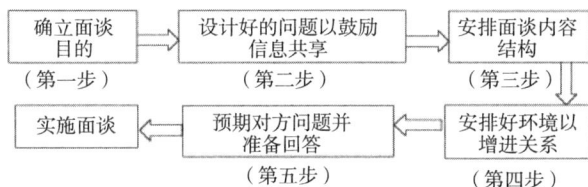

图11-1　面谈计划制订过程

第一步，确立面谈目的。《艾丽丝漫游奇境记》中有这样一段对话："请您告诉我，在这里我应该走哪条路？"艾丽丝问。"这完全取决于你要到哪里去。"卡特说。"我根本就不在乎到哪里去。"艾丽丝说。"那你走哪条路都无所谓。"卡特说。

凡事要先确定目标，在这里指的是确立面谈目的。

第二步，设计好的问题以鼓励信息共享。具体在问题的设计上可采用两种类型的问题——开放式问题：如"你的成绩怎样"或"新的选课系统对学生的影响如何"；封闭式问题：如"你最后一次在哪里读书"或"你是愿意和 A 一组还是和 B 一组"。

开放式问题往往比较难回答，特别是在被访者滔滔不绝时，话题可能会不着要点。开放式问题也很耗时，频繁使用会使访谈者很难控制面谈进程。因此了解什么场合使用何种问题方式显得尤为重要。

第三步，安排面谈内容结构（需要考虑三件事：面谈指南、问题提问和过渡）。常见的两种提问顺序是"漏斗形顺序"和"倒漏斗形顺序"。

第四步，安排好环境以增进关系。如果在办公室或单位会议室面谈，创造的是一种正式的氛围；如果在一个中立的地点（如餐厅）面谈，气氛就会轻松些。环境的选择取决于面谈的目标。

第五步，预期对方的问题并准备问答。在面谈准备工作中，要认真计划"5W1H"。

11.2.2　确定面谈目的

尼基斯坦顿（Nicky Stanton）（1998）提出了面谈的四个基本目的：

（1）信息的传播。

如教师与学生的面谈，新闻记者与采访对象的面谈；

（2）寻求信念或行为的改变。

如产品推销、训导、劝告、绩效评估；

（3）解决问题和寻找对策。

如招聘面试、绩效评估、看病、劝告、申诉、父母与教师讨论孩子的学习问题；

（4）探求与发现新信息。

如学术团体、社会团体对个例的调查，市场调查，民意测验，学术讨论和记者调查等。

11.2.3　设计好的问题以鼓励信息共享

问题来源于你的目的，它是在面谈中获取信息的基本手段。任何访谈者都会提问，只有精心准备的访谈者才能提出有效的问题，从而获取他们所需的信息。在问题的准备时，很重要的一点是根据被访问者的特点组织语言，要用对方能懂的语言，加强相互之间的有效沟通，准确传达你的信息。在问题具体设计上，可采用两种类型的问题：开放式问题和封闭式问题。这些不同类型的问题可以达到不同的效果，获取各具特点的信息。

开放式问题如："你的工作干得怎样？""新的规章对部门士气影响怎样？"封闭式问题如："你最后一次在哪里就职""你是愿意在项目 A 还是项目 Z 中工作"。

封闭式问题适用场合：

● 节省时间、精力和金钱；

● 控制面谈的形势；

● 从被访者处获取非常特定的信息；

● 鼓励被访者完整描述一个特定事件；

● 鼓励腼腆的人说话；

● 避免被访者泛泛而谈。

开放式问题使用场合：

● 了解被访者优先考虑的事；

● 找出被访者参照的结构；

● 让被访者无拘束地讨论他的看法；

● 明确被访者的知识深度；

● 弄清被访者表述能力怎样。

除了前面两类问题，面谈者在沟通时，要尽量避免"诱导式"问题提问方式。如，难道你不认为采用这个方案将会缓解我们现有的压力吗？你和你的同事一样赞成这项政策吗？这样的问题，机敏的被访者不用多久就能猜出你的意图和想要听的东西。因而你可能会得到有失偏颇的答复，除非你本来就打算和渴望得到你偏爱的答案。

11.2.4　安排面谈内容结构

确定了目的，设计好问题后，面谈准备的下一步骤就是确定面谈内容的结构。为此，要考虑三件事：面谈指南、问题提问和过渡。面谈指南是一份关于你想设计的话题和子话题的提纲，通常在每个标题下列举一些特定的问题。

当你在构思面谈指南的时候，你还需要注意问题的顺序，亦即它们将怎样结合。最常见的两种提问顺序是"漏斗形顺序"和"倒漏斗形顺序"，如图 11-2 所示。

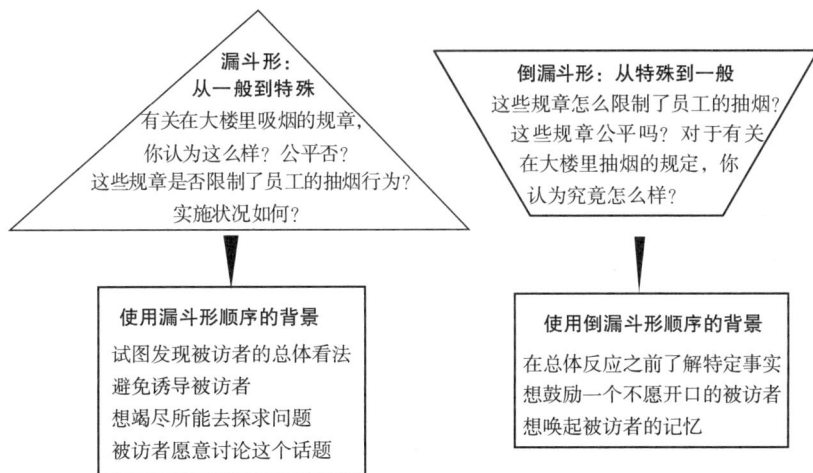

图11-2　提问的"漏斗形顺序"和"倒漏斗形顺序"

11.2.5　安排好环境以增进关系

选择能够使得双方都比较放松的，适合交流的面谈环境，注意不要被打扰。面谈地点会对面谈的气氛和结果产生较大影响。如果在你办公室或单位会议室面谈，创造的是一种正式的氛围。如果在一个中立的地点（如餐馆）面谈，气氛就会轻松些。环境的选择取决于你面谈的目标。最重要的一点是，你应当努力在一种有助于实现你所寻求的交流环境中面谈。研究表明，大部分办公室可以分为两个区域：压力区域和半社会化区域。压力区域指的是办公桌周围的那片区域，其特点是办公室的主人坐在办公桌的后面，而这张桌子可能会在交谈双方之间形成一道自然的和"心理"上的屏障，因此这一区域适合于正式面谈；半社会化区域指的是稍远离办公桌的区域，如果是较大的办公室，其中可能还会有舒适的沙发和茶几。同时，心理学研究表明，双方座位之间呈直角要比面对面的交谈自然 6 倍。

11.2.6 预期对方问题并准备回答

准备对方可能会提出什么问题，就从 5W1H 来讨论面谈的准备工作。

（1）回答方式类型。

直接式回答。有很多问题本身很简单，如果继续用简单的应答给解决了，会缩短原本面谈时间的计划。这种情况需要我们有积极的参与意识和努力提高面谈质量的意识及能力。直接式回答也就是直言不讳，比如下属问上司："我不知道这样做得对不对？"上司很明确地告诉他不赞成或赞成这样做。

反问式回答。当有的问题你本身还没有结论或者你不愿意回答，将问题反弹回去是最好的方法。反问式回答就像踢皮球，踢来踢去，如果有这种情况，要反踢回去，看似简单，但一定很常用。

报告式回答。有很多问题的内容很大，一句两句的解决不了问题，有的需要很多语言来表达，有的甚至需要长篇大论。例如："你解释一下你对这个产品的销售策略。""能不能讲讲你的具体计划？"

我们要问问题，就要弄清楚需要怎样回答。要回答，就要弄清楚对方问话的目的。

（2）面谈准备的问题清单。

为什么（Why）

- 面谈的主要类型是什么？
- 究竟希望实现什么？
- 你寻求或传递信息吗？如果是，那么是什么类型的信息？
- 该面谈寻求信念和行为的转变吗？
- 要解决问题的性质是什么？

与谁面谈（Who）

- 他们最可能的反应／弱点是什么？
- 他们有能力进行你所需要的讨论吗？

何时何地（When & Where）

● 面谈在何地进行？在你办公室，他们办公室，还是其他地方？

● 它可能被打断吗？

● 在一天的什么时间进行？

● 面谈前可能发生什么？

● 你在这件事中处于什么位置？

● 需要了解事情全貌，还是只需提示一下迄今为止的最新情况？

谈什么（What）

● 确定需要包括的主题和提问。

● 被问问题的类型。

怎样谈（How）

● 如何能实现你的目标？

● 你应如何表现？

● 以友好的方式开始和直接切入主题哪种好？

● 你必须小心处理、多听少说吗？

● 先一般性问题再具体问题，还是先详细信息再一般性问题？

● 你准备如何准备桌椅？

● 如何避免被打扰？

11.3　面谈实施

面谈的实施包括开始、面谈的主体内容、实施面谈三个阶段。

11.3.1　开始

下面我们来讨论下这个案例。

案例：

你是一位正在就读的 MBA 学员，正参加一门课程的学习。你和你的同学对这位老师的教学方式不太满意，你作为班级学习委员会负责人，受全班同学的委托，去与这位老师私下交谈，希望他能改进教学方式。那么你打算如何开始这次面谈？

"开始"可以有多种多样的方式，但要坚持两个原则：一是尽量开诚布公，二是尽量以"建立和睦的关系"开始。

11.3.2　面谈的主体内容

面谈的主体内容：应该提出和回答问题、寻求问题的答案、努力说服被面试者接受你的观点或产品。

提问类型：

● 直接提问或限定性提问；

● 是非式问题；

● 引导性或表明了标准答案的问题；

● 另有用意的提问；

● 无限制的提问；

● 重复性提问；

● 深入调查的提问；

● 假设的提问。

11.3.3　实施面谈

实施面谈的阶段有引子阶段、面谈主体阶段和结束面谈阶段。

你觉得该如何进行提问？我们将提问的类型分为直接提问或限定性提问、是非式问题、引导性或表明了标准答案的问题、另有用意的提问、无限制的提问、重复性提问、深入调查的提问、假设的提问这8种，不同的类型有其不同的用途和特点，我们来看下重点——实施面谈的阶段。

阶段一：引子——建立和维持一种支持性交流的氛围

我们来看一个例子。

访谈者：感谢你今天花点时间和我谈谈。

被访者：噢，这一点不成问题。我能帮你做什么吗？

访谈者：我想知道你能否对我讲点有关上星期在办公室发生的那件事。首先，你知道它是怎样开始的吗？

被访者：不知道。当时我正在干我的活，突然，那两人就动手了。

访谈者：我明白。你没有听到他们在动手前的谈话吗？

被访者：我没听到。照我看来，好像起因是那个穿蓝衣服的人。

访谈者：你没有留意吗？

被访者：我怎么知道他们会要打架。

访谈者：是的，你没有预料到这种情况。但是或许你能向我描述一下打斗之后发生了什么。

大家发现什么问题了吗？到被访者说"我怎么知道他们会要打架"时，显然问题开始激怒被访者了。访谈者对一个话题刨根问底，而被访者似乎认为已经说得够多了。此时应该怎么办？访谈者从这一话题上转移，减轻了被访者的不快。

阶段二：面谈主体

面谈主体要服从面谈指南，后者预先决定了提问的顺序。而面谈指南又分为结构化、半结构化和非结构化三类。

结构化面谈是指在会谈过程中，面谈者必须支配和控制进程，如"公务员面试"；非结构化面谈，容许被面谈者成为面谈的主导者，如"关于这门课程、你有什么看法或者建议""他或她为什么要走？"，半结构化面谈届于两者之间。

让我们来看一个招聘面谈的问题范例，如表 11-1 所示。

表11-1　一个招聘面谈的问题范例

教育	工作经历	自我评价
·你的专业吸引你的地方在哪里？	·你是怎样得到现在的工作的？	·对于我们的行业和公司你知道哪些？
·在大学里对你最有影响的经历是什么？	·什么职责占用了你的大部分时间？	·我们的产品或服务有什么地方使你感兴趣？
·对你来说最难掌握的学科是什么？为什么？	·对于你的工作你最喜欢和最不喜欢的部分是什么？	·你的长期职业目标是什么？
·假如你从头上大学，你会选择什么课程？	·你碰到的最大的挫折和最大的愉悦是什么？	·你的强项和弱项是什么？
·你与同学和教员们相处时，遇到过哪些困难？	·你的主管的哪些方面是你喜欢和不喜欢的？	·你曾做过什么？
·你从课外活动中学到了什么？	·你的工作曾受到哪些批评？	·你认为在一个好的公司里是什么决定了一个人的进步？
		·今年你的自我提高计划是什么？
		·在你的生活中，最重要的三件事是什么？

阶段三：结束面谈

当你结束面谈时，应该达到四个目的：

● 一定要明确表示面谈即将结束。

● 试着总结一下你得到的信息，用来检查刚刚得到的信息的准确性。

● 让被访者知道下一次将干什么。

● 最后，对他或她拿出时间并仔细回答表示谢意。

11.4　常见的面谈类型和面谈技巧

上一节提到的内容将有助于你计划和实施任何类型的面谈。然而，也有一些特殊类型需要计划和考虑。这一节中，我们将简要描述一下组织中几种常见的面谈类型，并把前面提到的总体原则应用到特定的问题和情况中去。

11.4.1　信息收集面谈

信息收集面谈是组织中最常见的一种面谈。它是指与信息有关的面谈主体在数量上占绝对多数比例的面谈形式。

这种形式的面谈通常包括数字数据、客观事实、描述、主观评价和感受等内容。

管理人员运用信息收集面谈的例子有：

●市场调研面谈。

●事故之后的调查面谈。

●旨在评估组织内部变更的基础的面谈。

●员工离职面谈（exit interview）。

信息收集面谈的结果常常包括报告或研究文件，它们可能用于指明主要组织变革范围，如新的营销策略，同时回顾组织变革的过程，指出变革的必要性，并把其作为有效变革管理的第一步。可见，信息收集面谈通常是起始步骤中的关键一环。

大多数信息收集面谈的过程都可分为几个阶段：

（1）收集背景信息。

信息收集面谈不像招聘面试那么具有竞争性，对访谈者的基本要求是把握节奏，充分利用时间。因此访谈者不应为从其他渠道可以获得的信息浪费时间。收集背景信息的另一个目的是帮助访谈者树立关于所需信息的概念性认识，并构造展开面谈的一个基本、实用的框架，用以回答"什么""怎么样"和"谁"。

（2）准备阶段。

在这个阶段，要决定在面谈中需要获得何种信息并如何获取这些信息，这些决定将回答如下问题：①我需要获得什么样的信息？②谁拥有这些信息？③我将如何展开提问以获取所需信息？④有多少可供支配的面谈时间？⑤面谈场所选择在何处？是否存在干扰提问与回答的因素？如果有，如何克服？⑥被访者健谈程度如何？是否容易离题？⑦面谈结果如何记录？

（3）面谈过程。

这一阶段要求访谈者综合地运用各项面谈技巧。由于信息收集面谈的主旨在于获得大量信息，因此访谈者应善于引导被访者。建立彼此间和谐信任的关系，按照一定的逻辑顺序提出问题，较多地使用深究性提问以及避免对被访者的回答做出当面评论等行为，都有助于信息收集面谈的顺利进行。

（4）分析阶段。

既然信息收集面谈以获取信息为目的，那么在面谈后把经过整理的面谈记录交给被访者核对的做法，将大大提高所获信息的准确性，进而增进面谈的效率。此外，由被访者核对记录的做法也体现了访谈者对被访者的尊重，便于下一次面谈的开展。核查了信息的准确性之后，应对其做适当的分析，以为整个大的行动服务。

在信息收集面谈中，员工离职面谈是比较特殊的一种面谈形式。其特殊性在于获取真实信息的难度。离职面谈的目的主要在于调查员工自动离职的原因。若一定数量的员工因为相同的原因而离职，就说明企业内部在组织安排、激励机制等管理方面中确实存在着问题，需要调整。由于员工已经做了离开企业的决定，因此在这种情况下，员工多不愿过多批评企业的不足，这种心理就造成了信息收集过程中的障碍，克服这种障碍有赖于面谈双方的信任关系。

11.4.2　雇用选聘面谈

雇用选聘面谈又称为招聘面试，用来帮助现有的组织成员挑选新的成员，并做出招聘决策。在招聘面试中通过面对面的沟通，访谈者可以直接近距离地观察被访者，了解其生理特征、知识、能力、谈吐举止及其他方面的信息，从而比较客观地评价求职者是否适合进入本组织以及他们是否具有从事该项工作的合适技能，同时向被访者宣传自己的组织。选聘面谈中的问题涉及四个一般性话题：以前的工作经历；教育和培训的背景；面谈对象的个性特征；面谈对象参加过的相关活动以及对方的兴趣。

对于选聘面谈，根据问题依据的不同，一般可以选择以下三种信息渠道：

● 运用工作描述了解任务型技能和个性特征。

● 运用评价表评价求职者的特征。

● 运用求职者简历了解求职者的特殊技能和以往工作经历。

下面我们看一个案例。

某大型房地产公司欲招聘部门经理，这家公司规模恢宏、资金雄厚、环境优越、待遇优厚，招聘广告在报上登出后，立刻收到几百份应聘材料。公司经材料筛选、初试、复试、领导会商，A 和 B 脱颖而出，他们被告知在一星期内听候通知。

对比两人情况，从"软件"来看，A 和 B 实力相当，难分高低；"从"硬件"来看，A 有一点略占优势，他应聘的职位刚好是大学所学的专业，且具备此专业丰富的工作经验；而 B 却只有经验，学的是相关专业。

如果你是 A 或 B，你怎么做？

在等候通知期间，A 信心十足，只静候通知。B 则主动与该公司人事主管通过两次电话。第一次电话中，B 对该公司提供给自己面试的机会诚恳表示谢意，并感谢人事主管的关照和帮助，祝他工作愉快、顺心。第二次电话，B 说明公司对自己有强烈的吸引力，表达了经慎重考虑后十分想为公司效劳的愿望。每次言辞恳切，只是寥寥数语。

一星期后，B 接到了录用通知。

B 被录用的原因是什么？原因在于他在给公司打电话的过程中保持了平和的心态，营造了和谐的气氛。

这里我们就需要明确雇用选聘面谈的四要素：准备应聘材料、收集应聘公司的信息、保持平和心态，营造和谐气氛、回答主试者的提问。

除了上面所提到的问题，还有以下三点建议供参考：

● 多涉及具体经历性问题。

● 注意询问问题的平衡性。

● 注意面谈过程的"PEOPLE"原则，即面谈准备（prepare）、面谈双方关系建立（establish rapport）、获取对方信息（obtain information）、提供自己的信息（provide information）、有效的结尾（lead to close）和结论性评价（evaluate）。

案例鉴赏11-1　省略的阳光

雇用面谈的准备工作：

（1）尽可能了解对方的情况。

尽量通过各种途径了解用人单位情况，如单位情况，工资、福利、待遇情况，对方需要什么样的人员、进入条件、雇用意图，等等。目的一是掌握对方有无发展前途，个人在该单位有无发展可能，单位能否满足自己的最低要求，权衡一下自己去该单位的利弊；二是在与对方交谈中尽可能说"内行话"，使对方感到你是一位有兴趣、有诚意，工作认真、有责任感的人。

（2）准备好你要告诉对方的内容。

包括你的来意，你准备求职并能胜任的岗位。

（3）准备好随时回答对方可能提出的问题。

面谈时，为了全面考察你，对方一定会提出许多问题，必须充分准备，有问必答、临场不乱。

如"谈谈你自己""你了解我们单位吗？""请谈谈你的理想与目标""你有什么特长和爱好？""你有什么优点和缺点？"，等等。

（4）准备好自荐材料。

随时准备亮出你的证明材料，如自传、推荐信及各种证明材料等。

（5）准备好自己要提的问题。

为了加深对对方的了解，以便正确地做出应聘与否的决策，应该选择适当的机会向对方提出一些你想了解的问题。同时，可以提些关于单位发展前景，对所谋工作感兴趣的问题，以增加对方的好感。如"对职工素质有什么要求？"等。

11.4.3　绩效评估面谈

绩效评估面谈通常是专业评估系统的组成部分。这个系统的目的是评价组织成员实现目标的程度，并通常就提高工作业绩的方法给下属提供反馈。然而，每个组织在实施业绩评估系统的细节上都有不同。

（1）绩效面谈准备。

首先是书面材料的准备。一般来说，在绩效评估面谈之前，下属、上级或两者都准备了书面评价。然而，在大多数情况下，都会要求用特定和具体的信息来支持对下属的评价。

其次是面谈结构的准备。保证面谈成功，访谈者应计划准备好绩效评估面谈的结构。访谈者要为本次面谈安排一个确定的时间和地点，同时要考虑这些安排可能对访谈者和被访谈者造成的影响。访谈者必须决定面谈的总体目的和日程。在绩效评估面谈中经常提到的话题包括工作知识、工作业绩、工作目标、职业目标和机遇以及人际技能。

（2）绩效面谈方式选择。

绩效评估的难点是人们倾向于非面对面的地评价别人或被别人评价。在面对面的绩效评估面谈中，参与的双方可能都感到不安。作为访谈者，就需要消除被访者的疑虑，要让对方知道绩效评估面谈是帮助被访者自我认知的一种手段。由于人们总是不太喜欢受到批评，因此，要用消除疑虑和赞扬的方式来平衡你的批评。如当你提出批评后，你应当与被访者一起找到提高今后业绩的方法。常见的绩效评估面谈的类型有以下几种：

第一，告知——说服型面谈。

用于对员工的绩效评价。其做法是：经理们将评价告诉员工，并劝说员工遵循推荐的方式，以提高绩效。这种面谈在本质上是评价性的。首先要告诉下属你是怎样评价他的，接着要用你选择的方式说服下属以提高他的业绩。当你的期望非常清楚时，应当使用这种面谈。这种形式对以下几类人也有效：

● 很难客观评价自己的年轻员工。

● 非常忠诚或强烈认同组织的员工或评价者。

● 不愿意在组织中就如何提高工作绩效发表意见的员工。

第二，告知——倾听型面谈。

也用于对员工的绩效评价。其做法是：经理们将评价告诉员工，接着以不作判断的方式去倾听员工的反应。在这种面谈方式下，首先要告诉下属你对他的评价，然后倾听他的反应，而且在听的过程中，不要轻易表达你的意见，这种面谈也是评价性的，但同时你可以了解下属的想法以帮助他们接受你的评价。对于旨在帮助下属通过对自身过去的表现做出评价来更好地开展工作的情况，告知——倾听型评价比较有效。这种面谈方式对以下几类人比较有效：

● 强烈希望参加到团队中去的员工。

● 与考核者地位比较接近的员工。

● 受教育程度较高的下属。

第三，问题解决性面谈。

用于帮助员工的职业发展。其做法是：经理们并不给出评价，而是让员工找出薄弱环节并和员工一道提出改进计划。在此过程中，评价下属的表现已不再是主要目的。评价者的主要目的是帮助员工制订提高工作业绩的计划。对于有些员工在工作中的不足，要鼓励下属自己去思考，而不是评价者去决定。作为访谈者，要避免评价和判断，主要是针对下属提出的问题提供一些解决建议。在此过程中，你要与下属形成一种伙伴关系，以帮助他或她分析并提出解决问题的方法。

第四，混合型面谈。

同时用于绩效评价和员工的职业发展。其做法是：经理们从解决问题开始，以更直接的告知—说服方式结束。如果你既想评价工作表现，又想为下属提供一些事业发展的建议，应当采用混合型面谈。这既能帮助下属实现发展目标，又能给对方反馈你的评价。

不管选哪一种面谈方式，绩效评估面谈需要包括所有一般面谈的要素：

● 建立关系并将被访者引向主题。

● 以一种支持性的方式实施面谈主体部分。

● 结束时要明确说明接下去要做什么事。

● 一般应讨论具体的改善或改变计划。

案例鉴赏11-2　重视客人的"求平衡"心态

技能应用分析

案例分析与即测即评

※ 情景模拟训练

模拟招聘

参与人数：4~6 人一组

时间：1 个小时

场地：室内

道具：白纸和笔

应用：沟通能力训练、换位思考能力训练

本游戏通过让学生体验面试官和应聘者两种角色，更深入地体验招聘面试过程，能够帮助学生提升面试中的沟通技能。

游戏规则和程序：

（1）将学生分成几个小组，每一组首先扮演面试官的角色，需要给出关于个人能力、人生规划等不同方面的 10 道面试问题，问题可以具有挑战性也可以十分尖锐。

（2）教师将所有面试问题收集起来，做成题签，放在一起。

（3）请每个小组选出一位成员成为应聘者，接下来请每一个小组分别担任其他组应聘者的面试官，从题签中抽取问题提问，没有参与面试的其他学生需要给应聘者打分，分值为 1~10 分。

（4）面试结束时，担任面试官的小组要进行讨论，最终给应聘者统一的打分，分值为 1~10 分。

（5）汇总大家的打分求平均值，并对所有应聘者的平均成绩排序。最终比较大家的打分和面试官的打分是否接近。

相关讨论：

（1）在扮演面试官时，你会想考察面试者哪些方面的能力？在沟通的过程中，你觉得哪些地方存在困难？

（2）在扮演应聘者时，你遇到哪些难回答的问题？最终你是怎样回答的？

（3）你在回答问题的过程中有所隐瞒吗？为什么选择隐瞒？

总结：

（1）作为面试官，需要快速地从沟通的过程中提取自己想要的信息，通过适当的提问获取自己想要的信息，能够通过应聘者的非语言沟通判断应聘者是否有所隐瞒。

（2）作为应聘者，要客观地展示真实的自己，避免隐瞒和说谎，正视自身弱点，强调自身优点。

第12章　书面沟通技能

自我技能测试　判别两封信的高下并说明原因（10分钟）。

亲爱的先生/女士：

我已经间接获悉您在寻找一家公司为贵公司所有部门安装新电脑。我确信我公司作为一个完全能令人放心的公司，定能被指派。不过我们在贵公司业务方面经验有限，但曾经为您服务过的人说我们能胜任此项工作。我是个非常热情的人，对于与您相会的可能性，除非另行通知，我在周一、周二和周五下午不能拜访你处，这是因为……

刘云端先生，您好：

这是来自××的信，继我们上周的电话谈话后，我很高兴再邮给您一本我公司的最新宣传册。您曾表示过贵公司对安装新型计算机软件感兴趣，我相信我们的服务符合您的要求，会让您满意的。期待您的回音，并期望很快能和您会面。

此致

敬礼！

××

2002年10月1日

测试结果见附录。

本章学习目标：

◆书面沟通是以文字为媒体的信息传递，形式主要包括文件、报告、信件、书面合同等。

◆掌握书面沟通的类型。

◆掌握书面沟通的写作技巧和写作过程。

> **引例**

书面沟通不到位

2006年3月某日，本公司外派维修的售后服务工程师陈某电话要求工厂售后服务部门为其在安徽芜湖的维修现场发送配件一个，按规定要求，陈某应当书面传真具体的规格型号然后发货，以保证准确性。

结果陈某讲自己干了三年多，都很熟，声称要节省传真费用，且客户很急，要求电话口头报告型号。售后服务部担当人员鉴于这种情况，就相信了陈某，按陈某说的型号发去了配件，结果发到现场后，型号错误，又要重发，造成出差费用、运输费用等的增加，更重要的是影响客户生产。

事后处理此事，陈某一口咬定自己当初报告的就是第二次发的正确型号，而售后服务担当人员则坚持陈某当初报告的就是第一次错误的型号。但是没有书面函件，该相信谁？最后因为双方都在明知公司规定的情况下，违反了书面沟通程序规定，造成了损失，都有责任，所以对双方分别进行了处理。

启示：处理不是目的，目的是保证正常的执行到位。光有相关书面沟通函件的要求还不行，关键是执行中要严格遵守相关要求，如果不执行，结果还是会造成损失，耽误事情。不是双赢，而是双损。

12.1　书面沟通的作用和类型

12.1.1　什么是书面沟通

书面沟通是以文字为媒体的信息传递，形式主要包括文件、报告、信件、书面合同等。书面沟通是一种比较经济的沟通方式，沟通的时间一般不长，沟通成本也比较低。这种沟通方式一般不受场地的限制，因此被我们广泛采用。这种方式一般在解决较简单的问题或发布信息时采用。在计算机信息系统普及应用的今天，我们很少采用纸质的方式进行沟通。

12.1.2　书面沟通的必要性及作用

从书上引导案例可以看出，书面沟通在日常管理工作中的重要性。然而，在管理实践中，人们对于书面沟通的认识是不同的。有的领导认为，有秘书撰写公文，自己就不用动手了。如果实在需要自己出面做，可以利用标准格式信函，或索性直接打电话。还有的人认为自己是搞专业的，而不是从事写作。事实上，上述的观点都具有片面性。

从个人的角度来看，书面沟通技能也是非常重要的。如果你的总结报告写得很出色，给客户复函时显示出很强的说服力，你就会有更多的晋升机会和更好的绩效。

对组织而言，有效的书面沟通还有助于与客户或顾客建立良好的关系，有助于树立企业的良好形象和声誉，从而有利于组织实现其战略目标。

换言之，无论是企业的内部部门之间互相协调、支持、沟通，还是企业和供应商、客户等外部部门之间互相协调、支持、沟通，都应当有书面沟通函件。

但是在许多管理工作和生产工作实践中，一些人往往习惯于电话交谈之后就完事，或过分相信口头沟通的功能，结果往往耽误事情，造成损失，实为不该。

12.1.3　书面沟通的优势

（1）具有准确性、权威性。

与口头语言相比，书面语言要稳定得多。例如，现在人们形容一个人、一个企业或产品很有市场时，口语中常说"火"字，但在 20 世纪 80 年代以前人们很少这样说。这说明口头语言的变化是非常快的。相比之下，书面语言则要稳定得多，如几百年以前的文献现代人也能够看得懂。书面语言落笔为证，具有唯一性和比较强的稳定性，因此无论在法律上还是在其他用途方面都具有比较强的权威性。如果在不同的场合与不同的人进行口头交流，即使一个记忆力非常好的人也很难做到每一次的交流都是完全相同的，而书面沟通可以给每一个人完全相同的信息。所以在商务活动中，与外部的各种契约合同和内部管理的各种材料大多采取书面的形式。

（2）具有较强的规范性。

在口头沟通中，不同的人表达同一事物采用的语言往往存在很大的差异，反之，同样的语言对不同的人来说可能表达了不同的含义。因此，要想达到有效的沟通，对沟通者的背景就要有一定的要求。而书面语言则比较强调规范性，即同样的书面语言要表达相同的含义，不同的人也要尽量使用相同的书面语言。书面语言的规范性有效地保证了沟通的顺利进行。因此，一些困难或复杂的信息适合采用书面的形式来表达，如各种书面声明等。在商务活动中，合同的有效执行是以双方对合同的共同理解为前提的，如果双方的理解存在差异，则必然会导致合同纠纷。在企业内部管理中，情况也类似。因此，在商务沟通中，重要内容大多采取书面形式，即使采取了口头形式，事后也会通过纪要、记录、备忘录等书面形式加以确认。

（3）适合存档、查阅和引用。

书面形式的信息可以长期保存，不受时间、地点限制。书面信息便于查阅和引用，并且其在传递、解释过程中造成的失真也比较少。

（4）有利于减少信息错误。

书面沟通一般属于非同步沟通，信息的发出者和接收者使用信息的时间可以不同。发送者可以在发送信息以前进行比较充分的准备、核对和文字修改，以最大限度地减少错误和不恰当的表达方式。书面沟通还能较好地将非常复杂的材料进行删改、提炼，使信息接收者更容易理解。

（5）可以配合口头表达使用。

以书面形式作为口头表达的参考可以减少口误，提高表达的流畅性。因此，在比较正式的讲话、演讲前通常都会先准备好书面材料，之后再背诵或者朗读，或作为口头讲话的参考。

（6）书面沟通在某些情况下可以减少面对面沟通的摩擦。

有的时候，沟通对象之间在地位上不平等或者存在一定的摩擦，这时，口头沟通往往会使双方产生冲突或感到尴尬，但若采用书面沟通形式则可以起到很好的效果。例如，在集体宿舍的抽屉里留下一张"私人物品，请勿接触"的字条，要比直接告诉其他人不要触摸自己的东西要好得多。

12.1.4　书面沟通的缺点

（1）书面沟通方式对沟通者的要求比较高。每个人都可能有过这样的经历，把一件事情用口头方式说出来比较容易，一旦用规范的书面语言表达出来就不是谁都能做到的了。一般来说，在企业活动中，职务和地位越高，使用书面语言的概率就越大。因此，要成为一个中高级管理人员，具备一定的文字写作能力是一个基本要求。

（2）书面材料的准备比较耗时。写作所需要的时间比口头表达可能要长一些，即使是优秀的文字写作者，准备一篇合适的文字材料也可能要花费大量的时间，这样就大大降低了沟通中的反馈速度。

（3）书面材料不利于反馈。书面材料的写作和阅读往往是分开的，这样，作者和读者之间就很难形成有效的信息反馈。

（4）书面材料缺少非语言信息。书面语言中所涉及的非语言信息只有材料的写作格式，这比起口头表达来要少很多，这样会大大降低有效信息的容量，甚至由于表达不准确产生一些误解。

总之，和口头沟通相比，书面函件成本大，效率低，时间长；但书面函件却具有是非分明、防止扯皮、内容清晰可查、具体明确、具有证据力等众多优势。

因此，权衡利弊之下，企业管理中使用书面函件沟通方式，形成制度并监督执行到位是非常必要的。

12.1.5　书面沟通的类型

根据不同分类标准，书面沟通可以划分为不同类型。

（1）按照沟通目的划分，书面沟通分为 4 种类型：①通知型书面沟通；②说服性沟通；③指导型沟通；④记录型书面沟通。

（2）根据书面材料的用途，书面沟通可以分为 5 种类型：①通用公文；②事务文书；③专用文书；④生活文书；⑤涉外文书。

（3）按照沟通渠道划分：根据渠道的不同，沟通可以分为纸张沟通与电子沟通。纸张沟通包括报告、信件和备忘录等一般纸张沟通，同时也包括传真沟通。电子沟通包括电子邮件沟通和电子会议系统沟通。

12.1.6　书面沟通与口头沟通的比较

书面沟通与口头沟通的比较如表 12-1 所示。

表12-1　书面沟通与口头沟通的比较

相关要素	书面沟通	口头沟通
传播速度	慢，但可持久存在	迅速，消失快
反馈	有或无。反馈速度慢，但内容可以传阅	双向沟通，能立即获得反应
特性	正式，更具权威性	随意、经济
信息传送区域	广，可到达自己去不了的某时某地	只在沟通发生地传播，能立即澄清疑点
方便性	发文者和收文者在时间地点选择上都比较方便	不刻板，形象化
准确性	高，可以不断修正，确保正确	低、较个性化
方式本身的含义	显示发文者对相关的工作计划的确很投入	可同时利用脸部表情、声音、姿势、动作，以及周围环境等表达

管理过程中的书面沟通与一般性写作（如文学、学术等）是迥然不同的，它最突出的特征是其严谨性和法律效应：书面沟通较为严谨、正式，平白直述，读者针对性强，一般应用第一人称或第二人称，负有一定的法律责任；而一般写作较为宽松、非正式，多有修饰，读者多层面，运用变换的人称，通常无须负法律责任。

12.2　书面沟通的原则

（1）正确。

"正确"是写作的首要原则，也就是说，写出的文章材料要真实可靠，观点要正确无误，语言要恰如其分。尤其是对文章主旨的把握，在写作前一定要下一番工夫，明确写作的意图，正确地传递想要传达的信息，从而实现有效沟通。文章的正确性还取决于表述上的准确性，而这有由诸多因素来决定。

表述方式上，要符合文章样式的需要。如叙述要讲求事实概况；说明要直接提出要求，界限明确，是非分明；议论要直接表述道理。

文字表述上，要概念明确、判断恰当、推理合乎逻辑。如使用概念要明确其内涵和外延；使用简缩语要坚持约定俗成的原则，判断要性质明确、恰如其分；推理要符合事物内部的固有规律，避免牵强与武断。

文字书写上，要符合规定的标准。如简化字要符合规范，不随便造字；使用数字要规范，正确使用标点符号。

写作"不正确"，是一个通病，表达在观点不正确，逻辑混乱，或没能用适当的语言文字来表达，有时候连自己也不知道要表达什么，这都使得沟通变得很困难。

（2）清晰。

在正确表达的基础上，应该力求清晰。清晰的文章能引起读者的兴趣，更能使读者正确领会作者表达的含义。要做到清晰，除了上面提到的选用符号文章的样式外，还应该注意文章的整体布置，包括标题、大小写、字体、页边距等，尤其是要留下适当的空白，若是把所有的文字都挤在一起，则很难阅读。如果是手写，太潦草的话，不仅影响读者的阅读，甚至还会影响到文章的正确性。

（3）完整。

写作的一大优势就是使我们有充分的时间思考问题，完整地表达想要的思想观点，完整地描述事实。"完整"是写作的一个原则。在电话或是当面交谈时，常常会遗漏很多想要交流的事项，这是由这些沟通方式的特点决定的。在写作时，为了完整地表述，应该反复检查思考，不断增补重要的事项。

（4）简洁。

"简洁"似乎与"完整"是一对矛盾，但这其实是一个度的把握问题。"完整"是为了表达想要沟通的重要方面，但并不意味着要把所有的事实、观点罗列在纸上。可以通过排序的方法，把不太重要的事项删除，也可以对每一个字进行评估，把琐碎的、没有太大价值的文字精简掉，使得文章言简意赅。

上述四项是写作中的最基本的原则，为了达到良好的沟通效果，写作时要做到正确清晰，做到既完整又简洁，同时也需要其他一些原则。比如"创新"，没有创新的文章往往不是好文章；生动活泼，生动会使沟通的效果大大增强。其他方面也还有一些注意点，比如注意读者对象，根据读者需要以及当时的情形来写作，尽量不对一个读者群使用另一个读者群中的行话，使读者易于接受，从而达到作者的意图。

案例鉴赏12-1 请养成书面沟通的习惯

12.3 书面沟通的写作技巧

（1）文字书写要规范、清楚、工整。文字是表情达意的符号。文字的书写既关系到文章内容的表达，又是书写技巧的核心内容。文字的书写要做到规范、清楚、工整。所谓规范，就是不能写错别字，不生造滥用不符合规范的简化字。清楚是指笔画分明，结构准确。工整是指文字的结构要匀称，各构成部分之间的比例要得当。

（2）正确使用标点符号。

（3）行款格式符合要求。不同的问题或内容往往有其规定或约定俗成的书写格式，这种书写格式被称为行款格式。

（4）使用统一的修改符号。学会正确使用目前通用的修改符号。文章难免要修改，修改就要使用统一的修改符号。如果没有统一的修改符号，就会影响文面的整洁以及行文的连贯与顺畅。

基蒂 O. 洛克（K. O. Locker）关于书面沟通的 6 个技巧：

第一，不要强调你为读者做了什么，而要强调读者能获得什么或能做什么。

例：

●今天下午我们会把你们 9 月 21 日的订货装船发运。

●你们订购的两集装箱服装将于今天下午装船，预计在 9 月 30 日抵达贵处。

第二，参考读者的具体要求或指令。

例：

●你的订单……

●你定购的真丝服装……

第三，除非你有把握读者会感兴趣，否则尽量少谈自己的感受。

例：

●我们很高兴授予你 5000 元信用额度。

●你的牡丹卡有 5000 元的信用额度。

第四，不要告诉读者他们将会如何感受或反应。

例：

●你会很高兴听到你被公司录用的消息。

●你通过了公司的全部考核，你被录用了。

第五，涉及褒奖内容时，多用"你"而少用"我"。

例：

●我们为所有的员工提供健康保险。

●作为公司的一员，你会享受到健康保险。

第六，涉及贬义的内容时，避免使用"你"为主语，以保护读者的自我意识。

例：

●你在发表任何以在该机构工作经历为背景的文章时，必须得到主任的同意。

●本机构的工作人员在发表以在此工作经历为背景的文章时，必须得到主任的同意。

12.4　书面沟通的写作过程

书面沟通的写作过程可以划分为收集资料、组织观点、提炼材料、起草文章、修改成文等五个阶段。不管你花多少时间，或写作的难易程度如何，你都会经历这样一些阶段，只不过不同的沟通者，在每一个阶段上花费的时间和精力不同而已，但总体过程都是如此。

（1）收集资料。

写作过程的第一步就是收集资料。资料来源主要有两大类：一类是文献资料，另一类就是调查资料。文献资料如以前的信件、文档、文章、数据、财务报告、万维网上下载资料、CD-ROM 等；调查资料包括与各类人员面谈、电话访谈、个人自己的笔记，或采用头脑风暴法得到的信息等。

（2）组织观点。

最为重要也最为困难的任务之一就是组织观点。如果能在起草文稿之前组织好观点，那么写作效率就将有很大的提高。当然，在写作过程中你可能还会修改组织结构，但是，如果在开始动笔前已经有了某种蓝图，那么，从长远来看你将节省很多时间。组织观点的四个步骤如下：

①分组。将相似的观点或事实组合在一起。典型的分组方法包括借助事例或缘由；借助时间或步骤顺序；借助组成部分；借助重要性。

②遴选。浏览分组的结果，并据此做出结论或提出建议。

③归纳标题。将结论或建议归纳成一个标题。若想介绍某个信息，你的标题就是你的结论，如"某产品的潜力低"。若是想推销某个信息，你的标题就是建议，如"削减某产品的产量"。

④有策略的编排。在什么地方放入标题，开始处还是结尾处，这取决于你的可信度和你的读者。比如，若对方很忙而你具有很高的可信度，你不妨向对方直接陈述削减某产品产量的建议，并附上这样做的原因。如果对方对某产品很了解，而你的可信度又很低，你不妨先说明某产品存在的问题，由此引申到建议。

（3）提炼材料。

如何撇开细节性问题，探寻资料的核心内容，这里有几种提炼观点的技巧：

①设想读者只是浏览。扪心自问："读者最需要了解什么？如果他们只是进行浏览，那么至少应该让他们知道什么？"

②概括你的观点。用写作专家林达·福洛尔（Linda Flower）的话来说，就是尽量概括你的观点。用很少的几句话或一句话来阐述你的主要观点。区分主要和次要观点，并考虑如何将它们串接在一起。

③灌输你的观点。在能以一句话概括观点之后，就应该考虑怎样向他人灌输你的观点。和前一个技巧相同，这一技巧可以帮助你在读者头脑中形成概念，使他们能抓住要点，而不是仅仅只了解一些事实而已。

④使用"电梯间谈话"技巧。设想你在顶楼的电梯里遇见你的读者，你只有电梯下降至底层这段时间来解释你的主要观点，你应该怎么说呢？

⑤使用"惜字如金"技巧。假设你得为每一个字支付一笔高昂的费用，你怎样压缩主要观点来省钱呢？在这一阶段，你要列出一个条理清楚的提纲。例如，一个列明三到五个步骤的提纲，有支持你某个论点的事例、某个过程的组成部分、按年代排列的时间、购买此产品的原因以及为获批准所需要的推荐方案。通过分析这一经过提炼的提纲，可能会发现你需要回到以前的步骤再收集一些额外的资料。

虽然写作过程是周而复始的，但你一定得完成这三个步骤，就是一般所指的动笔之前的预先写作工作（收集、组织和提炼）。专家调查认为，与起草和修改工作相比，有效率的作者把大约50%的时间花在写作前的预备工作上。

（4）起草成文。

做到有效率起草文章的关键在于释放你的创造力。不要试图一边写作一边修改，不要做一个完美主义者，不要想一次就写出完美无缺的文章。这里有一些能在起草文章时给予你帮助的技巧。

①不要在乎写作顺序。不要强迫自己从文章的开头一直写到结尾，而应先写你最有把握的部分。不必先写序言，写序言可能是一项非常艰巨的工作。如果在写到正文部分时对你的论点和文章结构作了修改，那么在结束时你必须对序言也进行相应的调整。因此，很多作家都是在最后写序言的。

②不要边写边改。写文章时并不完全靠逻辑，还需要创造力。在起草初稿时，不要担心具体的细节问题，不要边写边改。如果一个字想不起来，不妨留个空白在那里；如果不能在两个词之间作取舍，不妨将两个词都写下来。在令你尴尬或糊涂的章节旁边的空白处圈一下或做一个需要复审的记号，以后再仔细考虑。

③使用打印件。如果可能的话，将你的初稿变成打印稿——单面、双倍行距、较宽的页边距。用打印件进行修改速度会非常快。

④安排时间间隔。如果在创造性起草文稿和逻辑性修改文稿之间留下一段时间，那么修改工作的效果会更好，你的观点也将更清楚地得到反映。对于重要或复杂的文稿而言，你得在两个阶段之间留下一个晚上的间隔。即使你的时间非常紧张或你在起草一个例行文本，也应该给自己留下一个短暂的时间间隔，比如在午饭后修改，间隔5~10分钟也好。

（5）修改文稿。

在你修改文稿时，不要立即就为标点符号和措辞而折磨自己。在你花费时间完善文稿之前，尝试一下用于删减或修改章节的方法以节省时间。

①从策略上修改。在开始修改润色之前，应该根据沟通模型中的相关要素重新浏览一下你的文稿：沟通者策略、听众（读者）策略、信息策略、渠道选择策略和文化策略等。

②从宏观上修改。在对字句进行修改之前，应从整体上把握全文。用打印出来的文稿进行宏观上的修改，能使你立刻通览全文，而不是局限于显示屏上显示的某一部分。具体而言：一是根据文章纲要浏览初稿；二是阅读文章的开头、结尾以及前言部分，仅侧重于核查彼此之间的一致性；三是审阅文章每一段、每一部分。

③从微观上修改。在从策略和宏观上修改了文章之后，就要开始修改词句：一是避免过于啰唆和冗长的词句，二是使用恰当的问题。此外，比较行文格式是否前后一致。

④就正确性修改。修改措词、语法或标点符号方面的问题。

12.5　书面沟通的基本形式

根据不同的形式，书面沟通包括计划、规划、通告、规定、条例、信件、组织刊物、备忘录、意见、报告等任何用书面文字或符号形式的沟通方式。其中，备忘录、电子邮件、建议书、报告和摘要一般为内部的；信函一般为外部的。我们主要介绍组织中广泛运用的备忘录、会议备忘录、会议纪要、报告书和商务信函。

12.5.1　备忘录

备忘录是一种用以备忘的公文。在公文函件中，它的等级是比较低的，主要用来提醒、督促对方，或就某个问题提出自己的意见或看法。在业务上，它一般用来补充正式文件的不足。备忘录为组织内部信息传递的方式，它可以写在空白纸上，而不一定要写在印有组织抬头的信笺上。备忘录均比较简明扼要，较长的信息应采用附件的形式。它的内容可以分为以下几项：书端、收文人的姓名、头衔、地址、称呼、事因、正文、结束语、署名。

书端部分包括发文机关的名称、地址、发文日期，有的还包括电报挂号、电传号、电话号码等。许多机关有自己特制的信笺，在写书端时，其格式和标点符号的使用与一般信件的相同。

收件人（或收文单位）的姓名、头衔、地址一项写在左上角编号处的下面，其格式与书信的写法相同。

称呼从左边顶格写起。在其姓名后可以加上先生、同志等。

"事因"一项目前采用得较少。它可放在称呼语之前，也可放在其后，如果此项写在称呼语之前，多从左边的顶格写起；若放在称呼语之后，一般写在信笺正中。它多采用不完整的句子，只需很少几个词，甚至一个词，目的在于使收文人对文中的主要内容一目了然，以便及时处理。

正文是备忘录的主要部分，写作应力求简明、确切。首先应直入主题，列出最重要的信息，然后可以具体说明理由、情况，提出意见和建议等，最后可以根据具体情况或重申主题，或表示意愿，或感谢。

结束语和署名等项与一般信件的格式相同。

12.5.2 会议备忘录

会议的备忘录（描述会议过程的简短记录）是由会议秘书做出的关于讨论内容的书面记录。如果秘书负责会议备忘录，应该保证它们准确而清晰。

会议备忘录应清楚地指出每个项目应完成的最后期限以及由谁负责执行。在适当的时间（但必须在下次会议之前），追踪会议备忘录上记录项目的进展情况，并且将最新的情况呈报给主席。如果有必要，应检查这些内容是否列入下次会议的备忘录中。

12.5.3 会议纪要

会议纪要是记载和传达会议情况和议定事项使用的一种行政公文。会议议定事项是本单位、本地区、本系统开展工作的依据。有的会议纪要的精神也可供别的单位、别的系统参考。

（1）会议纪要的特点。

①内容的纪实性。会议纪要如实地反映会议内容，它不能离开会议实际搞再创作，不能搞人为的拔高、深化和填平补齐。否则，就会失去其内容的客观真实性，违反纪实的要求。

②表达的要点性。会议纪要是依据会议情况综合而成的。撰写会议纪要应围绕会议主旨及主要成果来整理、提炼和概括。重点应放在介绍会议成果，而不是叙述会议的过程，切忌记流水账。

③称谓的特殊性。会议纪要一般采用第三人称写法。由于会议纪要反映的是与会人员的集体意志和意向，常以"会议"作为表述主体，"会议认为""会议指出""会议决定""会议要求""会议号召"等就是称谓特殊性的表现。

会议纪录有别于会议纪要。二者的主要区别是：第一，性质不同。会议纪录是讨论发言的实录，属事务文书；会议纪要只记要点，是法定行政公文。第二，功能不同。会议记录一般不公开，无须传达或传阅，只作资料存档；会议纪要通常要在一定范围内传达或传阅，要求贯彻执行。

（2）会议纪要的写法。

会议纪要的写法因会议内容与类型不同而有所不同。就总体而言，一般由标题、正文、落款、日期构成。下面主要介绍标题和正文的写法。

①标题。会议纪要的标题有单标题和双标题两种形式。

● 单标题。由"会议名称＋文种"构成。

● 双标题。由"正标题＋副标题"构成。正标题揭示会议主旨，副标题标示会议名称和文种。

②正文。会议纪要的正文大多由导言和主体构成。具体写法依会议内容和类型而定。

● 导言。主要用于概述会议基本情况。其内容一般包括会议名称、会期会址、参加人员、主持人和会议议程等。具体写法常见的有两种：第一种是平列式。将会议的时间、地点，参加人员和主持人、会议议程等基本情况采用分条列出的写法。这种写法多见于办公会议纪要。第二种是鱼贯式。将会议的基本情况作为一段概述，使人看后对会议有个轮廓了解。

● 主体。这是会议纪要的核心部分。主要介绍会议议定事项。常见的写法有三种：第一种是条纹式写法。就是把会议议定的事项分点写出来。办公会议纪要、工作会议纪要多用这种写法。第二种是综述式写法。就是将会议所讨论、研究的问题综合成若干部分，每个部分谈一个方面的内容。较复杂的工作会议或经验交流会议纪要多用这种写法。第三种是摘记式写法。就是把与会人员的发言要点记录下来。一般记录发言人首次发言时，在其姓名后用括号注明发言人所在单位和职务。为了便于把握发言内容，有时根据会议议题，在发言人前面冠以小标题，在小标题下写发言人的名字。一些重要的座谈会纪要，常用这种写法。

12.5.4　报告

（1）报告的概念和类型。

报告是一种搜集研究事实的人与由于某种目的而要求看报告的人之间的信息或建议的交流形式。报告的最终作用通常是作为决策和行动的基础。

报告根据采取的形式不同可分为：

● 例行报告（日报、周报、旬报、月报、季报、年报等）。例行报告不能变成"例行公事"，而要随着工作的进展，反映新情况，新问题，写出新意。

● 综合报告：全面汇报本机关工作情况，可以和总结工作、计划安排结合起来。要有分析，有综合，有新意，有重点。

● 专题报告：指向上级反映本机关的某项工作、某个问题、某一方面的情况，要求上级对此有所了解的报告。所写的报告要迅速，及时，一事一报。呈报、呈转要分清写明（如：薪酬调查报告）。

● 按形式职能来分，一般为合同范本、领导讲话、会议发言、述职报告、心得体会、竞聘演讲、礼仪致词、入党申请、法律文书、计划规划等。

（2）报告的基本结构。

● 标题，包括事由和公文名称。主送机关，发文单位的直属上级领导机关。

● 正文，结构与一般公文相同。从内容方面看，报情况的，应有情况、说明、结论三部分，其中情况不能省略；报意见的，应有依据、说明、设想三部分，其中意见设想不能省去。从形式上看，复杂一点的要分开头、主体、结尾。开头使用多的是导语式、提问式给个总概念或引起注意。主体可分部分加二级标题或分条加序码。

● 结尾，可展望、预测，也可省略，但结语不能省。

打报告要注意做到：情况确凿，观点鲜明，想法明确，口吻得体，不要夹带请示事项。

注意结语：呈转报告的要写上"以上报告如无不妥，请批转各地参照执行"。最后写明发文机关，日期。

（3）报告的格式要求。

● 题目。要紧扣主题，有足够的信息，应避免使用大而空的题目，最好不用"……的研究""……的意义""……的发现""……的特征""……的讨论""……的注记"等词，尽量回避不常用的缩略语。

● 作者和作者单位。作者单位一定要写出全称，同时提供单位所在城市名和邮政编码。

● 摘要。应反映出论文的主要观点，概括其结果或结论，摘要的撰写要精心构思，随意从文章中摘出几句或只是重复一遍结论的做法是不可取的，摘要中不能出现文献序号。

● 关键词。应紧扣文章主题，尽可能使用规范的主题词，不应随意造词。

● 正文。应以描述文章重要性的简短引言开始。专业术语应有定义，符号，简略，或首字母缩略词在第一次出现时应有定义，所有的图和表应按文中提到的顺序编号。

● 引言。在引言中应简要回顾本文所涉及的科学问题的研究历史，尤其是近2～3年内的研究成果需引用参考文献。引言部分不加小标题，不必要介绍文章的结构。

● 材料和方法。主要是说明研究所用的材料、方法和研究的基本过程，使读者了解研究的可靠性，也使同行可以根据本文内容重复有关实验。

● 讨论和结论。应该由观测和实验结果引申得出，并注意与其他相关的研究结果进行比较，切忌简单地再罗列一遍实验结果。

● 致谢应向对本文有帮助的有关单位和个人表示谢意。

● 基金资助。支持研究工作的基金项目应放在文章首页，作为脚注，格式为"项目全称（批准号：******，或编号：****** 或直接写项目的号码 ******）资助"。

● 参考文献文中所引的参考文献，作者均应认真阅读过，对文献的作者、题目、发表的刊物、年份、卷期号和起止页码等均应核实无误，并按在正文出现的先后顺序编号。不要将多条参考文献列在一起。未正式发表的文献只能作为脚注。毕业论文可以作为正式文献列入参考文献中。一般情况下，电子文献不列入参考文献，可随正文用括号标注或作为脚注。

● 图和表应按在正文中出现的先后顺序编号，图应清晰，应尽量插在正文内。

12.5.5　商务信函

商务信函如同一般信函，一般由开头、正文、结尾、署名、日期等五个部分组成。

●开头。需写收信人或收信单位的称呼。称呼单独占行、顶格书写，称呼后用冒号。

●正文。正文是书信的主要部分，叙述商业业务往来联系的实质问题，通常包括：第一，向收信人问候。第二，写信的事由，例如，何时收到对方的来信，表示谢意，对于来信中提到的问题答复等。第三，该信要进行的业务联系，如询问有关事宜，回答对方提出的问题，阐明自己的想法或看法，向对方提出要求等。如果既要向对方询问，又要回答对方的询问，则先答后问，以示尊重。第四，提出进一步联系的希望、方式和要求。

●结尾。结尾往往用简单的一两句话，写明希望对方答复的要求。如"特此函达，即希函复。"同时写表示祝愿或致敬的话，如"此致敬礼""敬祝健康"等。祝语一般分为两行书写，"此致""敬祝"可紧随正文，也可和正文空开。"敬礼""健康"则转行顶格书写。

●署名。即写信人签名，通常写在结尾后另起一行（或空一、二行）的偏右下方位置。以单位名义发出的商业信函，署名时可写单位名称或单位内具体部门名称，也可同时署写信人的姓名。重要的商业信函，为郑重起见，也可加盖公章。

●日期。写信的日期一般写在署名的下一行或同一行偏右下方位置。商业信函的日期很重要，不要遗漏。

商务信函的基本要求是内容简明扼要，主题鲜明，不要夹带无关内容。可概括为7 个 "C" 原则，即完整（completeness），清楚（clearness），具体（concreteness），简明（conciseness），正确（correctness），谦恭（courtesy）和谅解（consideration）。

强调完整性的理由是：一封完整的书信比一封不完整的书信，有更大的可能性带来预期的效果；一封完整的书信，有助于建立和表达友善关系；一封完整的书信，可以避免由于疏漏所导致的诉讼；有些书信由于所提供的情况完整而又生动有力而成为极为重要的文件。

书信内容完整可用5个"W"来检验，即何人（Who），何事（What），何地（Where），何时（When），为什么（Why）及如何做（How）。例如，在订货的信中，必须明确说明：需要什么商品，何时需要，货物发到何地何人收，如何付款。如对对方的要求作出否定的答复时（如不能报盘，不能理赔等）应说明理由是什么。

🏃 技能应用分析

案例鉴赏12-2　商务信函示例

※情景模拟训练

模拟练习写一封拒绝信。

练习背景：

你是一名行政主管，收到了一位骨干员工的来信，他提出脱产进修的要求，而你必须写一封复信，信中你要拒绝他的要求。请每个人用10分钟写完这封信。

研讨：

两人一组，互读信件。团队内依次传阅每个人所写的信件，讨论并分别挑选出一封写得最合适的和一封相对最不合适的信。

第13章　倾听技能

自我技能测试　倾听技能评定，测试你是否是善于倾听的管理者（见表13-1）。

表13-1　你是否是善于倾听的管理者测试

序号	你的表现	是/否
1	你喜欢听别人说话	
2	你会鼓励别人说话	
3	你不喜欢的人在说话时，你也注意听	
4	无论说话人是男是女，年长年幼，你都注意听	
5	朋友、熟人、陌生人说话时，你都注意听	
6	你会目中无人或心不在焉	
7	你注视听话者	
8	你忽略了足以使你分心的事物	
9	你微笑、点头以及使用不同的方法鼓励他人说话	
10	你深入考虑说话者所说的话	
11	你试着指出说话者所说的意思	
12	你试者指出他为何说那些话	
13	你让说话者说完他（她）的话	
14	当说话者在犹豫时，你会鼓励他继续下去	
15	你会重述他的话，弄清楚后再发问	
16	在说话者讲完之前，你会避免批评他	
17	无论说话者的态度与用词如何，你都注意听	
18	若你预先知道说话者要说什么，你也注意听	
19	你会询问说话者有关他所用字词的意思	
20	为了请他更完整解释他的意见，你会询问	

测评结果见附录。

本章学习目标：

◆心理咨询首先是倾听，其次是倾听，最后才是讲话。

◆倾听不仅用耳朵，还要用眼睛，更要用头脑和心灵。

◆倾听的障碍主要有环境障碍和倾听者障碍。

引例

"听"来的钢盔

第二次世界大战期间，一位叫亚德里安的美国将军利用战斗的间隙到战地医院探望伤员。他毫不张扬地走进病房，静静地坐在病床边，倾听每一位伤员讲述自己"死里逃生"的经历。其中一位炊事员说，他听到炮弹呼啸而来，就不假思索地把一口锅扣在自己的头上，虽然弹片横飞，战友倒下了一大片，他却幸免一死。听到这里，亚德里安将军略有所悟地点了点头，走到这位炊事员床前同他握手，脸上露出赞赏的微笑。后来，他下了一道命令：让每个战士都戴上一口"铁锅"——于是，在人类战争史上，"钢盔"这个重要发明，就因为一位将军有耐心、有雅量倾听一个炊事员的"唠叨"而诞生了，它使7万余名美军官兵在第二次世界大战中免于战死。

13.1 倾听概述

13.1.1 倾听的含义

苏格拉底提醒我们："自然赋予人类一张嘴、两只耳朵，也就是要我们多听少说。"沟通首先从倾听开始。

一位有效的管理者必须花费相当多的时间与下属、上司及同事沟通，而在沟通过程中最常用到的能力是洗耳恭听的能力和能说会道的能力。洗耳恭听，就是在听的态度上要做到用耳朵去听、用头脑去思考、用心灵去感受，它强调的是倾听的能力。所谓能说会道，就是在沟通中要善于言辞、以理服人，它强调的是语言表达能力。但人们在实践中往往重视言语表达能力的训练而忽视倾听能力的提升，结果是说的多、听的少。其实站起来发言需要勇气，坐下来倾听也需要勇气，沟通的最大困难不是如何把自己的意见、观点说出来，而在于如何听出别人的心声。因此，相对于语言表达能力而言，倾听的能力则更为关键。

有些人认为倾听能力是与生俱来的，不需要训练。所以，一谈到沟通人们往往想到的是如何说，而很少有人想到该如何倾听。其实恰恰相反，人们在沟通中产生的许多问题往往是由于不善于倾听所导致的，也就是说，不善于倾听所导致的失误要比不善于表达所产生的问题多得多。这也验证了俗话所说的"会说的不如会听的"。理论和实践都告诉我们，是否善于倾听是衡量一个管理者水平高低的重要标志。

国际倾听协会这样对倾听下了定义：倾听（Listening）是接收口头和非语言的信息、确定其含义和对此做出反应的过程。

倾听，就是用耳朵听，用眼观察，用嘴提问，用脑思考，用心灵去感受。

由上述定义可见，倾听和听是有着很大区别的。听只是一个生理过程，它是听觉器官对声波的单纯感受，是一种无意识行为。倾听不仅仅是生理意义上的听，更应该是一种积极的、有意识的听觉和心理活动，通过倾听，不仅可以获得信息，而且还能了解情感，如图 13-1 所示。

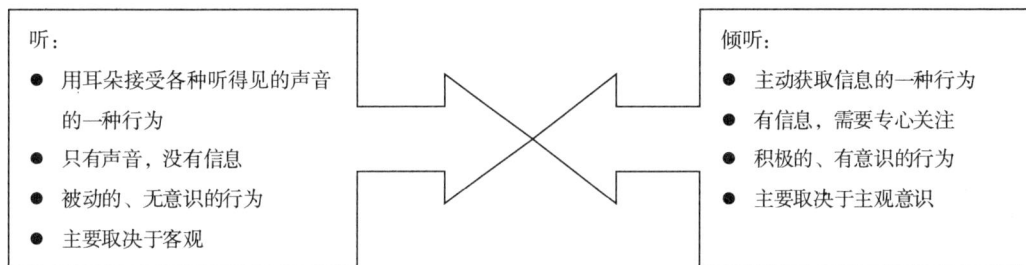

听：
- 用耳朵接受各种听得见的声音的一种行为
- 只有声音，没有信息
- 被动的、无意识的行为
- 主要取决于客观

倾听：
- 主动获取信息的一种行为
- 有信息，需要专心关注
- 积极的、有意识的行为
- 主要取决于主观意识

图13-1　听与倾听的区别

13.1.2　倾听的类型

人们以各种方式倾听，虽然他们怎样倾听通常是一种潜意识的选择，但是却同时影响了他们听到的内容及提取出来的含义。有侧重于人的倾听方式，关心对方的情感；有侧重于形式的倾听方式，听者需要的是准确、恰当、得体的表述；也有侧重于内容的倾听方式，喜欢听最新，复杂，充满挑战的信息；还有侧重于时间的倾听方式，喜欢简短、快速地与他人沟通。

我们将倾听分为四种类型：

（1）心不在焉的倾听。

倾听者心不在焉，几乎没有注意说话人所说的话，心里考虑着其他毫无关联的事情，或内心只是一味地想着辩驳。这种倾听者感兴趣的不是听，而是说，他们正迫不及待地想要说话。这种层次上的倾听，往往会导致人际关系的破裂，是一种极其危险的倾听方式。

（2）被动消极的倾听。

倾听者被动消极的听说话人所说的字词和内容，常常错过了讲话者通过表情/眼神等体态语言所表达的意思。这种层次上的倾听，常常导致误解/错误的举动。失去真正交流的机会。另外，倾听者经常通过点头示意来表示正在倾听，讲话者误以为所说的话被完全听到。

（3）主动积极地倾听。

倾听者主动积极地听对方所说的话，能够专心地注意对方，能够倾听对方话语的内容。这种层次的倾听，常常能够激发对方的注意，但是很难引起对方的共鸣。

（4）同理心的倾听。

同理心的倾听是要用你自己的语言复述出对方的意思和感受。一般人聆听的目的是做出最贴切的反应，根本不是想了解对方。所以同理心的倾听和其出发点是为了"了解"而非为了"反应"，也就是透过交流去了解别人的观念 / 感受。人际沟通仅有一成经由文字来进行，三成取决于语调及声音，六成是人类变化丰富的肢体语言，所以同理心的倾听要做到"五到"：不仅要"耳到"，更要"口到"（声调）、"手到"（用肢体表达）、"眼到"（观察肢体）、"心到"（用心灵体会）。当我们能用同理心去倾听别人说话时，自然可以提供给对方心理上极大的满足感，这时你才能集中精力去解决问题或发挥影响力、领导力。

同理心积极主动的倾听，不是一般的"听"，而是用心去"听"，这是一个优秀倾听者的典型特征。这种倾听者在讲话者的信息中寻找感兴趣的部分，他们认为这是获取有用信息的契机。这种倾听者不急于做出判断，而是感同身受对方的情感。他们能够设身处地看待事物，总结已经传递的信息，质疑或是权衡所听到的话，有意识地注意非语言线索，询问而不是辩解质疑讲话者。他们的宗旨是带着理解和尊重积极主动地倾听。这种感情注入的倾听方式在形成良好人际关系方面起着极其重要的作用。

看到这里，我们从心底油然产生出对主持人林克莱特的敬佩之情，佩服他与众不同之处，它能够让孩子把话说完，并且在"现场的观众笑得东倒西歪时"仍保持着倾听者应具备的一份亲切、一份平和、一份耐心。

事实上，大概60%的人只能做到第一种类型的倾听，30%的人能够做到第二种类型的倾听，15%的人能够做到第三种类型的倾听，达到第四种类型水平上的倾听仅仅只有至多5%的人能做到。我们每个人都应该重视倾听，提高自身的倾听技巧，学会做一个优秀的倾听者。作为优秀的倾听者，通过对员工或者他所说的内容表示感兴趣，不断地创建一种积极、双赢的过程。倾听不是被动地接受，而是一种主动行为。当你感觉到对方正在不着边际地说话时，可以用机智的提问来把话题引回到主题上来。倾听者不是机械地"竖起耳朵"，在听的过程中脑子要转，不但要跟上倾诉者的故事、思想内涵，还要跟得上对方的情感深度，在适当的时机提问、解释，使得会谈能够步步深入下去。

13.1.3　倾听的过程

倾听是一个能动性的过程，是一个对感知到的信息经过加工处理后能动地反映自己思想的过程，这个过程大致可分为预言、感知、选择、组织、解释或理解五个阶段。这五个阶段互相影响，任何一个阶段出现问题，倾听都可能是无效的。

（1）预言。

倾听在沟通的相互作用中起着承上启下的作用。我们可以凭借对将要与之沟通的人以往的了解，预测他可能做出的反应。例如，如果你做的一个项目失败了，上司批评你，你所能做的只能是认真倾听，而不是辩解。听者在实际听之前可以预言到将要发生什么。

（2）感知信息。

对方发出信息，传到人们的耳膜中，产生刺激，成为人们所获得的信息。当人们只是听时，听到的是声音或词语说出的方式；而在倾听时，人们则要做出更多的反应。也就是说，听只是一种涉及听觉系统的生理过程，而倾听是涉及对他人整体的更加复杂的知觉过程，需要同时理解口头语言和非口头语言所传达出的信息。人们的言语信息来自听觉，但倾听效果却是各种因素的综合。假如听到有人叫你"滚开"，而你发现这话出自一位满脸怒气的壮汉之口，与此同时他还举着拳头向你扑来，这足以令你逃之夭夭了；反之，若你看到这话出自一个妙龄女子之口，而她说这话时脸含微笑，一副娇嗔的模样，你虽听到了"滚开"，却是无论如何也不会走开半步。

（3）选择信息。

并不是任何信息都能为人们所接受，人们总是对一部分信息表示特别的关注和感兴趣，同时又忽视另外一些信息。例如，在喧哗的场合，大家都在交谈，突然从背后传来叫你朋友名字的声音，这时你回头去看，这就是人们接受信息的选择性。再如，当你买汽车时，你所有的精力都放在有汽车信息的内容上，其他的一切，即使是平时最喜欢的体育新闻都变得不再重要。

一般来说，人们经常会把注意力集中在某种特定的刺激物上。例如，你可能在房间里听到各种声音，如说话声、电视中传出的声音、开门和关门声等，然而当激光唱盘放出你喜爱的歌曲时，你就会全神贯注，似乎这首歌曲消除了周围其他的声音。

虽然人们能按某种特定的方式集中注意力，但注意力集中的范围是有限的。通常情况下，人们对 20 秒以内的信息能完全集中注意力，之后注意力将非常容易分散。当然，人们也能很快重新把注意力集中在相应的信息上。事实上，注意力的集中与是否容易厌烦紧密联系。因此，在课堂上容易厌烦的学生就必须在集中注意力上特别努力。

（4）组织信息。

在倾听过程中，当你决定注意某些信息时，接下来的步骤就是对信息进行组织加工，包括识别、记忆、赋予信息含义等一系列过程。人们把杂乱无章的信息分门别类，集中贮藏起来，把那些过于简略的信息加以扩充，把过于冗长的信息进行浓缩，使它们成为自己拥有的知识和经验的一部分。虽然人们不可能记住所有的语言信息和非语言信息，但对于那些重要的信息，人们会想方设法将其存储在自己的大脑里，而通常采取的方法之一就是记笔记。

（5）解释或理解信息。

对于收集、过滤后的信息，人们会调动大脑储存的知识和经验，通过判断、推理，获得正确的解释或理解。在这一阶段，人们会对信息进行评价，并用自己的知识和经验来衡量对方所说的话，或者质疑说话者的动机和观点。在理解说话者所表达的词语的同时，人们也赋予说话者的腔调、手势、表情一定的含义。

这五个环节是一次倾听活动的全过程，说起来复杂，但人们都是本能地以惊人的速度完成的，其具体过程并非泾渭分明、按部就班，它们之间常常是互相重叠的。

13.1.4　倾听的作用

沟通学家尼克尔斯说过："言语的有效性并不仅仅取决于如何表达，而更多的是取决于人们如何来倾听。"保罗·赵也说过沟通首先是倾听的艺术。以上引述都说明了倾听的重要性，具体来说，倾听的重要性体现在以下几点：

（1）倾听可获取重要的信息。

"听君一席话，胜读十年书"，一个随时都在认真倾听他人讲话的人，在与别人的闲谈中就可能成为一个信息的富翁。通过倾听，我们可了解对方要传达的消息，同时感受到对方的感情，还可据此推断对方的性格、目的和诚恳程度。通过提问，我们可澄清不明之处，或是启发对方提供更完整的资料。

对于管理者来说，面对纷繁复杂的竞争市场，个人难以做出正确的判断，制订出有效的决策方案必须善于集思广益，应当懂得运用别人的头脑。倾听是通向心灵的道路，是管理成功的基石。

（2）善听才能善言。

丘吉尔有句金玉良言："站起来发言需要勇气，而坐下来倾听，需要的也是勇气。"在听别人说话时，避免迟滞发呆、坐立不安。如果因为急于表达自己的观点而根本无心思考对方在说些什么，甚至在对方还未说完的时候就急于反驳，以一种消极、抵触的情绪听别人说话，最终自己的发言也会毫无针对性和感染性，难以实现有效的沟通。只有善于倾听他人发言，才能善言。

（3）倾听可以获得友谊和信任。

倾听是一种承诺，是对说话者的尊重。倾听是理解他人如何感受、如何看待世界的一种承诺。这意味着将你自己的偏见和信念，你的渴望和私利搁置在一旁，这样你才能设身处地地看待问题，努力从他或她的视角来看待事情。倾听也是对别人的尊重，向对方表达的是："我在乎你的遭遇，你的生活和经历是重要的。"对于这种积极的倾听，人们通常会报以好感和感激。如果你是一位好的倾听者，你会发现自己对别人具有吸引力。朋友信赖你，友谊与日俱增。由于你善于倾听和理解别人，成功来得更容易些：你知道什么是人们想要的，什么会伤害或激怒他们。你交了"好运"，因为人们欣赏你，愿意有你相伴。

（4）积极倾听可以帮管理者作出正确决策。

对于缺乏经验的管理者，倾听可以减少错误。玛丽·凯·阿什创业之始，公司只有9人，但她善于倾听各种意见，很多产品都是由于销售部门听取了顾客的建议，按照顾客的需要制作，所以无须大做广告，节省了很多广告费用，但产品销路照样很好，企业的效益一直在同行业中居领先地位。

13.2　倾听障碍与策略

13.2.1　倾听障碍

人们似乎更倾向于彼此进行语言交流，而不是彼此去倾听。在倾听的过程中，听者与谈话人之间的信息反馈往往是自卫的、竞争的，或者是缺乏诚意的、具有欺骗性的，而不是真诚的、合作的。在这种联系中，好像倾听者总是不时地感到受到来自谈话者的威胁——这也影响了有效的倾听。一般来说，倾听的障碍主要表现在以下几个方面：

（1）环境障碍。

良好的环境对双方的交流很重要，环境干扰是影响倾听最常见的原因之一。交谈时的环境各种各样，时常转移人的注意力，从而影响专心倾听。来来往往的人、环境布置不当等都会分散人们的注意力。几个人谈话，也可能相互干扰。对于环境的分析可以从以下三个因素来考虑：

①封闭性。封闭性是指谈话场所的空间大小、光照强度、有无噪声、干扰因素等。封闭性决定着信息在传递过程中的损失概率。

②氛围。环境的氛围是指环境的主观性特征，它影响人的心理接受定式，也就是人的心态是开放的还是排斥，是否容易接受信息，对接受的信息如何看待和处置等倾向。例如，浪漫的烛光晚餐气氛与审判犯人的气氛截然不同。环境是温馨和谐还是火药味十足，是轻松还是紧张，这一切都会影响和改变人们倾听的情绪。

③对应关系。说话者与倾听者在人数上存在着不同的对应关系，可分为一对一、一对多、多对一和多对多四种。人数对应关系的差异，会导致不同的心理角色定位、心理压力和注意力集中度。在教室里听课和听同事谈心、听下属汇报，是完全不同的心境。听下属汇报时最不容易走神，因为一对一的对应关系使听者感到自己角色的重要性，心理压力也较大，注意力自然集中；而听课时说者和听者是明显的一对多关系，听课者认为自己在此场合并不重要，压力很小，所以经常开小差；如果倾听者只有一位，而发言者为数众多的话，比如原被告都七嘴八舌地向法官告状，或者多家记者齐声向新闻发言人提问，倾听者更是要全神贯注，丝毫不敢懈怠。表 13-2 是对环境特征及倾听障碍源的一个总结。

表13-2　环境特征及倾听障碍源

环境类型	封闭性	氛围	对应关系	主要障碍源
办公室	封闭	严肃、认真	一对一，一对多	不平等造成的心理负担，紧张，他人或电话打扰
会议室	一般	严肃、认真	一对多	对在场他人的顾忌，时间障碍
现场	开放	可松可紧、较认真	一对多	外界干扰，事前准备不足
谈判	封闭	紧张、投入	多对多	对抗心理，说服对方的愿望太强烈
讨论会	封闭	轻松、友好、积极投入	多对多，一对多	缺乏从大量散乱信息中发现闪光点的洞察力
非正式场合	开放	轻松、舒适、散漫	一对一，一对多	外界干扰，易走神

（2）倾听者障碍。

倾听者本人在整个交流过程中具有举足轻重的作用。倾听者理解信息的能力和态度都直接影响倾听的效果。所以，在尽量创造适宜沟通的环境条件之后，管理者要以最好的态度和精神状态面对发言者。来自倾听者本身的障碍主要可归纳为以下几类。

①用心不专。三心二意、心不在焉是这种情况的典型表现。虽然倾听者身在现场，而且表面上似乎在用心努力地听讲，但倾听者本人要么另有所想，要么心不在焉，所以听取的信息完全或部分未进入倾听者的头脑中，这种倾听的效果肯定不好。

②急于发言。人们都有喜欢自己发言的倾向。发言在商场上尤其被视为主动的行

为，而倾听则是被动的。前美国参议员哈亚卡瓦（S.I.HayaKawa）曾说："我们都倾向于把他人的讲话视为打乱我们思维的烦人的东西。"在这种思维习惯下，人们容易在他人还未说完的时候，就迫不及待地打断对方，或者心里早已不耐烦了，往往不可能把对方的意思听懂、听全。

③排斥异议。有些人喜欢听和自己意见一致的人讲话，偏心于和自己观点相同的人。这种拒绝倾听不同意见的人，注意力就不可能集中在讲逆耳之言的人身上，也不可能和任何人都交谈得愉快。

④心理定义。其实这个实验正是一个心理定式的缩影。人类的全部活动都是由积累的经验和以前作用于我们大脑的环境所决定的，我们从经历中早已建立了牢固的条件联系和基本的联想。在每个人的思想中都有意或无意地含有一定程度的偏见。由于人们都有根深蒂固的心理定式和成见，很难以冷静、客观的态度接收说话者的信息，这也会大大影响倾听的效果。

分享：小实验

曾经有一个女孩做了一个实验，她走上讲台，同时邀请一位观众作为伙伴。然后她在碎纸上写了一些字，小心地把纸折起来，并对她的伙伴说："我要进行一项传心术实验。请你列举出一种家禽，一种长在脸上的东西，和一位俄罗斯诗人的名字。"这位伙伴说道："母鸡，鼻子，普希金。"女孩微笑着说："现在请你将刚才纸条上的内容念出来。"这位伙伴大声念道："母鸡，鼻子，普希金。"正好是刚才他自己说的词语。

⑤感到厌倦。由于我们思考的速度比说话的速度快很多，前者是后者的 3~5 倍（据统计，我们每分钟可说出 120~150 个词，理解 400~600 个词），我们很容易在听话时感到厌倦。往往会"寻找"一些事故，占据大脑空闲的空间。这是一种不良的倾听习惯。

⑥消极的身体语言。如果在他人说话时东张西望，双手交叉抱在胸前，跷起二郎腿，甚至用手不停地敲打桌面，这些动作都会传递出你已经很不耐烦的信息，这些消极的身体语言势必会大大妨碍你们沟通的质量。

⑦生理差异。由于倾听是感知的一部分，它的效果受听觉器官、视觉器官的限制。听觉器官的严重缺陷将使沟通变得很困难，或者几乎不可能；视觉器官的缺陷将使沟通者无法看到对方在交流过程中的手势、面部表情等身体语言，这会限制有效沟通的进行。所有这些必然会影响倾听效果。

⑧选择倾向。人人都有评估和判断所接收到信息的天生倾向。我们往往会选择那些我们爱听、熟悉、有兴趣、喜欢听的部分，漏掉很多有用的东西。这无疑会影响倾

听效果。

好的倾听者会寻找方法来克服整个倾听过程中潜在的障碍，如表13-3所示。倾听者不可能完全控制物理接受上的一些障碍，比如会议室的音效，手机信号差，背景音乐，等等。然而，一定可以控制一些别的障碍，比如打扰说话者或者制造一些让别人无法专心的分心事物。如果有问题要问说话者，等到他说完了再问，不要因为自己没有说话就觉得没有打扰说话者。翻动纸张的声音、按键的声音、看手表、眼神越过说话者的肩膀与别人接触——这些只是许多能打扰说话者而影响物理接受的非语言行为中的少数几个。

表13-3　有效倾听者与无效倾听者的区别

有效倾听者	无效倾听者
主动地听 仔细和完整地做笔记 经常和说话者眼神沟通（一定程度上取决于文化习惯）	被动地听 不做笔记或者做没用的笔记 很少会有眼神沟通 允许自己的大脑溜号；很容易分神
始终注意说话者和所说的内容 在脑海中形成解释关键点来保持关注水平以确保理解 根据实际情况调整倾听风格 给说话者非言语暗示（比如点头表示同意或者扬扬眉毛表示惊讶或怀疑） 直到合适的时间再发问或者提出异议 忽略风格差异而只关注说话者的信息 区分主要观点和支持性细节 寻找学习机会	不会解释 不管实际情况，都用一样的倾听风格 不能给说话者非语言反馈 每当他们不同意或者不明白的时候就打断 因风格差异而分心，很武断 不能区别观点和论据 认为自己已经知道所有应该知道的重要东西了

选择性倾听是有效倾听的最常见障碍之一。如果走神了，通常是什么都没听见，直到一个词或者词语再次引起你的注意。但是等到那时候，就已经想不起来说话者实际说的是什么了；相反，只记得自己认为说话者很有可能说的是什么。

倾听者总是走神的一个原因是人们想得比说得快。大多数人每分钟说120~150字。然而，研究表明，由于主体和个人原因，人类处理音频信息的能力大约是每分钟500字。换句话说，当你在倾听时，你的大脑有很多的空闲时间，而如果不注意，它就会找到成千上万件别的事情来想。不要只花部分时间来倾听，而应该有意识地把注意力集中在说话者身上，并且用多余的时间分析你所听到的，准备好你可能需要问的问题和从事其他相关工作的思考。

阻碍成功理解的一个常见障碍是预断——在还没有真正听到别人要说什么时就打定

主意了。记住，在一种情况下或者生活中一个方面行得通的假设对于其他情况来说可能是不恰当的。同样，一些人采用防卫式倾听，总是在找寻已经先入为主针对个人的攻击。为了保护他们的自尊，他们通过不理会任何与自己观点不符的东西来歪曲信息。

（3）信息质量障碍。

双方在试图说服、影响对方时，并不一定总能发出有效信息，有时会有一些过激的言辞、过度的抱怨，甚至出现对抗性的态度。现实中我们经常遇到满怀抱怨的顾客，心怀不满的员工，剑拔弩张的争论者。在这种场合，信息发出者受自身情绪的影响，很难发出有效的信息，导致信息准确性下降，从而影响了倾听的效率。

信息质量低下的另一个原因是信息发出者不善于表达或缺乏表达的愿望。例如，当人们面对比自己优越或地位高的人的时候，害怕"言多必失"，以致留下坏印象，因而不愿意发表自己的意见，或尽量少说，从而导致信息不够完整或深入。

13.2.2　倾听策略

（1）创造良好的倾听环境。

倾听环境对倾听的质量有巨大的影响，有效倾听的管理者必须意识到环境因素的影响，以最大限度地消除环境对倾听的障碍。

①时间和地点。如果有可能，可根据沟通的需要，慎重选择有助于倾听的时间和地点。某些人最好的工作时间是早晨，于是他们会把重要的汇报安排在早晨。对多数人来说，一天中心智最差的时间是在午餐后和下班前，因为在饱食之后很容易疲倦，而人们在下班前不愿被过多地耽搁。因此，应避免在这些时间里安排重要的倾听内容。谈话的地点也很重要，在自己的办公室里召开会议，可获得权力的象征，而选择在其他人的办公室里进行谈话，则可避免诸如电话的打扰。

②避免时间限制。如果你只有几分钟的时间，而这谈话又很重要或很复杂，需要更多的时间，那么最好把它定在另一个时间段。这样做需要你向对方解释，说明你需要足够的时间深入地与他探讨，对方一般会很乐意重新确定谈话的时间表。

③尽量排除所有分心的事。告诉秘书接听你所有的电话，或者摘下电话听筒，或者在门上挂一块免扰牌。

④适当安排办公室的家具。家具的安排要使人便于行走。你坐在椅子上应能直接看到对方的眼睛，以传达你的注意力，且易于观察对方的非语言表现。

美国学者在一个更为宽泛的意义上提出了环境的概念，它不仅包括社会因素，而且包括人的心理、生理因素，他们认为良好的倾听环境应包括：

非威胁环境。这种环境中，双方有一定的安全感，并有与他人平等的感觉，这种环境可视为非正式的。比如，谈判场所可以选择非正式的，如在酒吧或咖啡厅。

适当的地点。必须保证不受干扰和打扰。

反馈和行动。可用眼睛或面部表情来进行。

时间因素。选择适宜的时间，同时保证沟通谈话的次数。

正确的态度。倾听有百利而无一害，拒绝倾听就是拒绝成功的机会。

（2）如何克服倾听者的障碍。

来自倾听者的障碍最主要的是由于粗心大意和误解而带来的沟通失误，从这两个方面来看，有以下一些建议：

①避免粗心大意导致的沟通失误。一是尽早列出你要解决的问题。例如，此项目何时到期？我们有什么资源可供调遣？从对方的角度看，该项目最重要的是哪方面？在谈话过程中，你应该注意听取对这些问题的回答。二是在会谈接近尾声时，与对方核实一下你的理解是否正确，尤其是关于下一步该怎么做的安排。三是对话结束后，记下关键点，尤其是与最后期限或工作评价有关的内容。

②克服误解障碍。一是不要自作主张地将认为不重要的信息忽略，最好与信息发出者核对一下，看看指令有无道理。二是消除成见，克服思维定式的影响，客观地理解信息。三是考虑对方的背景和经历，想想他为什么要这么说，有没有什么特定的含义。四是简要复述一下他的内容，让对方有机会更正你理解错误之处。

13.3 有效倾听的技巧

13.3.1 有效倾听的原则

有效倾听是交流的重要基础也是非常难以掌握的一项技巧。我们经常会花很多时间听别人说话，但是并没有真正的理解到别人所说的。相反，举个例子来说我们在全面听取别人观点之前，就开始做白日梦，开始寻思如何回应。与此同时，我们也就没有能够理解说话者的真实观点以及在他的观点之中所表达出来的思想和感情。所以想使倾听者达到比较理想的效果就应该遵循以下原则。

（1）专心原则。

专心要求你以积极的态度，真诚坦率地倾听。好的倾听者希望了解到一些东西，他们愿意尽力去听，因为有可能从中受益。有效的倾听，不是被动、照单全收，它应该是积极主动地倾听，这样你才会更了解说话的内容、更懂得欣赏对方、回答也更能切中要点。例如，大学生们认真地听课以取得高分，雇员认真地听上司的指示以获得提升，公司代表认真听取顾客的意见以保住生意。有效倾听的第一步是认识到倾听是有价值的信息搜集活动。

（2）移情原则。

移情要求你应去理解说话者的意图而不是你想理解的意见。好的倾听者知道自己的内在情感、观念和偏见可能会阻碍新思想。在与不同文化背景的人进行沟通时，好的倾听者会努力超越自己狭隘的文化观念。有效的倾听要求对新思想敞开心胸。

（3）客观原则。

在倾听时，应该客观地倾听内容而不迅速加以价值评判，而且不要以自我为中心。你是妨碍自己成为有效倾听者的最大障碍。因为你会不自觉地被自己的想法缠住，而漏掉别人透露的语言和非语言信息。在良好的沟通要素中，话语占7%，音调占38%，而55%则完全是非语言的信息。我们都有这种体会，当听到自己不同意的观点时，会在心中反驳他人所言，虽然这种行为会带来主观偏见和遗漏余下的信息。有效的倾听应保持客观的态度。

（4）完整原则。

完整原则要求倾听者对信息发送者传递的信息有一个完整的了解。既获得传递的沟通内容，又获得发送者的价值观和情感信息；既理解发送者的言中之义，又发掘出发送者的言外之意；既注意其语言信息，也关注其非语言信息。

13.3.2 积极倾听的技巧

（1）认真准备，营造良好环境。

根据沟通内容及沟通性质，合理确定沟通时间、选择沟通场所，调整好自己的身心状态，确保沟通能够在不受到外界非必要干扰的情况下进行，并使得双方有一个好的沟通氛围。

（2）真诚理智，消除主观障碍。

①专注、认真对待。积极的倾听者精力非常集中地关注讲话人所说的内容，去掉其他成百上千的内容分散注意力的念头，并在大脑空闲的时候概括和综合所听到的信息，不断把每一个细微的新信息注入信息框架中。

②设身处地、运用同理心。暂时抛开自己的想法与感觉，把自己置身于讲话者的位置上，设身处地站在讲话人的立场，努力去理解讲话者想要表达的含义，并从讲话者的角度调整自己的观感，进一步保证对所听到的信息的理解符合说话者的意思。

做到同理心需要结合讲话者的背景：一是对方为什么要这么说，即目的是什么；二是他的经历如何，他的这种观点和想法与他的经历有没有关系；三是他现在的身份是什么，他的话与自己所处的身份是否密切相关；四是自己与他的熟悉程度、亲密程度如何等。

结合背景，一方面能帮助自己对话语的理解，有利于及时应对和交流；另一方面也能增强感情的交流。如果倾听者能把讲话者的背景紧密结合起来，点出其没有说出的意思，对方就会像遇到知音一样，谈话就会越来越投机。

③摒除偏见、对事不对人。倾听中注意时刻提醒自己摒除偏见，只关注信息本身，而不将自己以往成见掺杂进来，更不能因为自己和某人有过矛盾，就刻意在沟通中忽略其信息。如果确实认为自己无法抛弃以往的芥蒂，那么可以通过委托其他人与之进行沟通，或者邀请中立公正的第三人加入沟通中，缓解氛围，并起到提醒和监督的作用。

④接受——先听完，最后才下判断。积极倾听者首先表现出的是接受，即先接受说话者所说的内容，客观地倾听而不轻率地过早作出主观臆断，把自己的结论推迟到讲话者说完以后，这样可以排除偏见，有利于更全面了解信息、客观地评价对方讲话内容，从而作出正确反馈。如表13-4所示，不同情绪下的主观臆断表明了不同的情绪可能导致的结果，证明了倾听者先听完对方陈述、再发表自己观点的必要性。

表13-4　不同情绪的结果

可能的情绪	例子
先入为主，对对方的话根本无法专心倾听	"这件事根本就行不通，怎么这家伙又……"
个人好评	"他的这个话题我根本就不感兴趣，都什么年头了！"
由对对方的个人看法引起	"他这个人说什么都不值得信任！"
由利益冲突造成	"想和我争？别想！"

⑤不多说，不打断。沟通中非常忌讳一方滔滔不绝、不给别人发言的余地，更忌讳在别人说话的时候总是打断别人，不让别人说下去。

大多数人乐于畅谈自己的想法而不是聆听他人所说，很多人仅仅将倾听视为能让别人听自己讲话的必要付出。但是在同一时间内既想着讲话又认真倾听是不可能的事情，一旦迫不及待地想要讲话时，便不能聆听别人的良言。我们要学会顺利地转换讲话者和倾听者的角色，尽量把讲话时间缩到最短，以给对方讲话的机会。法国作家伏尔泰说，我不能同意你说的每一句话，但是我誓死捍卫你说话的权利，这就是尊重对方的表示。

（3）主动倾听，给予正面鼓励。

①微笑。美国密歇根大学心理学教授詹姆士对人的微笑注解："面带微笑的人，在处理事务、教导学生或销售行为等方面，都显得更有效率，也更能培育快乐的孩子。笑容比皱眉头所传达的信息要多得多。"倾听者点头微笑，表示对于对方的认可和鼓励，可以激发讲话者的自信心与思维活跃程度，并可以建立相互之间的信任与尊重，形成良好的合作关系。

②目光。注视是表示你的重视的最好的方式，每个人都需要被关注，你的目光让他心理上得到慰藉和鼓励。使用目光接触，还可以让自己把注意力集中于讲话者，避免分心。在会议或聚会上同听众谈话时，目光接触不仅能够传达自信，还能够保证你的听众不会忽视你。如果你想和别人建立良好的默契，应 60%~70% 的时间注视对方，注视部位是两眼和嘴之间的三角区域，这将有助于在你们之间建立平等、尊重的沟通氛围，促使对方的目光交流。在倾听过程中，特别在初次和陌生人进行沟通的倾听中，想要获取成功，最好以期待的目光注视讲话人，不卑不亢，有礼有节，表达出非常好的沟通姿态。

③身体前倾。当对讲话人所说的内容感兴趣时，倾听者的身体都会很自然地前倾，以表示仔细倾听。因此，为了表示自己的兴趣和重视，倾听者应有意识地把身体前倾，头部稍斜向一边，并避免摆弄钢笔或任何其他可能与倾听无关的东西。面对倾听者自己来说，往前倾的姿势是保证精力充沛的良好方式，可以保证你不走神。同时，还要注意身体不要出现封闭、消极或对抗的信号，交叉双臂、跷起二郎腿也许会是很舒服的姿势，但往往会让人解读成不耐烦、抗拒或高傲。

④做笔记。有时，你可能要一边听一边做笔记。做笔记不但有助于聆听，而且有集中话题和取悦对方的优点。俗话说，好记性不如烂笔头，记笔记可以让有意义的信息保留下来、以备重新温习和梳理，同时由于要记笔记，倾听者的思维不容易涣散或疲倦，从而有助于倾听者用心聆听。而讲话者看到对方在笔记本上记下自己所说的要点，潜意识中的"虚荣心"得到满足，从而获得精神上的巨大愉悦，有助于双方形成更加良好的沟通氛围。

（4）及时响应，提供积极反馈。

①在听的过程中，倾听者如果能借助得体的身体语言，主动而及时做出反应，就能表达出对讲话者的肯定和信任，这对讲话者是极大的鼓舞。如对他的话表示欣赏和赞同，就可不时地点头微笑，表示很感兴趣；对方讲到激愤之处，应显示出凝重和理解的表情；如果想让对方继续说下去，进行更明确、更深层的交谈，可以把椅子移近些，再缩短一点空间距离，也可以给他倒茶水，鼓励对方继续说下去。当然，运用这些表情语言，一定要得体，不要夸张，否则，会让对方觉得你在矫揉造作。

②插话、重复和询问。插话的频率要适度，内容要有所选择，同时，要特别注意三点：一是不要随便打断对方的话；二是要以商量的口气；三是句子形式要灵活。倾听者应该以认真聆听为主，以适时地插话为辅。插话的内容大致有这样几个方面：

●肯定和鼓励。像"嗯"和"真有意思"等中性评价性语言能表示对谈话感兴趣，促进对方表达的意愿，鼓励对方继续说下去。

●帮助续接。有时，对方说着说着，突然语言卡壳，或一下子找不到合适的词了，此时，你就可以帮助他接下话尾。

●提问。提问是获得完整准确信息的有效保证。提问可以达到对含糊进行辨析、适时转换话题、引导话题深入等作用，以探索方式获得更多的信息及数据。提问有下列几种形式：

开放式（你认为……，如何……，哪个……，能举个例子吗，这有什么依据吗？）

清单式（A 情况……，B 情况……，C 情况……）

假设式（若是你的话，你会怎么想／看／做？）

重复式（你的意见是不是……，你是说……）

确定式（这很有趣，后来呢？）

封闭式（你在那家公司工作了几年？）

●复述。可以采用"按我的理解，你的计划是……""你是说……"及"所以你认为……"等句式。这些说法表明你在倾听，并明白对方的意思。重复的重要性在于让你尽早发现有无曲解对方，一般讨论结束时，用来确定没有误解对方的意思。

🏃 技能应用分析

案例分析与即测即评

※情景模拟训练

（1）心理咨询中的"听"与日常生活中的"听"有什么区别？

（2）有一个老板告诉其秘书："你帮我查一查我们有多少人在华盛顿工作，星期四的会议上董事长将会问到这一情况，我希望准备得详细一点。"于是，这位秘书打电话告诉华盛顿分公司的秘书："董事长需要一份你们公司所有工作人员的名单和档案，请准备一下，我们在两天内需要。"分公司的秘书又告诉其经理："董事长需要一份我们公司所有工作人员的名单和档案，可能还有其他材料，需要尽快送到。"结果第二天早晨，四大箱航空邮件到了公司大楼。请你分析本次沟通在哪些环节出了问题？

第14章 非语言沟通技能

自我技能测试 测试你是否是善于非语言沟通的管理者（见表14-1）

表14-1 测试你是否是善于非语言沟通的管理者

序号	你的表现	是/否
1	你是否了解非语言沟通	
2	你是否会不知什么原因就得罪他人	
3	你是否能看懂下属的非语言行为	
4	脸部发红、双唇紧闭、手臂或双腿交叉、说话快速、姿势僵硬、握紧拳头是生气的意思	
5	双唇紧闭、双眉皱起、斜眼看人、翘起一边嘴角、摇头、眼珠子转动是怀疑的意思	
6	双臂或双腿交叉、避开对方眼神、呼吸加快、身体面对双方、避而不语是敌意的意思	
7	眼神游移、身体左倚右靠、胡乱涂鸦、身子往一旁倾以避开某人目光、打呵欠、玩弄纸笔是无聊的意思	

测评结果见附录。

本章学习目标：

◆非语言沟通指的是除语言沟通以外的各种人际沟通方式，它包括形体语言、副语言、空间利用、时间安排以及沟通的物理环境等。

◆非语言沟通与语言沟通的关系：非语言沟通信息可"重复"和"认可"语言信息；非语言信息可"补充"语言信息；非语言信息可"代替"或"调节"语言信息；非语言信息可"否认"语言信息。

◆非语言沟通的基本类型：身体语言、空间距离、副语言。

14.1 非语言沟通概述

14.1.1 非语言沟通的定义

非言语沟通是人们经常应用并且不被人们注意的沟通表达方式，它比言语交流更常见，也更富有表达力。关于非言语沟通在人际沟通中的重要性，有人总结过这样一个公式：交际双方的相互理解 = 语调（占 38%）+ 表情（55%）+ 语言（7%）。因此，研究非言语沟通的作用很有必要。其各自所占比例如图 14-1 所示。

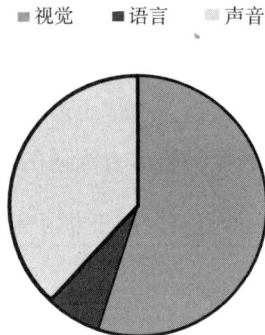

■视觉 ■语言 ■声音

图14-1 沟通表达的不同方式占交际双方相互理解的比重

非言语沟通是指通过非语言文字符号进行信息交流的一种沟通方式。人们利用身体动作、面部表情、空间距离、触摸行为、声音暗示、穿着打扮、实物标志、色彩、绘画、音乐、舞蹈、图像和装饰等来表达思想、情感、态度和意向。人们在日常交往中往往会发现，有时非语言沟通可以起到语言文字所不能替代的作用，一个人的手势、表情、眼神、笑声等都可以说话或传情。所以，非言语沟通不仅是利用语言进行信息交流的一种补充，而且是一种人与人之间的心理沟通，是人的情绪和情感、态度和兴趣的相互交流和相互感应。

非语言沟通，顾名思义，指利用语言以外的其他沟通元素传递信息的过程，包括沟通主体的副语言沟通、身体语言沟通以及环境语言沟通等。

14.1.2 非语言沟通的发展历史

非语言沟通有着非常悠久的历史。在原始社会，生存是人的最基本需要，作为个体生命的人，除要吃、穿、住之外，还要抵御自然灾害和猛兽的侵袭，而在这些侵害面前，个人显得非常势单力薄，需要和其他人协作，这个时候，人们就会通过表情、呼叫、手势或者全身的动作来进行交流。因此，在语言未正式诞生前，非语言沟通成为维系人们之间基本交流的主要手段，很多得到广泛认可的身体语言延续至今。

14.1.3 非语言沟通的特点

非语言沟通包含着非常丰富的内容，一次眼神的交互、一个会心的微笑、一个不经意的手势、一秒语言的停顿，都可能蕴含着十分重要的含义，对于沟通双方的交流有着非常关键的作用。由此可见，非语言沟通有着有别于语言沟通的突出特点，表现如下：

（1）独立性与伴随性。

所谓独立性，是指非语言沟通能够脱离语言沟通，以独立的沟通形式表现出来。

所谓伴随性，是指非语言沟通往往伴随着语言沟通配合使用、相辅相成。很多时候仅仅通过语言沟通不能表达出完整的信息，或者无法让沟通对象全面接收并直观理解该信息，而配合非语言使用则能更为准确地反映语言沟通所要表达的真正思想和情感，并易于为沟通对象准确接收和解析，从而达到更为显著的沟通效果。

（2）普遍性与特殊性。

普遍性是指非语言沟通作为社会历史文化积累的产物，具有普遍的适用性，许多身体语言、姿态语言为全世界大多数人所识别、接受，并被理解为基本一致的含义。例如握手和微笑就是跨国界通行的语言，有赖于此，人类的跨文化沟通才能实现。

特殊性是指不同的民族有不同的文化背景和生活习惯，由此产生不同的非语言沟通符号和含义。

（3）多样性与唯一性。

多样性是指在沟通主体、沟通对象、信息通道和沟通环境等因素的影响下，同一非语言信号会具有多种含义。

唯一性是指非语言信号在特定的时间、地点、文化背景等环境条件下，所表示的意思是明确的、唯一的。

分享：世界语——面部表情

1957 年，美国心理学家爱斯曼做了一个实验，他在美国、巴西、智利、阿根廷、日本等五个国家选择被试者。他拿一些分别表现喜悦、厌恶、惊异、悲惨、愤怒和惧怕等六种情绪的照片让被试者辨认。结果，绝大多数被试者"认同"趋于一致。实验证明，人的面部表情是内在的，有较一致的表达方式。因此，面部表情多被人们视为一种"世界语"。

（4）外在性与内在性。

外在性是指人们进行非语言沟通时，以个人或群体的形体动作、表情、空间距离等可视的、直观的外在形式，把想要表达的意思表现出来。

内在性是指非语言沟通受到人的个性、气质等内在心理因素的支配和影响。从心理学的角度，非语言信号大都发自内心深处，难以抑制和掩盖，并且具有强烈的心理刺激效应，比有声语言更能得到深刻明确的理解。

14.2 非语言沟通与语言沟通的关系

非语言沟通有三个基本用途：第一是处理、操纵直接的社会情境；第二是辅助语言沟通；第三是代替语言沟通。概括而言，非语言沟通与语言沟通的关系体现在以下几个方面：

（1）非语言沟通对语言沟通具有加强作用。

语言是抽象的、理性的，不容易最直接地为人所接受和理解，而非语言信号具备形象、直观的优点，在很多场合能够对语言沟通起到加强作用。人们可以通过手势、头部动作等的应用，来强化自己口头表达的效果。比如，愤怒的顾客在服务台投诉的时候，可能会挥舞着双臂表示自己的不满；焦虑的失主寻找丢失的箱子时，会用双手比划箱子的形状；当人们抒情的时候，如在朗诵、演讲中总是习惯于首先把自己的右手放在左胸，然后缓缓向前挥出。

此外，非语言沟通还能够通过控制语言沟通的节奏和内容，来加强语言沟通的效果。例如讲话过程中适当停顿，可以给倾听者思考空间，也可以提醒倾听者更加专注于谈话内容上。同时，如果倾听者的姿势或动作语言表明他心不在焉的话，讲话的人就要注意调整一下讲话内容或者讲话的方式，重新引发倾听者的兴趣。

（2）非语言沟通对语言沟通具有辅助作用。

在信息传播中，语言信息的传递只经过一个通道，而非语言信息的传递则是多通道的。读文章或与人交谈，都只能单纯地作用于人的视觉或听觉。而非语言沟通则不然，它可以在同时间内充分调动传播双方的视觉、听觉、触觉和味觉，对语言信息进行全方位的补充。如年轻的妈妈抱着刚刚出生的婴儿，脸上露出温柔的微笑，对孩子说"宝宝真乖"，并用手轻轻地抚摸着孩子的脸，又俯下身去，亲亲孩子的额头，这一连串动作一气呵成，通过几个非语言沟通方式把母亲深深的爱意同时传递给了孩子。

（3）非语言沟通对语言沟通具有替代作用。

非语言沟通方式经过人类社会历史文化的沉淀而不断积累、传递、演化，已经自成体系、可以形成"此时无声胜有声"的效果，许多无法通过声音语言进行传递的信息，却可以通过身体语言表达，所谓"只可意会，不可言传"。比如，人们通常用点头表示同意，用摇头表示反对等。在许多特定的场合，语言传播难以起到沟通信息的作用，这时非语言信息就成了唯一可行的传播方式。

非语言沟通代替语言沟通，在舞蹈等表演中的作用尤为突出。演员在舞台上，完全凭借身体的姿态和手势、面部的表情和目光，向观众传达特定的剧情信息和人物感情。

（4）非语言沟通对语言沟通具有否定作用。

非语言沟通信号在很多时候还会泄露出和说话者所说话语完全不同的信息，称为对语言沟通的否定。关注沟通中这种"心口不一"的行为，有助于了解对方的真实想法，从而调整沟通的策略，获得更理想的沟通效果。非语言沟通对语言沟通的否定作用分为两种，一种是有意识否定，另一种是无意识否定。

有意识否定是指说话者基于某种原因不愿或者不能用语言表达自己的真实意图，而故意通过表情、动作来表达自己的想法，从而出现有意识的"口是心非"。比如吵架后和解的恋人，女孩嘴上说着"不理你"，但却默许男孩拉住自己的手，表示自己早已原谅了男友。

无意识否定则是指非说话者本意，在不知不觉中通过非语言行为表现出来的意图，与其语言所表达的信息相反。话语一般是经过思考和选择才表达出来的，可能是戴上某种面具后言不由衷的结果，但非语言信号大都是无意识的、自然而然的内心活动的流露，因而更能真实表明人的情感和态度。最典型的例子如下：一个人在面对危险的时候，可能嘴上说不害怕，但其"两股战战，几欲先走"之状却已经表露了其内心的恐惧；在索然无味的会议中，与会者虽然做出认真倾听的样子，但其游离的眼神透露出他的注意力已经分散。由此可见，非语言信号在沟通中所表现的真实性和可靠性要比语言高得多，特别是在情感的表达、态度的显示、个性的表现等方面。

14.3　非语言沟通分类

按照非语言沟通信息传递的介质分类，非语言沟通可以分为副语言沟通、身体语言沟通及环境语言沟通。

（1）副语言沟通。

副语言沟通是指有声但没有具体意义的辅助语言，包括说话者的音质、音调、语速以及停顿和叹词的应用。如所谓的"抑扬顿挫"等。副语言虽然有声音，但因为本身没有具体的语义，所以不能称为语言。但副语言沟通却能传递出非常丰富的信息，在某些场合甚至胜似语言。

（2）身体语言沟通。

身体语言沟通是指人们在沟通过程中，有意识或者无意识地通过身体的外观、姿势、动作传递信息的过程，它既包括人们的身体特征及身体装饰，如体型、体格、身高、发型、服饰等，也包括手势、脚势、头部动作、四肢动作等，本章第四节将详细介绍。

（3）环境语言沟通。

环境语言沟通是指人们自身因素之外的环境因素传递沟通信息的过程。环境语言包括沟通的物理环境，如沟通场所的设计、布局、布置、光线等；也包括空间环境，如座位安排、空间距离等；还包括时间环境，如沟通时间的安排、长短、是否守时等。

14.4　身体语言沟通

在日常沟通中，身体语言是人们最常采用的非语言沟通工具，因此，正确识别和利用身体语言，是实现有效沟通的前提。身体语言既包括先天性的身体的特征，如身高、肤色等，也包括后天训练或者展现的，如发型、服饰、化妆、头部动作、身体动作、身体姿态等。总体来说，身体语言能分为形象语言、肢体语言、面部表情语言等几种。

14.4.1　形象语言沟通

一个人的形象对其信息的传递起着非常大的作用，管理学中有"致命的 7 秒钟"这个说法，即对一个人的第一印象通常在 7 秒之内就已决定。研究表明，看上去有魅力的人往往更容易被人接受，其说出来的话也更容易被人相信，而外表出众的男性往往比外表一般的男性获得的起薪更高。管理者必须清醒认识并且接受一个事实，自己不仅是作为管理者的角色出现，还是他人的审美对象。

但这并不意味着长相一般的人就没有希望，因为好的外表形象取决于很多方面，其中有天生的、很难改变的因素，如五官、身高、肤色；也有后天通过自己的审美能力和努力程度可以得到提升的因素，如发型、体型、服饰、整体的整洁度与协调程度。对于女性来说更为庆幸的是，还可以通过精致的妆容来"改变"五官，如让眉毛看起来更加弯一些、睫毛看起来更长一些、眼睛看起来更大一些、皮肤看起来更白一些……

呈现良好的仪表、选择得体的服饰除了更容易获得他人的好感、增加自己的说服力之外，还传递出无声的信息，那就是尊重对方和尊重自己：我重视跟您的见面，我希望给您留下好的印象，同时我也相信现在的自己具备魅力。

（1）发型。

在汉语中有"改头换面"的成语，旧时的理发店通常贴有"进店来虬髯太岁，出门去白面书生"的对联，可以看出古人对发型的重要性已有了相当深刻的认识。现代形象设计专家也说："形象设计从'头'开始，发型变了，你的形象标识也就改变了。"

人们对于头发的第一印象，首先在于其头发本身的品质，即是否干净、健康和美观、是否修剪得整齐。只有品质较好的头发，才能够配合发型，营造良好的形象。如果一个人的头发脏乱粗糙，给人的印象就会大打折扣，如果头发枯黄，则再漂亮的发型都无法得到体现。

而在选择发型的时候，首先考虑的因素不是美观与否，而是与你的形象或者说你期望让别人认可的形象是否一致。目前已经有的电脑发型设计，可以通过在照片上PS 不同的发型，来展现顾客可能的形象。女士可以变换长发、短发、卷发、直发以及进行染发或盘发，男士可以选择长发、平头、板寸、光头等发型。各类效果图出来的结果，最直觉的反馈并不是美与不美，而是不同发型带来不同的特色、个性和生命气息。一般而言，对女性来说，长发显露出女人的妩媚和妖娆；短发让女性多了些干练、硬朗的感觉。对于男性来说，平头显得清爽，长发则可能被称为艺术家。总的来说，只要做到"整洁、健康、有型"，就能表现出头发的品质与魅力。

发型固然重要，但很多时候，发型的变换这一事件会比发型本身更有意义。因为变换发型是人们改变自身形象、精神面貌的最直接方式，也是塑造自身形象的一个最有效的捷径，所以才有"蓄发明志""改头换面"之类的说法。因此，一些人会借用换发型来改变自己的心情，激励自己"从头"开始。

（2）化妆。

化妆可以改变人们五官的形状、突出想让他人注意的优点、遮蔽自己的缺点。随着社会的发展，化妆已经成了大部分女性和一些男性生活中不可或缺的内容，以至于有些人不化妆就不能面对自己和他人。现代社会，男女皆用的化妆品应该是香水。香水与体味相融合，形成独有的味道，营造出优雅、时尚的个人形象，让人觉得整洁和职业。香水的选择与个人的喜好和沟通场合有关。一般来说，清淡的香水比较高雅，浓烈的香水充满诱惑。

其他化妆品，如眼影、眉笔、假睫毛、胭脂，粉、唇膏、指甲油等，更多为女性使用，现代职业女性上班期间宜化淡妆，以体现出女性的健康、自信，而出席晚宴或舞会的时候则可以适当化浓妆。

（3）服饰。

郭沫若先生曾说，"衣裳是文化的表征，衣裳是思想的形象"。服饰的选择反映了一个人的文化素养和审美水平，直接影响别人对你的看法与接受程度。

①服饰搭配总体应符合以下四个原则：

●整洁平整。服装并非一定要高档华贵，但须保持整洁平整，穿起来就能大方得体，显得精神焕发。

●色彩协调。不同色彩会给人不同的感受，如深色或冷色调的服装让人产生视觉上的收缩感，显得庄重严肃；而浅色或暖色调的服装会有扩张感，使人显得轻松活泼。因此，可以根据不同需要进行选择和搭配。

●配套齐全。除了主体衣服外，鞋子、袜子等的搭配也要多加考究。如袜子以透明近似肤色或与服装颜色协调为好。黑色皮鞋是适用最广的，可以和任何服装相配。

●饰物点缀。巧妙地佩戴饰品能够起到画龙点睛的作用，给人们尤其是女士增添魅力。佩戴的饰品不宜过多，否则会分散对方的注意力。佩戴饰品时，应尽量选择同一色系，与整体服饰搭配统一起来。

②在服饰的选择上，应遵循以下原则：

●服饰要符合着装者的年龄、职业和身份。不同年龄、职业、身份的人有不同的着装要求。年轻人的服饰应时尚、活泼，中老年人的服饰应该雅致端庄，创意工作者的服饰个性十足，而空姐、医生、警察等在工作期间则必须穿制服。普通员工的服饰可以比较随意，但管理者的服饰要表现出自己的职业、身份，并且力求外表能给人留下正面的印象。

●服饰要符合个人特点。人的身材有修长有圆润，肤色有深有浅，进行服饰搭配时应该考虑这些因素，扬长避短。一般说来，身材过高的人，上衣应适当加长，配以低领或宽大而蓬松的袖子；而个子矮小的人，不宜穿大花图案或宽条纹的服装，最好选择浅色的套装，上衣稍短，使下身尽可能显得修长，服装款式以简单直线为宜，上下装颜色应保持一致；体形稍胖的人应该选择小花纹、直条纹的衣料，最好是冷色调，以达到显瘦的目的。在款式上，稍胖的人力求简洁，以 V 字领为最佳选择；体形稍瘦的人应选择色彩鲜明、大花图案以及方格、横纹的衣料，给人以宽阔、健壮的视觉效果。另外，肤色较深的人穿浅色衣服，会获得健美的效果，但衣服的不宜太过抢眼，以免让肤色显得更加暗淡；而肤色较白皙的人穿深色服装，更能显出皮肤的柔嫩。

●服饰要符合环境要求。环境主要包括时间（Time）、场合（Occasion）和地点（Place），可以简写为 TOP，它们分别代表着装应该与当时的时间、所处的场合和地点相协调，具体阐述如下：

衣着要与时间协调。不同时段的着装规则对女士尤其重要。男士有一套质地上乘的深色西装和白色衬衣足以应付任何场合，而女士的着装则要随着时间而变化。白天工作时，女士应穿着正式套装，以体现专业；晚上出席酒会就须多加一些修饰，如换一双高跟鞋，带上有光泽的配饰，围一条漂亮的丝巾等。同时，服装的选择还要适合季节气候特点，并保持与潮流大势同步。

衣着要与场合协调。与顾客会谈、参加正式会议等，衣着应庄重考究；听音乐会或看芭蕾舞，应着正装；出席正式宴会时，则应穿中国的传统旗袍或西方的长裙晚礼服；而在朋友聚会、郊游等场合，着装应轻便舒适。

衣着要与地点协调。在自己家里接待客人，可以穿着舒坦但整洁的休闲服；如果是去公司或单位拜访，穿职业套装会显得专业；外出旅游时着装要顾及当地的传统和风俗习惯。

14.4.2　肢体语言沟通

身体的姿势与动作称为肢体语言，是非语言沟通的重要组成部分，它包括人的身体姿势、身体动作等，而身体动作中常见的有手势、头部动作、肩膀动作、脚势和身体接触。总的来说，舒展的、开放的、上扬的姿势或动作，会表示出积极或正面的信号；而收缩的、封闭的（交叉的）、下垂的姿势或动作，则会传递出消极或负面的信息。

（1）身体姿势。

身体姿势可以反映出一个人的精神面貌和身体状况，是另一种无声的语言，中国俗语就有"站如松，行如风，坐如钟，卧如弓"的说法，管理沟通研究范畴的身体姿势包括走路的姿势、站立的姿势、就座的姿势。

站立的姿势同样体现了一个人的道德修养和文化水平以及对他人的态度。有的人挺胸收腹，有的人则低头弯腰；有的人如"玉树临风"，有的人则站得东倒西歪……一般认为，男士站姿应体现出阳刚之美，抬头挺胸，双脚大约与肩膀同宽站立，重心自然落于脚中间，肩膀放松。女士则宜丁字步站立，体现出柔和和轻盈。如果站立时摆弄手中的笔、打火机、玩弄衣带、头发等，则显得拘谨、缺乏自信、有失端庄。

在坐姿方面，以大方、舒服为原则。坐得太直，会让人感觉僵硬，而太松弛，会让人觉得失礼。最好的方式是将身体的某一部位靠在靠背上，使身体略为倾斜，摆出轻松、自然的姿态。在别人讲话时，为了清晰听到对方的发言、表明自己的关注或认同，可以身体适当前倾或者轻轻移动位置。如果将身体后仰，甚至扭来扭去，则是一种轻慢、失礼行为。此外，如果双臂交叉抱于胸前，双拳紧握藏于腋下，表示其具有相当强烈的防御意识和敌意。

（2）手部动作。

手是人类运用最广泛的器官，在非语言沟通中的作用也非常大，是身体动作中最重要、最容易被关注的部分。它以不同的动作，配合讲话者的语言，传递讲话者的心声。在聋哑人群体中，手势被上升为手语，是他们最主要的交流方式。

从手势的含义和作用来看，手势可以分为两大类：

● 功能性手势，主要用来指示事物的方位或描述事物的形状。比如手指前方，向问路的人说"就在前面"，或者用手比划某人的大体身高和身形。

● 辅助性手势，主要是自觉或不自觉配合自己的语言、表达说话者喜怒哀乐所使用的手势。比如诗歌朗诵者在朗诵"啊"的时候，通常为了抒情缓缓将手从胸前挥出到侧前方。

手势没有固定的模式，个人习惯不同、讲话的语境不同，手势动作都可能不同，具备管理沟通意义的典型手势如下。

①手掌。一般认为，摊开手掌象征着坦率、真诚、开放。判断一个人口头传达的信息是否真实，可以观察其手掌的活动。人们在撒谎时都有种隐藏自己的倾向，小孩子会把手掌藏在背后，成人则把双手放进兜里，或者双臂交叉、不露手掌。此外，当一个人手心向上，表明真诚、坦率、不带威胁性、没有控制欲、乞怜，而手心向下则带有强制性和支配性。

②手指。手指如果指向他人，通常给人的印象是带有攻击性。如，将双手插在上衣或裤子口袋里，伸出两个拇指，是显得高傲；双臂交叉于胸前，双拇指上翘，则显示防卫心里和敌对情绪，较难接近；用拇指指向他人，带有教训意味；将双手手指架成耸立塔形，表示有发号施令或者发表意见的欲望，而手指弯曲、成水平的塔形，则表示愿意听从他人意见。

十指交叉动作，常与笑脸连用，似乎是自信的表示，其实这是一种表示焦虑的动作语言，甚至于暗示一个人的敌对情绪。十指交叉通常有三个位置：放在脸前；平放桌上、坐着放在膝盖上；站立时垂放腹部或双腿分叉处的前面。

（3）头部动作。

头部动作也是人类经常用来表达信息的身体语言，其内容非常丰富。结合不同的语境识别和判断，常见的头部动作及含义如下：

点头：在对方说话的时候轻轻点头，一般表示理解、认可、赞同、肯定，在和人相遇的时候轻轻点头，则代表"打招呼"和问候。

摇头：摇头一般代表不同意、不认可、拒绝，有时候轻轻摇头还代表对思考中的问题的否决。

低头：一般表示谦恭、臣服、认错、顺从、害羞。徐志摩有诗云"最是那一低头的温柔，恰似水莲花不胜凉风的娇羞"，此时的低头被诗人解读为温柔，也无外乎是因为其代表一种温婉顺从。

仰头：仰头一般代表着比较激昂的情绪，比如自信、激越、悲愤、不服气等。"我自横刀向天笑"是一种慷慨悲愤的情怀，"仰天大笑出门去，我辈岂是蓬蒿人"表现了一种高远的志向。

侧头：在印度的一些邦（如西孟加拉邦）里，人们表示赞同或应允时，不是点头，而是将头向右边侧一侧。

（4）肩膀动作。

耸肩膀在西方人的沟通中运用较多，一般是耸耸肩膀，摊开双手，表示一种无奈或不理解。受到惊吓的时候，也会紧张得耸肩膀。

（5）脚势。

由于不便于观察，脚的动作在沟通过程中比较少被留意，但正因为如此，其代表的意义也通常是不加掩饰的。通常，抖脚表明轻松或无聊，跺脚表明兴奋或愤怒，而脚尖的方向，会泄露一个人的倾向。

（6）身体接触。

身体接触是沟通双方通过身体某一部位的接触，传递某种沟通信息，最典型的方式是握手、拍肩膀、拥抱等。

握手是目前商务交往中最常见的礼仪，握手时的手部力量、姿势和时间长短均能传递不同的信息。常见握手动作分为如下几种：

●平等性握手。平等性握手动作是双方手掌都垂直于地面，掌心接触，力度适中。

●支配性与谦恭性握手。掌心向下即为支配性握手，掌心向上即为谦恭性握手。如果在握手中遇到对方手掌向下、而自己不愿居于下风的时候，可以左脚向前跨出一小步，使双方的身体位置发生变化，从而扭转对方的手腕。

●双握式握手。先用右手握住对方右手，然后用左手握住对方右手手背，双手握住上下摇动。西方称为"政客式握手"，传递真挚友好的情感时使用。有时候变形为右手抓住对方右手不放，左手同时做出亲密动作，如抓住别人手腕、手臂、肩膀等，通常左手触及别人身体的部位越高，就表示越热情和亲热，同时对对方越有控制力。

拍肩膀常见于长辈对小辈、领导对下属表示关爱、信任、鼓励、交代任务的场合，是上下齐心、关系融洽的表现。

拥抱在中国常见于亲人、恋人之间，而在西方国家，这是一种非常常见的社交礼仪，以至于各国政要在正式场合见面的时候，即便持不同政见，都会拥抱乃至亲吻，以此表明坦诚和亲密。

亲吻作为社交礼仪，起源于基督教徒以和平之吻或神圣之吻来相互问候。目前在西方国家作为常用问候礼仪出现。

14.4.3　面部表情语言

面部表情语言，即通过五官的动作形态传递信息。美国学者巴克研究发现，单是人的脸，就能做出大约上万种不同的表情。

（1）眼睛。

俗话说，眼睛是心灵的窗户。《诗经》对卫庄公夫人庄姜的赞美是"美目盼兮"，孟子曰："心中正，则眸子瞭焉"，德国谚语中也有"眼睛是爱情的信使"的说法。一个人眼睛形态及变化可以反映出其喜怒哀乐、思虑爱憎。

暴露人们心灵秘密的，首先是眼睛瞳孔的变化。在相同的灯光条件下，随着态度和情绪从积极转向消极，瞳孔就会由扩张转向收缩，反之亦然。当人们处在兴奋的状态中时，瞳孔会比原始尺寸扩大四倍。相反，如果人们处在消极的情绪中时，瞳孔就会收缩。瞳孔的变化是无法用意志来控制的，因此，瞳孔是反映人的兴趣、偏好、态度、情感和情绪等的显示器。其次，目光的角度也会说话。目光的角度有注视、斜视、以及眨眼。斜视的含义很丰富，它可能是表示感兴趣，也可能是表示不确定，甚至是表示敌意。如果人们在目光投向侧方的同时，眉毛微微上扬或者面带笑容，那就是很有兴趣的表现，恋爱中的人们经常将之作为求爱的信号，特别是女人。如果斜视的目光伴随着压低的眉毛、紧皱的眉头或者下拉的嘴角，那就表示猜疑、敌意或者批判的态度。

眨眼在沟通中也具有重要意义。在正常而放松的状态下，人们的眼睛每分钟会眨6~8次，每次眨眼时眼睛闭上的时间只有十分之一秒。注视在人们的沟通中具备的意义则更加重要。

按照主客体关系的不同，注视分为PAC三种：

P—Parent，指用家长式的、教训人的目光与人交流，视线是从上到下，打量对方，试图找出差错，常见于管理者对下属，学生对老师；

A—Adult，指用成人的眼光与人交流，互相之间的关系是平等的，视线从上到下，常见于一般的商务沟通；

C—Children，一般是小孩的眼光，目光向上，表示顺从、请求或撒娇，是处于相对弱势的一方经常使用的目光交流方式。

而根据目光停留的区间，注视分为三类，分别是公务注视、社交注视、亲密注视。

公务注视是指在进行业务洽谈、商务谈判、布置任务等谈话时，注视区间的范围一般是以两眼为底线，以前额上部为顶点所连接成的三角区域。由于注视这一部位能造成严肃认真、居高临下、压住对方的效果，所以常为企图处于优势的商人、外交人员、指挥员所采用，以便帮助他们掌握谈话的主动权和控制权。

社交注视区指人们在普通的社交场合中目光停留的区间，其范围是以两眼为上限，以下颚为顶点所连接成的倒三角区域。由于注视这一区域容易形成平等感，因此，常被公关人员在茶话会、舞会、酒会、联欢会以及其他一般社交场合使用。注视谈话者这一区域，会让对方轻松自然，因此，他们能比较自由地将自己的观点、见解表达出来。

亲密注视区是指具有亲密关系的人在交谈时目光停留的注视区间。主要是对方的双眼、嘴部和胸部。恋人之间，至爱亲朋之间，注视这些区域能够激发感情、表达爱意。"频送秋波""眉目传情"都是通过这样的区间进行的。

注视不等于一直凝视，否则会让对方感觉不自在。同时两眼也不能在某一区域上下翻飞、左顾右盼，否则对方会觉得不知所措。用目光注视对方时，应是自然、稳重、柔和的，而不能死死盯住对方某一部位，也不能不停地在对方身上"扫射"。交谈过程中可能出现双方目光对视的情况，不必惊慌和躲闪，自然的让其对视 1~3 秒钟，然后再缓缓移开，那种一接触对方目光就慌忙移开的做法是拘谨、小气的表现，会影响谈话的正常进行，引起对方猜疑。

每次目光接触的时间不要超过 3 秒。交流过程中 60%~70% 的时间与对方进行目光交流是最适宜的。少于 60%，则说明对对方的话题、谈话内容不感兴趣；多于 70%，则表示对对方本人的兴趣要多于他所说的话。

（2）鼻。

鼻子在沟通中较少使用，而且，一般都是略带有贬义的词汇，如"嗤之以鼻"表示蔑视、"鼻孔朝天"表示傲慢，"仰人鼻息"表示卑贱。但鼻子也会泄露一个人的真实感情。比如，不满的时候，会在鼻子里发出哼哼的声音；愤怒的时候，鼻孔会张大、鼻翼翕动；紧张的时候，鼻子会流汗、鼻尖会发红；说谎的时候，会不自觉摸鼻子。

（3）嘴巴。

嘴的表情是通过上下唇的动作来实现的：生气或不屑时，嘴巴往下撇；开心微笑时嘴角上翘；惊讶时张大嘴巴；把手指挡在嘴唇上方，通常代表想要掩饰自己的真正想法。

（4）眉毛。

眉毛和眼睛一起构成仪表的重要部分，表现着主人的心情。如眉飞色舞、扬眉吐气、眉开眼笑是说眉毛上扬、舒展的时候主人心情很好；横眉冷对则说明愤怒；至于双眉紧锁，那自然是苦恼，林妹妹"两弯似蹙非蹙罥烟眉"暗示着她内心的孤苦伶仃。

（5）耳朵。

人在激动的时候耳朵会红、撒谎的时候会用手拽耳朵。欧洲一些国家的警察在审问被审问人的时候，会注意被审问人是否拽耳垂儿。

（6）脸部表情。

脸部表情是情绪的真实写照，古往今来，能够真正做到喜怒不形于色的人只是少数，大部分人的喜怒哀乐都会表现在脸上。脸部肌肉放松说明心情很轻松，而脸色阴沉则是遇到了烦恼。笑容将脸部所有器官与脸色本身组合使用而形成，是人类独有的表情，人们可以用嘴角上扬的表情来表达心中的快乐之情，与此相反，当人们沮丧、绝望、愤怒或紧张的时候，他们就会表现出一种嘴角下垂的不高兴的表情，也就是我们常说的撇嘴。

英国伦敦学院的鲁斯·坎贝尔教授认为，我们的大脑里有一种"反射神经元"，它不仅可以促使大脑识别别人的面部表情和动作，还能够向面部肌肉发出指令，做出与所见表情相似的面部动作。换言之，当我们看到对方露出笑脸时，我们将不由自主地露出笑脸；当我们看到对方撇嘴时，我们就会自然而然地撇嘴。表情将会直接影响他人对我们的看法，并且决定对方回应我们的方式。

微笑是每个人与生俱来的"法宝"，在日常工作生活中善加应用，能让我们获得更多机会与友谊。当然，每个人微笑的方式千差万别，有些可能不太容易被人领会，因此，很多人都着力练习微笑。礼仪培训中惯常讲到，美的微笑是嘴角微微上扬，上下刚好各露出 6 ～ 8 颗牙齿。当然，虚伪的笑容只会让人觉得"皮笑肉不笑"，真正的微笑要是发自内心的、充满友善的。

除了微笑，人遇到开心或者滑稽的事情，也会"捧腹大笑"，人在尽情大笑的时候，大脑会分泌内啡肽，使人们有了一种"自然的快感"。神经学家亨利·鲁宾斯发现，开怀大笑一分钟可以使人在接下来的 45 分钟内都处于放松状态。

在社会交往中，值得关注的笑容有五种：

①抿嘴笑。"笑不露齿"的内在含义是，微笑者隐藏了某个不为人知的秘密，或是他不想与对方分享自己的想法或观点。传统女性为展现矜持、不让对方知道自己的想法，常会露出这种笑容；而女性在遇到自己不喜欢的人而又不想让对方知道这一点的时候，也会露出这样的笑容。

②歪嘴笑。这种歪脸的微笑是由于内心并不愿意真正微笑，左右两边脸出现不对称的结果，传递的信息也只有一个——挖苦讽刺。

③开口大笑。嘴巴张开、下巴低垂、嘴巴上扬，可以给人一种很开心的感觉，勾起周围人想笑的欲望，营造一种快乐的氛围，开口大笑常在竞选等场合出现。

④斜瞄式的微笑。微笑时双唇紧闭，同时还低下头，歪向一侧，并且斜着眼睛向上望，这样的笑容不禁会让人联想到少年时的俏皮和心思暗藏。无论何时何地，女性都喜欢在异性面前露出这种略有些腼腆害羞的笑容，因为这样做很容易引发男性体内的保护欲，使他萌生出保护她不受伤害、呵护她的念头。当沟通对象露出这样的微笑，意味着他想获得你的同情和保护。

⑤傻呵呵的笑。这是一种没有特别意义的、习惯性的微笑，通常源自一个人的文化背景、个性及习惯，看起来非常笃定、满足。但是，经常这样微笑，可能会让沟通对手揣测微笑者是否掌握了更多他人不知道的信息。

波士顿大学的马文·海切特和玛丽安·拉·弗朗斯进行了一项研究。在面对主管和上级时，无论是在气氛友好的前提下，还是在友好的紧张气氛当中，下级人员都会面带微笑；而主管在下级面前，只会在气氛友好的前提下才会露出微笑。这项研究还表明，无论是在社交还是在职场交往中，女性微笑的频率远高于男性，这也就在无形中使微笑的女性在面对不苟言笑的男性时居于弱势或从属的地位。但这并不代表女性就无法像男性具备至高无上的权威性，只不过过多的微笑容易让女性看起来显得更加柔弱恭顺而使其权威性有所降低。

14.5　环境语言沟通

环境是沟通必备的要素，所有的沟通必然都发生在特定的环境中，同时，环境又是沟通的工具，通过时间环境、空间环境也能进行信息和情感的交互。

14.5.1 时间环境

管理沟通中，沟通时间的确定，反映出沟通主体对于沟通事项及对象的微妙态度。是迫不及待、越早越好呢，还是无所谓？是管理者的黄金工作时间段呢，还是无关紧要的时间段？是预留了非常充足的时间呢，还是只是两个重要安排中间的一小段"边角料"时间？是只能公事公办的上班时间，还是可以进行更深入交流的临近下班的时间？所有这些安排都流露出管理者对于沟通的重视程度及所希望达到结果的预期和希望。

此外，管理者是否准时，也流露出对于沟通的重视程度，以及管理者的个人素养。

14.5.2 空间距离

空间距离是非常重要的环境沟通语言，不同的空间距离能够表达不同的意义和情感，甚至能够反映出不同的信仰、文化背景。例如，当你参加一个舞会，你对位置的选择反映了你在舞会上的角色定位。如果你坐在或站在比较显眼的地方，与其他人的距离比较接近，那么你就在传达一个积极参与的信息；如果你躲到无人的角落里，那么你就是在无声地告诉周围的人：我只想做一个旁观者，你们不要来邀请我。

（1）空间距离的内涵。

①空间距离表达了"领地"意识。在动物界，大型动物都有"占山为王"的习性，狮子或老虎会通过在树木、草丛中留下尿液的方式，告知竞争者自己的领地不可侵犯。人类习惯用围墙、房门等来把自己的领地与别人分割开来。领地代表了一种安全和隐私，保护自己不受他人侵犯，是人类本性中的固有需求。人们在日常沟通中，不可能随身带着一堵墙来保护自己，但又不能忍受别人进入到自己的安全距离内，于是，就通过与他人保持一定的空间距离，来树立无形的围墙，以保护自己的虚拟领地不受侵犯。据统计，一个人至少需要0.6平方米以上的地盘，小于这样的距离，人的私人空间由于互相拥挤受到破坏，人就会亢奋、烦躁。

②空间距离反映了亲疏程度。古往今来，人们一直运用个人空间作为符号来表达某种意义。中国成语"如影随形""促膝谈心""若即若离"到"退避三舍"，都引出在人际交往中，空间距离的近远与感情的亲疏是成正比关系的。

③空间距离代表身份和地位。在一个组织中，空间距离显示了个人的地位高低和权力大小，这主要表现在一个人的地位越高，其拥有的空间就越大，和其他人的空

间距离就越远。这是由于身份和地位越高的人，掌握的组织资源和机密就越多，处理组织重大和机密事件的机会就越大，所以需要一定的空间距离来保证其不受打扰。同时，越有身份和地位的人越需要保持一定的权威感，而和组织成员太亲近容易削弱权威感，因此，也会有意地在他和组织成员之间制造较大的空间距离。相应地，地位较低的人会因为彼此地位的差距，而有意识地与地位较高的人保持一定的空间距离。

④空间距离反映个性和文化。性格开朗、外向的人对空间距离的敏感性较低，而性格封闭和内向的人需要的空间距离较大。美国、意大利等相对开放的社会文化导致其国民对空间距离的要求较低，而挪威、丹麦等较为拘谨保守的民族则相对要求比较大的空间距离。

（2）空间距离分类。

美国霍尔教授经过研究发现，人们在交际中有四种空间距离——亲密距离、私人距离、社交距离、公众距离，具体定义如表14-2所示。

表14-2　空间距离分类

空间距离	距离	使用场合/对象
亲密距离	0~0.46米	父母、爱人、知己
私人距离	0.46~1.22米	酒会交际
社交距离	1.22~4.0米	企业内上下级及同事之间
公众距离	4.0米以上	开大会、演讲/明显是级别界限

①亲密距离。这是恋人之间、夫妻之间、父母子女之间以及至爱亲朋之间的交往距离。其中又可分近位和远位两种。近位距离在 0 ~ 15 厘米，这是一个亲密无间的距离空间。在这个空间里，人们可以彼此肌肤相触，能够直接感受到对方的体温和气息。恋人之间极希望处于这样的空间，在这样的空间里，双方都会感到幸福和快慰。远位距离在 15 ~ 46 厘米。这是一个可以肩并肩、手挽手的空间，在这个空间里，人们可以谈论私情，说悄悄话。在公众场所，是不允许一般人进入这个空间的，否则就是对对方的不尊重。即使因拥挤而被迫进入这个空间，也应尽量避免身体的任何部位触及对方，更不能将目光死盯在对方的身上。

②私人距离。这是一个更有"分寸感"的交往空间，也可分为近位距离和远位距离。近位距离在 46 ~ 76 厘米。在这一距离内，稍一伸手就可触及对方，双方可以亲切握手。近位距离在酒会的交际中比较常见，谈话双方会有一种亲切感。远位距离在 76 ~ 122 厘米。在这一距离内，双方都把手伸直，还有可能相互触及。由于这一距离有较大的开放性，亲密朋友、熟人可随意进入这一区域。

③社交距离。这是超越朋友、熟人关系的社交距离。这个距离体现的是一种社交性的，较正式的人际关系。可分为近位距离和远位距离。近位距离在 1.22 ～ 2.13 米。在工作环境中，领导对部属谈话，布置任务，听取汇报等一般保持这个距离。在一般的社交聚会上，陌生人之间，客户之间商谈事务时也采取这一距离。远位距离在 2.13 ～ 4 米。这是正式社交场合，商业活动、国事活动等所采用的距离。采用这一距离主要在于体现交往的正式性和庄重性。在一些领导人、企业老板的办公室里，其办公桌的宽度在 2 米以上，设计这一宽度的目的就在于，领导者与下属谈话时能显示出距离与威严。

④公众距离。这是人际接触中领域观念的最大距离，是一切人都可以自由进入的空间。也有近位距离和远位距离之分。近位距离在 4 ～ 8 米。这通常是小型活动的讲话人与听众之间的距离，教师讲课与学生听课之间的距离。远位距离在 8 米之外。这是大型报告会、听证会、文艺演出时报告人、演讲者、演员与听众、观众之间应当保持的距离。大人物在演讲时需要与听众保持这一距离，以便在增强权威感的同时，增强安全感。

以上四种空间距离，只是人际交往的大致模式，并不是凝固的刻板的。人际接触的具体空间距离是根据具体情况的变化而变化的。因此，具体的空间距离总是具有一定的伸缩性和可变性。比如，民族文化传统不同，人们交往的空间意识会有差异；性别不同，对交往需求的空间也有差异，如异性之间比同性之间要求大距离；社会地位高的人会有意识地和普通人保持较大的社交距离；年龄相差大的人之间的交往有缩小距离的愿望，而同龄人之间则有一种要求扩大交往距离的冲动；性格外向的人容易打破空间界限，对对方的侵入也不会太反感，而内向的人对空间距离的防范心理强；人的情绪也许是影响交往空间距离的最大也是最容易变化的因素，在人的情绪处于极度兴奋或极度压抑等状态时，可能会采取一种不合常规的空间界限与人交往；环境也会制约人的空间意识。

14.6 中西方非语言沟通比较

以上各节介绍了非语言沟通的世界各国通行的管理，但是由于国家、民族、地域文化的不同，实际非语言沟通也会有较大的差别，下面简单论述一下中西方非语言沟通的差异与侧重点。

14.6.1　中国人更偏爱非语言沟通

在北欧、德国、美国等西方国家，人们认为非语言沟通方式不易理解、不够精确、不够客观，因此大多数信息通过完整、清晰、准确的符号如语言、文字等传递，否则就无法准确、完整地表达自己的思想并使对方做出反应。

而在中国，非语言沟通有很强的表达作用，可用来传递大部分或全部信息的内涵，信息的发出者和接收者可以很好地运用非语言符号进行沟通，语言有时甚至是可以省略或非直接的。因此，中国人对语言表达的信任程度较低，较多地依赖非语言沟通方式来完成沟通。

14.6.2　中西方非语言沟通的功能侧重点不同

西方人比较坦率热情，他们较多使用非语言沟通信号对自己的语言进行加强和补充，如在说话的时候加入很多手势来协助表达自己的感受。

相较于西方人，中国人性格较为含蓄，说话比较委婉，这导致中国人的语言表达效果不如西方人来得直接，所以中国人更多依赖于非语言沟通代替语言进行表达或者否定自己的语言。如李清照的词"和羞走，倚门回首，却把青梅嗅"，分明是想要将来人仔细端详，不能说出自己的心声，却只能假装闻着青梅，悄悄打量。又如中国人就算因饥饿腹鸣如鼓，但到邻居家遇上邻居吃饭并邀请一起吃时，仍旧会摆手说"不饿不饿"，但其喉咙间吞口水的声音以及眼中掩饰不住的渴望已经暴露了其心声，只等主人再次热情相邀了。

14.6.3　中西方在非语言沟通方式上存在的差异

中国人的含蓄同样体现在非语言沟通的方式上面。西方人对于手势、头部动作、肢体动作的运用比较广泛，说话的时候经常通过大幅度的身体语言来加强自己的语言表达效果；而中国人讲究庄重，不喜欢"指手画脚"或"动手动脚"，因此更多倾向于使用相对较为文雅和隐蔽的方式，如面部表情、眼神、空间等方式，来传达内心的真正想法。比如在中西方的商务沟通中，中国人注重仪式，包括时间、场合以及座位的安排等，认为这些体现了双方的诚意；而西方人对表面的、仪式性的东西看得极淡，面对实质性的问题却非常敏感，且容易忽略谈话双方的身份地位及人际关系，习惯于开门见山，在谈判一开始就急于直接进入具体条款。面对分歧的时候，中国人往往顾及谈话双方的身份地位差异，为尽量保持友善和谐的人际关系，一般不会采用直接、强硬的交流方式直接拒接对方，而是常常给以含糊其辞、模棱两可的答复，或采取反问的方式转移重点。西方人之间的交流则较为直接，对直率的谈判对手较为欣赏，如果对方提出的建议他们不能接受，往往毫不隐讳地直言相告。任何非直接、模棱两可的回答会被视为缺乏能力与自信、不真诚甚至虚伪的表现。

从案例鉴赏14-6卢伟光成就"森林大王"梦想的历程不难看出，经贸往来中多元文化的交融起着多么重要的作用。随着跨国公司与合资企业的繁荣，经济生活中的跨文化沟通已成为必要。我们知道，企业的有效管理离不开有效沟通。对于跨国公司而言，有效的跨文化沟通则是跨国公司管理的出发点，因为在跨国公司中，管理者和员工面对的是不同文化背景、语言、价值观、心态和行为的合作者，管理是在不同文化之间的沟通和交流的基础上进行的。与一般意义上的管理沟通相比，跨文化沟通难度更大，技巧性更强，因为它涉及语言、习俗、历史等文化差异和文化理解的问题。沟通不当轻则造成沟通无效、闹笑话，重则造成误解或关系恶化。因此，无论是管理者还是其他员工，都必须了解跨国公司中文化的多样性和冲突产生的背景，加强自身学习，掌握跨文化沟通技能，有效处理由文化差异所导致的冲突，以达到跨文化沟通的有效性。

技能应用分析

即测即评

※ 情景模拟训练

"你比划我猜"小游戏

（1）每组两人参加，一人比划一人猜。

（2）每组13个词，限时2分钟。

（3）两人面对面的站着，比划者可以用肢体语言或者口头语言表达的形式向猜词者传达信息，不得说出词语中的某个字，也不可以说出这个词语的英语等其他语言、方言发音。（可以提示，比如，哈密瓜：这是一种水果，3个字）

（4）猜不出可以喊"pass"或"过"，只能喊"过"两次。

（5）所猜词语包括：物品类、食品类、体育类、水果类、人物类、动物类、成语。

（6）观众不能够提醒。

游戏词语：

（1）物品类（日常用品）：电冰箱、洗衣机、电视机、微波炉、空调、电风扇、牙膏、牙刷、剪刀、毛巾、肥皂、淋浴露、护肤品、筷子、碗、水杯、喇叭、假牙、地球仪、呼啦圈、烟灰缸、饮水机、报纸、打印机、口红、餐巾纸、镜子、电梯、台灯、手套、灯笼、眼镜、火锅、凳子、枕头、被子、尿布、沙发、拖鞋、脸盆、温度计、雨伞、菜刀、灭火器、床、香皂、帽子、牙膏、皮鞋、红领巾、袜子、水龙头、门、勺子、茶叶、围巾、毛巾、电脑等。

（2）体育运动：跳水、呼啦圈、扔铅球、游泳、拔河、篮球、足球、哑铃、网球、排球、乒乓球等。

（3）食物类：酸辣粉、麻婆豆腐、小笼包、沙拉酱、冰棒、金针菇、三明治、珍珠奶茶、爆米花、棉花糖、烤红薯、过桥米线、水煮鱼、茶叶蛋、麻花、炸酱面、水饺、手擀面、玉米、酱油、醋、馒头、矿泉水、面条、苹果、牛奶、瓜子、冰激凌、玉米、啤酒、包子等。

（4）水果：橘子、苹果、梨、杏、桃、葡萄、香蕉、西瓜、芒果、草莓、樱桃、石榴、木瓜、猕猴桃、菠萝、荔枝、椰子。

第五篇
组织沟通技能

当管理者面对整个组织时，各种问题错综复杂交织在一起，要使组织协调运转，抓关键点是管理高效率保证。缔造高效的团队，是企业做大作强的必由之路，而有人的地方就有冲突，组织中的冲突可能随时发生，据说"是仅次于上帝和爱之外的充斥于人们之间的主题"。冲突的双重作用要求管理者有效管理冲突。作为开放的组织，当存在多元文化差异时，有必要应用跨文化沟通技巧化解矛盾。

第15章 管理冲突技能

自我技能测试　冲突管理技能测试

本调查问卷共有 26 道题目（见表 15-1），调查的目的是让员工评估自己组织的冲突管理状况。根据自己组织现在的实际情况，凭着自己对组织的直觉，在认为可以表达自己真实想法的题目后做出相应的选择。记分规则：其中 1~13 题采用正向计分，后面相应的"是"为 3 分，"不确定"为 2 分，"否"为 1 分。而 14~26 题采用负向计分，后面相对应的"是"为 1 分，"不确定"为 2 分，"否"为 3 分。

表15-1　冲突管理状况检测

题号	题目	选项		
1	面对冲突，管理者都能公开地和所有参与者面对面地解决	是	不确定	否
2	管理者特别善于从持不同意见的声音里发现对发展组织有益的东西	是	不确定	否
3	意见每次都能达成一致，员工责任明确	是	不确定	否
4	员工都了解并使用反馈渠道，以便对所有关键决策负责任地做出反应	是	不确定	否
5	在工作中，组织里的所有员工都乐于应用自己所掌握的沟通技巧	是	不确定	否
6	近期有不少成功的冲突解决案例可供借鉴	是	不确定	否
7	在组织中，权力被平均分配在整个组织的各个部门当中	是	不确定	否
8	员工强烈的情绪表达很常见且能受到重视	是	不确定	否
9	对于冲突管理程序，每个员工都非常清楚并且很注意使用	是	不确定	否
10	员工对组织中的重要问题会公开发表反对意见	是	不确定	否
11	组织中经常要通过第三方来解决冲突问题	是	不确定	否
12	解决冲突的第三方通常都是跟大家职位差不多甚至更低的员工	是	不确定	否
13	对实质性的问题，解决冲突的第三方总是表现很理智并运用冲突解决程序去解决	是	不确定	否
14	面对冲突，管理者总是在幕后和冲突参与者私下讨论解决	是	不确定	否
15	管理者对批评者的意见一概不予采纳	是	不确定	否
16	意见很难达成一致，在不停的争吵中，同样的问题又出现了	是	不确定	否
17	员工根本不关心他人对决策的反应	是	不确定	否

题号	题目	选项		
18	员工平时很少运用沟通技巧，懂得的人也不多	是	不确定	否
19	组织中成功的冲突解决案例近期还没有	是	不确定	否
20	在组织中，权力要么集中在最上层，要么集中在最下层	是	不确定	否
21	员工强烈的情绪表达根本不受欢迎，可能还要付出一定的代价	是	不确定	否
22	对于组织中清晰的冲突管理解决程序，每个员工都很少使用	是	不确定	否
23	员工对组织中的重要问题很少公开发表反对意见	是	不确定	否
24	组织中没有人希望通过第三方解决冲突问题	是	不确定	否
25	解决冲突的第三方通常是组织里的高层管理者	是	不确定	否
26	解决冲突的第三方总是非常强烈地偏向某一方	是	不确定	否

测评结果见附录。

本章学习目标：

◆冲突的内涵及特性。

◆冲突对组织绩效的影响：关键在于冲突的类型与冲突水平的控制，表现为积极影响和消极影响。

◆冲突的起因及冲突的发展过程。

◆冲突管理的5种基本竞争策略。

◆冲突管理的方法：预防有害冲突的方法、激发功能正常冲突的方法、处理有害冲突的方法。

引例

鲶鱼效应

挪威人喜欢吃沙丁鱼，尤其是活鱼。市场上活鱼的价格要比死鱼高许多。所以渔民总是千方百计地想办法让沙丁鱼活着回到渔港。可是虽然经过种种努力，绝大部分沙丁鱼还是会在中途因窒息而死亡。但却有一条渔船总能让大部分沙丁鱼活着回到渔港。船长严格保守着秘密。直到船长去世，谜底才揭开。原来是船长在装满沙丁鱼的鱼槽里放进了一条以鱼为主要食物的鲶鱼。鲶鱼进入鱼槽后，由于环境陌生，便四处游动。沙丁鱼见了鲶鱼十分紧张，左冲右突，四处躲避，加速游动。这样沙丁鱼缺氧的问题就迎刃而解了，沙丁鱼也就不会死了。这样一来，一条条沙丁鱼欢蹦乱跳地回到了渔港。这就是著名的"鲶鱼效应"（Catfish Effect）。

在人类社会组织中，人与人、人与群体、群体与群体之间必然会发生这样或那样的交往和互动关系，在这些错综复杂的交往与互动过程中，人们会因为各种各样的原因而产生意见分歧、争论、竞争和对抗，从而使彼此之间的关系出现不同程度、不同表现形式的紧张状态。这种紧张状态为交往和互动双方所意识到时，就会发生组织行为学称为"冲突"的现象。对于冲突，如果处理不当，会严重影响组织运作，导致敌意、缺乏合作、暴力、破坏关系，甚至组织解散等不良后果。但是冲突也有许多有益的作用，它能激发创造性、革新和变化，甚至可以改善关系。假如组织内完全没有冲突，它就会缺乏活力和积极性，不易接受变化。冲突管理的综合技能包括制造冲突和解决冲突以及利用冲突实现管理目标。

15.1 冲突的基本概念

15.1.1 什么是冲突

冲突可以定义为：个人或群体内部，个人与个人之间，个人与群体之间，群体与群体之间互不相容的目标、认识或感情，并引起对立或不一致的相互作用的任何一个状态。我们可以从以下几个方面理解其内涵。

其一，冲突是不同主体或主体的不同取向因为对特定客体处置方式的分歧，而产生的行为、心理的对立或矛盾的相互作用状态。前者主要表现为行为主体之间的行为对立状态，后者主要表现为个体内部心理矛盾状态。

其二，冲突是行为层面的人际冲突与心理层面的心理冲突的复合。客观存在的人际冲突必须经过人们去感知，内心去体验，当人们真正意识到对不同主体行为比较中的内在冲突、内心矛盾后，才能知觉到冲突。因此，冲突是否存在不仅是一个客观性问题，而且也是一个主观的知觉问题。

其三，冲突的主体可以是组织、群体或个人；冲突的客体可以是利益、权力、资源、目标、方法、意见、价值观、感情、程序、信息、关系等。

其四，冲突是一个过程，它是从人与人、人与群体、人与组织、群体与群体、组织与组织之间的相互关系和相互作用过程中发展而来，它反映了冲突主体之间交往的状况、背景和经历。

15.1.2 冲突的不同观念

人们对冲突的观念是随着社会实践的发展和认识的提高而逐步变迁的，概括起来分为三种主要观念。

（1）传统观念。

冲突的传统观念从 19 世纪末到 20 世纪 40 年代，在冲突问题上占据主导地位。传统观念认为：冲突是群体内功能失调的结果，冲突都是不良的、消极的、有害的，出现冲突是一件坏事，势必造成组织、群体、个人之间的不和、分裂和对抗，破坏正常关系，降低工作效率，影响组织目标的实现。因此，必须尽量减少冲突，最理想的状况是避免冲突。在这种观念指导下，人们常常把冲突等同于破坏、混乱、非理性争斗的同义词，大部分组织和管理者把防止和消除冲突当作管理工作的主要任务之一。

当代的大量研究并没有给冲突的传统观念提供全面支持，相反有不少研究却提供了与"冲突水平降低会导致工作绩效提高"等传统观点相反的证据。然而，在现实中，冲突的传统观念依然影响很大，许多人仍抱着传统观念来看待和处理冲突问题。

（2）人际关系观念。

冲突的人际关系观念从 20 世纪 40 年代末至 70 年代，在冲突理论中占据统治地位。冲突的人际关系观念认为：对于任何组织、群体和个人而言，冲突都是与生俱来、不可避免的客观存在。冲突既无法避免又不可能彻底消除，但冲突并非传统观念认为的那样，一定是坏的、消极的、破坏性的，冲突有着对组织或群体工作绩效产生积极影响的潜在可能性。所以，应当接纳冲突，使冲突的存在合理化，要适当地控制和利用冲突。

（3）相互作用观念。

冲突的相互作用观念风行于 20 世纪 80 年代后，是当代冲突理论中的主流学派。相互作用观念认为：冲突对于组织或群体既具有建设性、推动性等正面属性，又具有破坏性、阻滞性这类的反面属性。没有冲突，过分融洽、和平、安宁的组织或群体容易缺乏生机、活力和创新精神。适当的冲突能够刺激组织或群体的活力、生机、创新，成为促进组织变革，保持旺盛生命力的积极动力，从而提高组织绩效。所以，组织和管理者的任务不再是防止和消除冲突，而是要管理好冲突——限制破坏性冲突和促进建设性冲突，刺激功能积极的冲突，充分利用和发挥冲突的积极影响并控制其消极影响。

15.1.3　冲突的特性与影响

（1）冲突的特性。

● 冲突的客观存在性。冲突的客观存在性是指任何组织、群体或个人都会遇到形形色色的冲突，冲突是一种不以人们意志为转移的社会现象，是群体或组织管理的本质内容之一，是任何社会主体无法逃避的客观现实存在，社会主体在与冲突的际遇互动中的唯一的区别，只是冲突的类型、程度和性质的差异。

● 冲突的主观知觉性。正如我们在冲突内涵中所表述过的那样，客观存在的各种各样的冲突必须经过人们自身去感知，内心去体验。当客观存在的分歧、争论、竞争、对抗等现实状况反映成为人们大脑中或心理上的内在矛盾斗争，导致人们进入紧张状态时，人们才能意识到冲突，知觉到冲突。所以冲突又具有主观的知觉性。

● 冲突作用的两重性。冲突作用的两重性是根据冲突的相互作用观念，从冲突作用影响角度对其一般特性的概括。抽象而言，冲突对于组织、群体或个人既具有建设性、有益性，有着产生积极影响的可能性；又具有破坏性、有害性，有着产生消极影响的可能性。以前者特性为主的冲突，人们称为"建设性冲突"或"功能正常的冲突"；而以后者特性占上风的冲突人们称为"破坏性冲突"或"功能失调的冲突"。破坏性冲突多是由于冲突各方的目标和利益悬殊而引起的功能失调性冲突，会危及组织的根本利益和长远目标；建设性冲突多是由于冲突各方目标和根本利害差别不大，但手段、方式等不同而引起的功能正常的冲突，它不仅不会危害而且会促进组织的根本利益和长远目标。这样两种性质迥然的特性反映了冲突本身的对立统一性，冲突既可能给组织或其他冲突主体带来正面效应，提高组织的工作绩效，促进组织发展，也可能给组织或其他冲突主体带来负面效应，降低组织工作绩效，阻碍甚至破坏组织生存与发展。因此，简单断言"冲突好""冲突坏"，未免武断，没有多少实际意义；相反，对于冲突问题应当根据其特性，具体问题具体认识，用其所"长"制其所"劣"，方为正道。遗憾的是，冲突两重性的分界并不清楚明确，常常因事、因时、因境、因缘、因法而定，并会在一定条件下相互转换，这就需要我们既要全面学习积累冲突问题的科学理论与知识，又要认真实践和提高处理冲突的技能与艺术，随机制宜地管理冲突。

（2）冲突对组织绩效的影响。

冲突对冲突主体的影响和作用可以从不同角度、不同层次、不同参照物来评述，在这里我们限定在组织范畴与视野来讨论此问题。

美国学者布朗（L.Brown）在对冲突与组织绩效之间关系的研究中，发现了冲突水平与组织效率之间存在着联系，两者之间的关系主要表现为：当冲突水平过高时，组织会陷入混乱、对抗、甚至分裂、瓦解状态，进而破坏绩效、危及组织正常运转乃至生存。当冲突水平过低时，组织缺乏生机和活力，会进入变革困难，组织发展停滞不前，难以适应环境的低绩效状况。罗宾斯教授在其撰写的《管理学》一书中，对冲突与组织绩效之间的关系做出了形象的图示（图 15-1）。

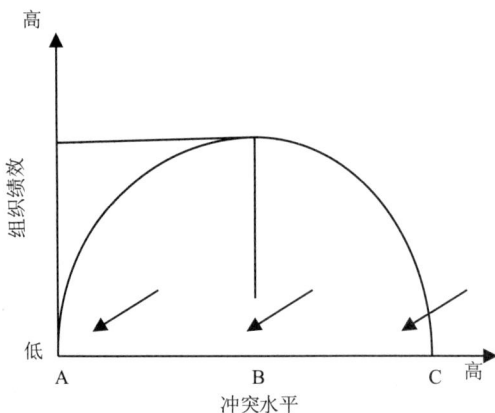

图15-1　任务冲突水平与组织绩效关系图

①冲突水平与组织绩效。冲突能否有利于提高组织的绩效，关键在于冲突的类型与冲突水平的控制。过高或过低的冲突水平都会影响群体或组织的有效性，使群体成员的满意度降低，成员之间的关系紧张、不和谐，从而严重影响组织绩效。只有当冲突水平恰到好处时，才会使提高组织绩效成为可能。任务冲突、关系冲突和过程冲突这三种不同类型冲突的水平将对组织的绩效产生不同的影响。适中的任务冲突将产生较高的组织绩效，而较低水平的关系冲突和过程冲突才有可能产生较高的组织绩效。因此，控制不同类型冲突的水平，是提高组织绩效的基础。

那么，冲突什么时候是良性什么时候又是恶性的？研究表明需要考察冲突的类型。任务冲突（task conflict）与工作的内容和目标相关。关系冲突（relationship conflict）集中在人际关系方面。过程冲突（process conflict）涉及工作该如何完成。研究显示，关系冲突几乎总是恶性的，因为人与人之间的敌意会增加个性冲突并减少相互理解，任务因此难以完成。另外，低程度的过程冲突和中低程度的任务冲突是良性的。要想过程冲突具有较高的生产率，那么冲突就应该是最小的。否则，谁应该做什么的激烈争论将使冲突变成恶性，因为它会导致任务分配的不确定性，增加完成任务的时间，并使员工去完成多种目标。但是，保持中低程度的任务冲突则可以不断地对群体绩效产生积极的影响，因为它可以激发员工讨论各种想法，从而使群体更富有创新性。由于目前我们还没有开发一套精密的测量工具来评估某种冲突程度是良性的还是恶性的，因此还需要管理者进行明智的判断，以了解其单位中的冲突水平程度是太高、太低抑或最优。不同冲突水平对组织绩效的影响（表 15-2）。

表15-2　冲突水平与组织绩效关系表

情况	冲突水平	冲突类型	组织内部特征	绩效水平
A	低或没有	功能失调	冷漠、迟钝、对变化反应慢、缺乏创新	低
B	适中	功能正常	有活力、自我批评、创新、接受新事物	高
C	高	功能失调	分裂、混乱、对抗、不合作、设置障碍	低

②冲突的积极影响，根据图 15-1 内容并结合一些专家的观点，我们把冲突对组织的积极影响作用，或者说冲突能带给组织的益处概括如下：

其一，冲突能够充分暴露出往常被人们忽视的问题和矛盾，促使管理者及早发现问题，正视问题，花力气去解决问题。

其二，冲突就如一个出气口，可以使冲突各方以一定的方式发泄内在的不满情绪，从而促进冲突各方的了解与沟通，降低各方由于长期压抑和怨气积蓄而酿成极端反应状态的概率。

其三，适当的冲突——组织内部适度的分歧和对抗，能够造成一个组织内部各部门、各部分相互约束、相互制衡的组织体系，促使组织机制不断完善。可以促进竞争，促进人们的新思想、新视野、新建议的产生，从而给组织带来生机和动力，促进组织变革。

其四，冲突可以促进联合，共求生存。冲突的这种效用主要发生于两种情况：当冲突各方面临更为强大的对手或敌人的共同威胁时，彼此之间求同存异，走向团结，合力图存；当冲突各方在冲突过程中找到了共同的更大利益时，彼此间也可能摒弃前嫌，结成联盟，壮大实力，共谋发展。

（3）冲突的消极影响。

由于冲突产生的原因、冲突的类型和性质、冲突的水平或强度（程度）以及冲突处理方式不当等因素的影响，冲突会给组织带来以下消极的危害作用。

其一，冲突会在人们情绪和心理上产生巨大的压力，阻碍或扭曲处于冲突中的个人对于事物、矛盾的认知和判断，导致个人行为的失常和不稳定，进而降低组织效率，危害个人的身心健康。

其二，冲突（主要高水平冲突、失控的冲突、处理不当的冲突等）会冲击组织制度和规范，离间人际关系和组织关系，紊乱组织秩序，严重影响人们的工作责任感和组织忠诚度，降低人们的工作满意度，从而导致组织整体绩效下滑。

其三，持续的冲突（主要是功能失调破坏性冲突）和难以很好解决的冲突，不仅对组织的资源浪费极大，而且会极大地"杀伤"组织绩效，损害组织整体实力。因为在这种情形中，冲突各方的最重要目标是千方百计增强自身实力去战胜对手，组织的目标、组织的利益会被抛至脑后，轻则大量浪费人、财、物、时间等组织资源，重则导致各种混乱、分裂和破坏活动，给组织带来难以弥补的损害。

15.1.4　冲突分类

根据人们对冲突的不同视角和不同侧重，常见的冲突分类如下。

（1）按组织层次划分，组织冲突包括：

①个体冲突；

②人际冲突；

③团体冲突；

④跨团体冲突。

（2）若以冲突对组织的作用性质为依据，则冲突可以划分为两种类型：

①建设性冲突；

②破坏性冲突。

（3）若以冲突呈现的基本形式为依据，则冲突可划分为 4 种类型：

①认识冲突。这类冲突形式主要是因为冲突主体内部或冲突各方之间存在着不一致的看法、想法和思想所引发的冲突。

②情感冲突。这类冲突形式的核心动因是冲突主体在情感上的不一致，也就是说主要是因为冲突主体内部或冲突各方之间存在着不一致或不相容的感情和情感，所引发的冲突。

③目标冲突。这类冲突形式的核心动因是冲突主体在结果追求上的不一致，也就是说，主要是因为冲突主体内部或冲突主体之间存在着不一致或不相容的结果追求，价值取向相左，所引发的冲突。

④程序冲突。这类冲突形式的核心动因是冲突主体在特定事情的运行过程或优先次序上的分歧和不一致，也就是说，主要是因为冲突主体之间或冲突主体内部存在着不一致或不相容的优先事件选择——过程顺序安排所引发的冲突。

（4）若以冲突表现出来的激烈性程度为依据，则可将冲突划分为 3 种类型：

①论辩性冲突。这种冲突是冲突过程最缓和的一种情况，是冲突主体在一种有理性、有控制的状况下的分歧和对抗。在这类冲突中，冲突主体主要通过摆事实、讲道理、各抒己见、批驳对方等论辩方式来影响对方，维护自身，处理冲突。论辩性冲突可以起到沟通各方，情感发泄，积极思维，催生新思想、新方法等积极作用。

②战斗性冲突。此类冲突是冲突程度最激烈的一种情况，是一种冲突主体自我控制能力急剧下降，客观地或主观地认为彼此之间存在着根本性利害冲突，站在一种"不是东风压倒西风，就是西风压倒东风"的势不两立的绝对立场上看待冲突，处理冲突。冲突主体任何一方的任何行为都可能成为对方类似行为的起点，都可能导致对抗行为的升级。在这类冲突中，冲突主体常常侧重于压倒对方，战胜对方，不惜采用各种正当和不正当的方法来处理冲突，往往可能造成破坏性结果。

③竞争性冲突。此类冲突是介于论辩性冲突与战斗性冲突之间的冲突，冲突的激烈程度或对抗性水平介于两者之间。在这类冲突中，冲突各方对自己的言行都有一定的理性控制，冲突主体都会考虑采取什么策略对自身有利，自己的决定和行为会如何影响对方，招致对方的何种反应，最终自己会落得什么样的结果。竞争性冲突各方的主体一般会尽力避免两败俱伤、一损俱损的冲突状况和结局，努力营造你追我赶、优胜劣汰的竞争态势，在相同的"游戏规则"下，追求有利于自身的差别均衡状态，使自己在竞争中取得优势，在优势中解决冲突。

15.2　冲突起因与冲突发展过程

15.2.1　冲突的起因

从冲突的基本定义来看，冲突首先表现为双方或多方存在不一致，而且这种不一致已被各方感知到。因此，冲突产生的直接原因可以归为彼此之间的差异。存在一定的相互依赖关系的双方，其差异越大，达成一致的协议就越难。但是，由于双方存在相互依赖的关系，他们又不能置彼此的差异于不顾，最后，这些差异就会伴随着各种意见的分歧导致冲突的表面化。组织中一般存在以下几种差异：认知差异、目标差异、信息差异和角色差异。

（1）认知差异。按照认知科学的理论，认知是人们获得和应用知识的过程，也可以称为信息加工的过程，人们通过自己的感官获得从外部输入的信息，经过处理转化为自己内部的观念或概念，并储存在头脑中，然后经过一系列的处理，将内部的观念或概念转化为语言或其他行为，成为输出的信息，对外部的刺激做出某种特定的反应。但是，在信息加工的过程中，由于各种因素的影响，个人接受相同的信息，加工之后形成和输出的观念或概念是不同的。然而，这些不同的观念或概念对相同的外部刺激又做出不同的特定反应。知觉既依赖于直接作用于感官的刺激物的特征，也依赖于感知的主体。知觉者一般的知识经验、他们对事物的态度以及对活动的预先准备状况，都会在一定程度上影响知觉的过程和结果。造成认知差异的原因有许多，主要的个人内部主观原因在于文化背景、个人成长背景、文化水平和知识结构、地位角色、个人价值系统等方面的差异。

（2）目标差异。目标是重要的组织特征之一。任何组织都有自己的目标，组织存在的一个重要原因就是要实现自己的目标。而组织结构的工作专门化和部门化等因素使得组织各部门会根据职能要求设定自己的部门目标。由于各部门执行的职能任务不同，使得部门目标也不同。例如，某保险公司的承保中心与理赔中心在各自的部门目标上存在差异。承保部门的目标是不断扩大承保业务，而理赔中心的目标是降低承保风险，减少理赔。因此，这两个部门由于各自的目标差异而产生冲突的可能性就会很大。

另外，为了保证组织整体目标的实现，组织将总目标按照各个部门的职能和职责分解为各部门的次级目标，这些次级目标与部门的利益存在密切关系。这样就很容易使各部门为了自己的次级目标和部门利益，强调部门目标的重要性，而忽略总体目标和其他部门的目标，造成与其他部门之间的目标冲突。对于组织成员而言，由于各自的职责任务不同，也容易形成组织成员之间的冲突。

（3）信息差异。信息是管理的重要资源。任何管理者都需要收集、整理、理解、传递、交流必要的信息。在信息管理的过程中，各个环节存在差异，容易引发冲突。

其一，在信息收集过程中，主要由于信息来源不同而造成信息差异。按照组织结构建立起来的组织内部沟通渠道，其信息流向可分为上行、下行和平行三种。在组织内部沟通中存在正式沟通和非正式沟通两种沟通形式。多渠道的信息来源虽然丰富了信息内容，但是增大了信息的差异性，降低了信息的准确性。因此，组织内部各个部门的信息来源渠道不同，获得的信息存在一定的差异。如果不及时沟通，交流信息，这种差异就很难消除。

其二，在整理和理解信息的过程中，还需要进行信息过滤，按照自己的方式处理和理解。每个人对信息的需求不同，处理信息的方法不同，理解也不同，导致处理和理解信息的结果存在差异。在组织沟通中，信息按照组织层级逐层传递，每个层次的接受者都会对信息进行一定的过滤、处理和理解，这就很容易发生信息偏差和误解。

其三，在信息的占有方面存在信息不对称。按照约哈里视窗（Johari Window）原理（见第二章2.3.3），信息不对称主要是指各自所拥有的信息知识不同，而对方又不了解这些信息。信息交流和信息共享就是要扩大公开区，缩小盲点区和隐蔽区。

（4）角色差异。组织中的每个成员都有自己的职位，这就要求成员扮演与其职位相适应的角色。角色差异主要表现在以下三个方面：角色期望与个人能力相矛盾、角色期望与个人行为相矛盾、角色期望不兼容。

①角色期望与个人能力相矛盾。按照人力资源管理的原则，组织中应该做到人与职位相匹配，人事相宜。如果出现职位要求与个人能力不相匹配的情况，或者组织要求个人扮演的角色或所发挥的作用与个人性格、技能、能力和个人期望相冲突，就会导致个人在工作中遭受挫折，面对心理压力和矛盾，使得职位的承担者对实现组织的角色期望缺乏信心。

②角色期望与个人行为相矛盾。角色期望一般是指组织对成员充当某一角色的行为要求，具体而言，就是组织成员的行为表现要符合组织的要求。实际上，在组织内部常会出现组织成员的行为表现与组织要求不相符的现象。特别是当一方坚持以自己的价值观和行为准则来要求对方的行为时，不可避免地会产生一种冲击力。这种期望与行为的矛盾在组织与组织之间、组织与成员之间都存在。

③角色期望不兼容。作为一位管理者，在组织中时常要扮演不同的角色，同时也要对不同的角色期望。角色期望不兼容有两种情形：一种是角色期望互相排斥，是指管理者面对不同的角色期望而不能兼顾这些不同的期望要求。例如，上级管理者要求他严格管理，加强监督，提高工作效率；而他所管理的部门成员对他的角色期望是关心他们，为他们争取更多的利益，大家和睦相处。很显然，这两种角色期望是不兼容的、互相排斥的；另一种是角色期望不能同时实现。是指管理者扮演多种不同角色而不能在同一时间完成这些角色。亨利·明茨伯格认为，管理者扮演着 10 种不同而又相互关联的角色，或者表现出与工作有关的 10 种不同行为。这 10 种角色或行为可以分为三大类：人际角色、信息角色和决策角色。但是，时间是有限的，这些角色无法在同一时间完成。

15.2.2　冲突的发展过程

美国学者庞迪（Pondy）提出了著名的冲突"五阶段发展模型"，他认为冲突的发展经历了五个可辨认的阶段，冲突并不总是一种客观的、有形的现象，最初只存在于人们的感觉或意识之中，只有经过不断发展才会逐渐显现出来，表现出各种可见的形式，如争吵、斗争等。冲突发展过程的五个阶段是：潜在的对立或失调、认知和人格化、行为意向、实施行为和结果。图 15-2 描绘了冲突过程。

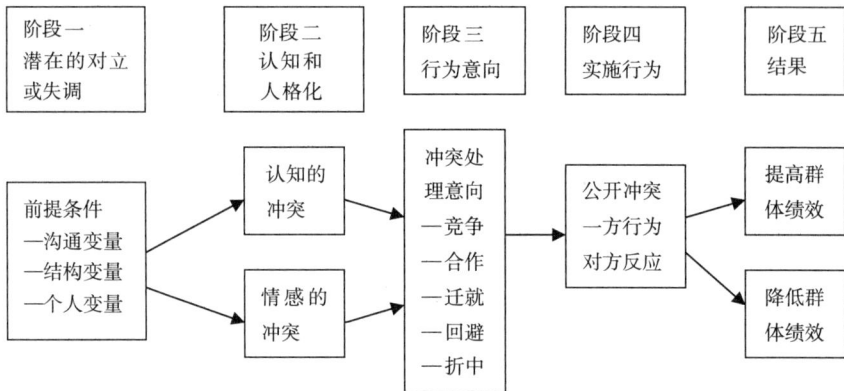

图15-2　冲突过程示意图

冲突的发展一般要经历图 15-2 中所示的五个阶段，但这也不是绝对的。冲突的过程是千变万化的，它的发展既有外部条件等客观因素的影响，也有冲突双方意愿等主观因素的影响。比如，有些冲突仅仅停留在潜伏阶段，因为发生冲突的原因消失了，冲突也就不可能表面化；而有些冲突一开始就进入对抗的表面化阶段。冲突是一个动态的发展过程。冲突的产生和发展过程都受到各种主客观条件的影响和抑制。

阶段一：潜在的对立或失调

冲突过程的第一阶段表明了可能发生冲突的条件。这些条件并不一定直接导致冲突，但它们是冲突发生的必要条件。总体来讲，这些必要条件可以归为三类：沟通变量、结构变量和个人变量。

沟通变量是指由于沟通方面出现问题而造成双方的冲突。沟通变量主要包括三个方面：一是由于词汇含义的差异、使用专用术语、信息交流不够充分，以及沟通过程中的噪音干扰等因素造成的沟通障碍。此外，由于教育培训差异、选择性知觉、缺乏有关他人的必要信息等所导致的语义理解方面的困难，也会成为冲突的潜在条件。二是沟通过少或过多都会增加冲突产生的潜在可能性。三是沟通通道也会影响冲突的产生。

结构变量包括以下变量：群体规模、群体成员分配的任务的具体化程度、管辖范围的清晰度、员工与目标之间的匹配性、领导风格以及奖励系统和群体间相互依赖的程度。这些变量往往会成为产生冲突的潜在条件。

个人变量是指人与人之间相处时所存在的一种微妙感受。我们每个人可能有过这样的经历：当你第一次遇见某个人时，你就不喜欢他，不仅不赞同他的很多观点，而且讨厌他的一些细微的特点，比如，说话的声音、动作姿态等。假如你和这样的人共事，产生冲突的可能性就比较大。个人因素包括每个个体都拥有的价值系统和人格特征，它们构成了一个人与众不同的风格。研究表明，某些人格类型（如十分专制、教条）有可能导致冲突。另外，价值系统的差异也是导致冲突可能出现的一个重要原因。

　　阶段二：认知和人格化

　　前面我们讨论冲突的定义时明确指出，冲突是否发生关键在于人们是否意识到了冲突。只有当一方或多方意识到冲突或感受到冲突时，潜在的对立和失调才会显现出来。在冲突发展的第二阶段，人们认识到了不一致，或一方对另一方关心的事情造成了某种程度的消极影响。在这个阶段，人们对冲突的感知可以分为认知的冲突和情感的冲突。认识到冲突的存在并不意味着它被人格化了。它并不会使人感到紧张或焦虑，也不一定会影响对另一方的情感。情感水平的冲突是指冲突的个体有了情感上的卷入，此时各方都会体验到焦虑、紧张、挫折或敌对。

　　在整个冲突发展过程中，第二阶段是最重要的一个阶段，这主要是因为此时冲突问题容易被明确地凸现出来。冲突的双方在这一过程中确定了冲突的性质。同时，冲突的界定方式对于可能存在的解决办法有着深远影响，对冲突情境的界定非常重要。因为它通常可能勾勒出解决冲突的各种办法。另外，情绪对于知觉的影响十分重要。当一个人意识到冲突的存在时，其情绪将会影响冲突发展的方向和解决的办法。如果这个人认识到冲突的存在，但是并没有卷入个人的情感，这时冲突比较容易表现出来并加以解决；一旦认识到冲突存在并做出情感反应，其情感的作用将会使冲突的解决复杂化。研究发现，消极的情绪会导致问题过于简单化处理，导致信任感降低，针对对方表现出来的行为会作出负面的解释；相反，积极情绪则增加了针对难题考虑其中各项因素潜在联系的可能性，使人们以更开阔的眼光和视野看待情境，采用的解决办法也更具创新性。

　　阶段三：行为意向

　　行为意向介于个体的认知、情感以及外显行为之间，指的是在面对某种冲突情境时采取某种特定方式从事活动的想法和打算。在冲突情境中，冲突的双方都将会作出反应，而这种反应大多数是根据对方的行为意向作出的。一方针对他人的行为作出反应时，必须首先推断他人的行为意向。很多冲突之所以不断升级，或者造成两败俱伤的结果，主要原因在于一方错误地推断了另一方的行为意向。由于行为意向与行为之间还有一段明显的距离，因此，一个人的行为并不总能准确地反映出他的行为意向，且从行为意向到实施行为的过程中还存在许多变数。

　　阶段四：实施行为

　　冲突行为通常是冲突各方实施各自行为意向的公开尝试。它首先在对对方行为意向进行判断和预测的基础上做出相应的反应，或对对方作出试探性的行为尝试，而对方也会依次做出反应，由此交替行进，不断发展，形成冲突强度的连续体。冲突的行为过程是一个明显的相互作用的动态过程。行为过程也并不是一味地递进式发展，如果有一方改变行为意向，做出一个相反的行为姿态反应，另一方就有可能随之改变自己的行为，又回到原来的冲突连续体的顶端，呈现出很大的破坏性，双方的行为表现非常激烈，如争斗、攻击、斗殴、罢工、骚乱，甚至战争等。大多数情况下，在冲突行为连续体的底部位置的冲突通常是功能正常的，而在冲突行为连续体的顶端位置的冲突通常是功能失调的。

冲突行为并不总是行为意向的表现。行为与行为意向是不同的，冲突行为的表现通常带有强烈的刺激性，加上对行为意向判断的失误，或在实施过程中缺乏经验，行为表现容易出现误差，外在行为有时会偏离原来的行为意向。

阶段五：结果

冲突双方的"行为—反应"的互动导致了最终结果。其结果可能有两种：一种是功能正常，提高组织绩效；另一种是功能失调，降低组织绩效。

单就冲突双方的关系来看，冲突的后果可以归结为胜—胜、负—负和胜—负这三种形式。这三种形式的冲突后果说明，冲突主体在冲突结果中会有不同的损益（只有少数冲突结果能使双方满意，多数冲突的结果是后两种形式），冲突主体在一场冲突结束后由于面对的结局不同，会出现不同的反应或后续行为，所以冲突的结果并不一定意味着冲突的终结。

一般认为，在冲突中获胜或从冲突结果获益的冲突主体，会增强满意度和强化自我肯定，并可能带来以下行为变化：进一步强化自信，加强对失败方的否定看法；减弱对有关工作和任务的关心程度（至少在短期内），放松对自己工作的自检与改进。而在冲突中失败或在冲突结果中受损的冲突主体则往往难以接受失败的现实，替自己开脱责任，片面地强调各种客观条件的影响或把自身失败归因于第三者或"不可抗力"的作用，力图曲解或否认冲突的结局，从而会波及自身的心态和以后的行为。理性的冲突失败者需要迅速走出阴影，直面现实，取人之长补己之短，力循"失败乃成功之母"之道。

15.3　冲突管理原则与技巧

组织都期望通过冲突管理得到功能正常的结果，提高组织效益。管理者的管理水平对此将起到非常重要的作用。首先，管理者要能够把握冲突的性质、类型，找到引发冲突的真正根源，并能够在冲突的适当阶段采取适当的管理手段适时解决冲突，将冲突引向理想的状态。其次，在冲突管理的过程中，管理者的沟通策略与技巧非常重要，激发冲突和控制冲突都需要高超的沟通技能。此外，最重要的冲突管理因素——组织文化环境也会影响冲突管理的结果。研究表明，抑制冲突的组织文化与鼓励创新的组织文化在冲突管理中将会产生截然不同的结果。

15.3.1　管理者与冲突管理

冲突在任何组织中都不可避免，但冲突是可以管理的。如何解决冲突是管理者必须面对的问题。冲突的出现可能会使组织内潜伏的问题及早得到重视，将冲突引向积极正面的结果正是组织绩效得以提升的机会。因此，称职的管理者不应该仅仅以保守的消除冲突为己任，而需要以更积极的态度来疏导冲突，使其转而提升组织绩效。行为科学研究专家将冲突管理称为"将热转化为光的管理"。

正如本章第一节所述，冲突具有客观存在性、主观知觉性作用的两重性。任何个人、群体和组织都无法避免和忽视冲突的存在与影响，因此对待冲突的惟一正确的态度只能是正视冲突、管理冲突、趋利避害、为我所用。

冲突管理有广义与狭义之分。广义的冲突管理应当包括冲突主体对于冲突问题的发现、认识、分析、处理、解决的全过程和所有相关工作，也就是对于潜在冲突（潜在的对立或失调阶段）—知觉冲突（认识和个性化阶段）—意向冲突（行为意向阶段）—行为冲突（实施行为阶段）—结果冲突（结果阶段）的全过程进行研究管理；狭义的冲突管理则着重把冲突的行为意向和冲突中的实际行为以及反应行为作为研究对象，研究冲突在这两个阶段的内在规律，应对策略和方法技巧，以便有效地管理好实际冲突。

随着组织或群体内部分工的日益细密、具体，外部环境的日趋复杂多变，竞争的日趋剧烈，技术和信息的日益进步，不同主体之间的相互交往与互动活动日趋频繁，多层次、多类型、多作用的冲突现象十分普遍，冲突问题越来越突出，冲突已经成为一种十分重要的组织现象和社会现象。因此，一个组织、群体以至个人能不能学习、掌握和提高冲突管理的科学知识和艺术技巧，能不能及时、正确、有效地实施冲突管理，趋利避害地驾驭冲突，直接影响着自身目标的实现，关系到组织、群体和个人的生存与发展。

15.3.2　冲突处理的基本原则

凯瑟琳·M. 艾森哈特（Kathleen M. Eisenhardt）等人通过对组织内功能性冲突的

深入研究，提出了避免冲突沦为意气之争，并能够将冲突导向积极效能的六项基本原则。

原则一：将冲突引导到具体事实上。贯彻此项原则说起来容易做起来难。首先必须用耐心、善意和诚意来推倒彼此间的"无形之墙"，然后准备大量有助于讨论具体事实的客观资料，这样在开会讨论、交流意见或协商谈判时，即使存在不同意见，也不至于将时间浪费在各种无谓的争辩上，特别是避免产生情感冲突。

原则二：准备多种解决方案。冲突"没有全输或全赢"，若各方都能认识到这一点，参与找出解决方案的过程，就可以建立起彼此合作的共识。设计出几种方案以供选择，也可以顾及各方的"面子"，降低彼此的让步成本，避免因过度坚持立场而搞僵了关系。在各方都僵持不下时，通常会导致双方关系破裂。

原则三：树立共同追求的目标。如果组织成员缺乏共同目标，就容易相互对立，出现各自为政的现象，为维护自己的利益而产生冲突。若确立了共同目标，他们就可能会以大局为重而相互包容。

原则四：多运用幽默方式。在冲突情境出现时，卷入冲突的各方都会感到紧张、压力、烦躁等，如果不能有效缓解，则容易造成情绪对立。幽默可以减小压力，缓和气氛。但有些人常自以为幽默，但给听者的感觉却是冷嘲热讽，这不仅无助于化解冲突，反而有激化情绪的危险。

原则五：平衡彼此的权利结构。在冲突情境出现明显的强势与弱势之分时，弱势一方常存在"受迫害妄想症"。如果强势者不能察觉这个事实，在态度上谦让弱势，就会使弱势者感到沟通无用，转而采取攻击等玉石俱焚的做法。所以平衡权利结构的重点在于强者从态度上谦让弱者，使冲突在可控范围内解决。

原则六：不要强迫达成共识。俗话讲，"一种米养百种人"，每个人都有不同的"习惯领域"，所以很难达成完全共识。有些团队为了达成共识，迟迟做不了决策，反而延误了商机。在冲突处理方面，应提倡求同存异，只要出现彼此可以接受的妥协结果，就可以付诸实施。

理性地剖析冲突发生的原因，正确地判断冲突的性质和类型，公正地对待冲突双方，采取恰当的冲突管理策略和技巧，就能避免陷入情绪对立，并可能提升生产力。依照中国传统文化的儒家思想，常以贵和、持中为处理冲突的原则。

15.3.3　托马斯冲突处理模型

美国行为科学家托马斯提出的冲突处理模型被用来确定人们处理冲突的行为意向。人们选择一个纬度—合作性（一方愿意满足另一方愿望的程度）和自我坚持性（一方愿意满足自己愿望的程度）—来确定五种不同的处理冲突的行为意向。图 15-3 展示了冲突处理的五种行为意向。这五种处理冲突的行为意向是：竞争（自我肯定但不合作）、合作（自我肯定且合作）、回避（不自我肯定也不合作）、顺应（不自我肯定但合作）和妥协（合作性和自我肯定性均处于中等程度）。

（1）冲突管理的 5 种基本策略及其表现形式。

①竞争策略。竞争策略又被称为强制策略，是一种"我赢你输"，武断而不合作的冲突管理策略。奉行这种策略者，往往只图满足自身目标和利益却无视他方的目标和利益，常常通过权力、地位、资源、信息等优势向对方施加压力，迫使对方退让、放弃或失败来解决冲突问题。这种策略难以使对方心悦诚服，但在冲突主体实力悬殊或应付危机时较为有效。

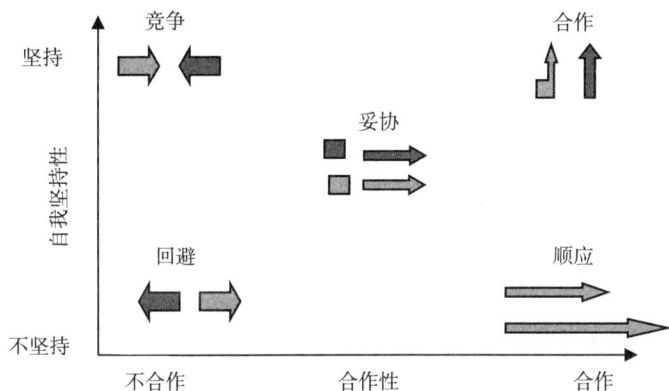

图15-3　冲突处理的五种行为意向

竞争策略的常见表现情形有：

●产生"赢—输"局势；

●敌对争斗；

●迫使对方认输；

●运用权力等优势以达到自身目的。

竞争策略经常发生或常被使用于以下场合：

●冲突各方中有一方具有压倒性力量；

●冲突发展在未来没有很大的利害关系；

●冲突中获胜的成本很高，赢的"赌注"很大；

●冲突一方独断专行，另一方则消极而为；

●冲突各方的利益彼此独立，难以找到共赢或相容部分；

●冲突一方或多方坚持不合作立场。竞争策略也包含了诉讼与仲裁方式。

主体在决定是否采用竞争战略时，应当认真权衡实行此策略的成本与利益，慎重回答这样几个问题：

● 自身有无足够实力保证一定能赢？输的概率有多大？输的结果是什么？

● 此策略是否会导致最希望的结局？

● 此策略导致的结局是否能以更缓和的策略、更节省的时间或更低的成本取得？

● 该领域的竞争是否会导致其他领域的竞争？对自身损害的可能有多大？

②回避策略。回避策略是指既不合作又不武断，既不满足自身利益又不满足对方利益的冲突管理策略。奉行这一策略者无视双方之间的差异和矛盾对立，或者保持中立姿态，试图将自己置身事外，任凭冲突事态自然发展，回避冲突的紧张和挫折局面，以"退避三舍"，"难得糊涂"的方式处理冲突问题。回避策略可以避免冲突问题扩大化。当冲突主体相互依赖性很低时，还可避免冲突或减少冲突的消极结果；但当冲突双方相互依赖性很强时，回避则会影响工作，降低绩效，并可能会忽略某些重要的看法、意见和机会，招致对手的受挫、非议和影响冲突的解决，故拟长期使用回避策略时，务必三思而后行。

回避策略的常见表现情形有：

● 忽略冲突并希望冲突消失；

● 以缓慢的程序节奏来平抑冲突；

● 思考问题，该问题不作为主要考虑对象或将此问题束之高阁；

● 以保密手段或言行控制来避免正面冲突；

● 以官僚制度的政策规则作为解决冲突的方式方法。

回避策略会导致冲突各方进入僵局或僵局结果，所以也有人称为回避——僵局方法。回避策略常被使用或经常发生在以下场合：

● 冲突主体中没有一方有足够力量去解决问题；

● 与冲突主体自身利益不相干或输赢价值很低；

● 冲突一方或多方不关心、不合作；

● 彼此缺少信任、沟通不良、过度情绪化等，不适合解决冲突。

个人、群体或组织在决定是否采用回避策略时，第一，应当检讨避免冲突的理由何在：是因为不相信能够达成解决冲突的协议？还是缺乏相互依赖的利益，缺少对问题的关心？或者是因为缺乏冲突处理的知识，惧怕对立对抗等。第二，应当判断实行回避策略对冲突问题解决的建设性（生产性）影响和破坏性影响的后果。第三，应根据不同情况和目标需要实施不同层次回避策略：

● "不予注意"式回避——有意回避或忽视冲突存在，"冷却"冲突或寄希望于到一定时候冲突自行消失。

●"中立"式回避——第一层次的回避，指的是对冲突保持"中立"立场，限制相互作用，减少摩擦，或不表示看法与言行的做法。

●分开或"隔离"型回避——第二层次的回避，指的是冲突双方虽存在利益冲突，但工作任务已明确划分，双方相互关系有限。为了防止公开冲突或冲突的发展破坏，一方采取与冲突对方"隔离"或冻结互动关系，独自向其他方面追寻利益的做法。

●"撤退"式回避——第三层次的回避，指的是当己方实力远逊于对方，冲突失败的概率很高时，为了避免招致新的失败，确保继续生存而采取的主动"撤退"、避让的做法。

③合作策略。合作策略指的是在高度合作精神和坚持的情况下，尽可能地满足冲突主体各方利益的冲突管理策略模式。奉行这种策略者必须既考虑自己关心点满足的程度，又考虑使他人关心点得到满足的程度。尽可能地扩大合作利益，追求冲突解决的"双赢"局面。合作策略的基本观点（或基本前提）是：

●冲突是双方不可避免的共同问题；

●冲突双方相信彼此平等，应有平等待遇；

●双方充分沟通，信任对方，了解冲突情景；

●每一方都积极理解对方的需求和观点，寻找"双赢"方案。

合作策略的常见表现情形有：

●解决问题的姿态；

●正视差异并进行思想与信息的交流；

●寻求整合性解决方式；

●寻找"双赢"的局面；

●把冲突问题看作一种挑战。

合作策略经常被使用或经常发生于以下场合：

●冲突双方不参与权力斗争；

●双方未来的正面关系很重要，未来结果的赌注很高；

●双方都是独立的问题解决者；

●冲突各方力量对等或利益互相依赖。

合作策略旨在为达成冲突各方的需求，而采取合作、协商，寻求新的资源和机会，扩大选择范围，"把蛋糕做大"等解决冲突问题的方式。实施合作解决问题的策略一般应经由检查解决问题的程序与愿望、研讨需求和利害关系、定义问题、拟定与评估备选方案、选择各方能够接受的方案、确定执行方法及监控程序等 6 个步骤。

④顺应策略。顺应策略又被称为克制策略或迎合策略，指的是一种高度合作且武断程度较低（不坚持己见），当事者主要考虑对方的利益、要求，或屈从对方意愿，压制或牺牲自己的利益及意愿的冲突管理策略。通常的顺应策略奉行者要么旨在从长远角度出发换取对方的合作，要么是不得不屈从于对手的势力和意愿。

顺应策略的常见表现情形有：

● 退让或让步；

● 屈服或顺从；

● 赞扬、恭维对方；

● 愿意改进关系，提供帮助。

顺应策略的核心是迎合——对别人或其他群体的利益让步，或将己方需求的利益让予他人（他方）。此策略常被使用的场合为：

● 各自利益极端相互依赖，必须牺牲某些利益去维持正面关系；

● 力量过于悬殊，希望以让步换取维持自身利益或在未来其他问题上的合作；

● 己方缺乏使用其他策略处理冲突的能力；

● 己方对冲突结果的期望值低或低度投资，采取消极的或犹豫不决的态度。这其中有着正面和负面两类理由。

⑤妥协策略。妥协实质上是一种交易，也有人称为谈判策略。妥协策略指的是一种合作性和武断性均处于中间状态，适度（居中）的满足自己的关心点和满足他人关心点，通过一系列的谈判、让步，避免陷入僵局，"讨价还价"的部分满足双方要求和利益的冲突管理策略。妥协策略是一种被人们广泛使用的处理冲突方式，它反映了处理冲突问题的实利主义态度，有助于改善和保持冲突双方的协和关系。尤其在促成双方一致的愿望时十分有效。奉行此策略时，应在满足对方最小期望的同时做出让步，冲突双方应当相互信任并保持灵活应变的态度，着重要防止满足短期利益在前，牺牲长远利益在后的折中方案或折中策略的消极影响。

妥协策略的常见表现情形有：

● 谈判；

● 寻求交易；

● 寻找满意或可接受的解决方案。

妥协策略可能发生或经常使用于以下场合：

● 冲突双方无一方有能力包赢，从而决定按各方所见的有限资源和利益来分配（结果）；

● 双方未来的利益有一定的相互依赖性和相容性，有某些合作、磋商或交换的余地；

●双方实力相当，任何一方都不能强迫或压服对方；

●双方各自独立，互不信任，无法共同解决问题，但赢的赌注较多。

妥协中的讨价还价技巧有 4 个层级：一是不做实际承诺，但表明灵活的立场；二是做很少让步，但须等对方做出反应之后才会有实际进展；三是提供双方都能接受的具体交易条件；四是非正式地暗示对方的让步将有所报答。

以上五种处理冲突的行为意向为人们处理冲突提供了总体的指导原则。在冲突过程中，人们处理冲突的行为意向不是一成不变的，冲突过程是一个动态的过程、互动的过程。在这个过程中，由于认识的改变，情境的改变，或对方行为的改变，人们的行为意向会发生变化。从人格因素上讲，人们在采取某种方式处理冲突时总会有一种基本的倾向，有自己处理问题的偏好，这种偏好是稳定的、一致的。如果把个体的智力特点和人格特点结合起来，则可以有效地预测人们的行为意向。

（2）冲突管理策略的有效性。

上述 5 种冲突管理策略若从冲突双方相互间的得失权衡来看，竞争为彼失己得，合作为各有所得，折中为各有得失，回避为各无所得，妥协为彼得己失。所以不少人认为，合作策略的有效性最高。当然，哪个策略更为有效，人们的观点并不一致，且受到每个人基本哲学的影响。事实上，影响冲突管理策略有效性的因素很多，每一种策略的有效性必须放到具体冲突的情形、环境、情节、矛盾、资源等实际状况中去考察，具体问题、具体处理、具体比较更能准确地说明问题。也有人提出，当运用某一策略处理特定冲突问题时，如果它能够使组织效益，社会需要和效益，组织成员的精神需要和伦理道德需要等都得到满足，那么就可以说，此时的冲突管理策略是有效的。

15.4　冲突管理方法

冲突管理的实际操作需要用到沟通、数据搜集与分析、冲突管理的规划、谈判、促进方案完成、直接处理冲突、仲裁等多种多样的方法。常用方法有如下几种：

（1）预防有害冲突的方法。

管理冲突应以预防为主，预防对群体、组织以至个人的有害冲突或破坏性冲突为主，预防工作可以从实际出发，适当选用以下方法措施。

①合理选人，优化结构。即为了预防有害冲突，在组建群体或组织时，应当选择性格、素质、价值观、利益取向、人际关系等相匹配的人员，合理优化组织结构，切不可让格格不入的成员"搭配"，埋下有害冲突的根源。

②共同利益导向，把"蛋糕"做大。当前所述，冲突尤其是有害冲突的重要根源之一是由于冲突各方对于稀缺货源的争夺而造成的。所以，在群体和组织管理中，要设计好大家的共同利益、共同目标和共同任务，决定各种分配时，把个体或各方的利益尽可能与共同利益捆在一起，"锅里有碗里才有"，努力把蛋糕做大，才能各取所需，减少因有限资源争夺而导致的有害冲突。

③建设组织文化，诱导组织风气。一个组织或群体的冲突水平、冲突频率和冲突处置方式会受到其组织文化、组织风气的潜在影响。通过建设和推行理性看待冲突，崇尚合作，加强沟通等积极内容的组织文化和风气，培养员工正确处理冲突、控制有害冲突发生的精神和素质。

④信息共享，加强交流。通过建立健全组织内或组织间的信息沟通渠道，加强各种主体和各种形式的交流沟通，实行信息共享，增进人们之间的互识、互信和感情，可以有效降低由于人们的差异性，以及信息掌握程度不同或理解不同等原因引发的有害冲突。

⑤推行工作分析，责权利界定清晰。许多有害的冲突是由于个人、群体的工作责任、权力和利益界限不清楚或配置不当，招致彼此在工作中的扯皮、争夺、对立等行为而产生的。因此，应当在组织中大力推行人力资源管理，科学的工作分析技术，把不同群体和岗位的工作目标、工作内容、职责范围、责权利关系等科学地加以界定，使个人和群体的工作走向标准化、科学化，从而防范有害冲突的发生。

⑥强化整体观念，建立系统的考评体系。本位主义观念、小集体或个人利益的过度追求，以个体或单方面绩效为中心的考评体系往往是导致有害冲突的根源之一。因此，应强化全局和整体观念，谋求组织整体的最大利益方面的教育，并建立与之相适应的系统考评体系，把个人、团队和组织三个层次绩效密切联系进行考核，以便减少有害冲突的发生。

⑦实行工作轮换，提高换位思考能力。由于人与人、群体与群体在组织中承担的任务不同，存在环境不同等因素所造成的角色差别和思维定势也是产生有害冲突的根源之一。因此，在组织中建立工作轮换制度，加强人们对更多工作角色的了解，提高人们换位思考能力，可以有效预防由此而引发的有害冲突。

⑧加强教育培训，提高人际关系处理技能。许多有害冲突的产生与发展起因于当事人对潜在冲突或正常问题的解决不当，简单拙劣地处理了人际关系矛盾。因此，应

当开展相应的教育培训工作，提高组织成员处理人际关系的技能，提高他们处理各种矛盾问题的正确性和成功率，从而有效预防因此而导致的有害冲突。

（2）激发功能正常冲突的方法。

近些年来，组织行为专家普遍认为，一个健康有活力的组织应当保持功能正常的冲突，或者说能使冲突保持在适当水平的组织才是一个健康而有生命力的组织。这就需要，当冲突水平过高时，组织要设法降低冲突；当冲突水平过低时，组织要设法激发或加强冲突。长期以来，人们的注意力集中于如何解决冲突，控制破坏性冲突，而对如何"激发冲突"，发展建设性冲突却缺少深入的研究，这里仅介绍若干常见的方法措施。

①改变组织文化来激发冲突。即在组织文化中容纳合理的冲突，给予功能正常冲突以合法地位，摈弃视冲突为"洪水猛兽"，完全否定一切冲突的传统观念。通过正面信息传播、示范加薪、晋升等强化手段，倡导敢于向现状挑战，倡议革新观念，敢于提出不同看法，进行独创性思考的组织文化，从而激发功能正常的冲突。

②强调差别和利害比较来激发冲突。有比较才有鉴别，有比较才有竞争。通过在设计绩效考评、激励制度等工作中，强调个人或群体的差别和利害比较，可以提高冲突水平。

③改革组织结构，打破现状来激发冲突。重新建构组织，重新组合工作群体，改变原有组织关系和规章制度，变革组织、群体和个人之间的互动和互相依赖关系等类组织变革，都会因为打破了组织原有平衡和利益格局而提高冲突水平。

④利用信息和信息沟通渠道来激发冲突。一般而言，具有威胁性或模棱两可的信息可以用来促进人们积极思维，减少漠然态度，提高冲突水平。比如，一所四平八稳的大学，当人们听到要进行内部管理体制改革，实行择优聘任、竞争上岗、末位淘汰制时，又会引发多少躁动不安和矛盾冲突啊！有意识地恰当使用信息沟通渠道或沟通手段也是一种有效的激发冲突和控制冲突的方法。比如，某些组织的领导者在任命重要职位干部时，先把可能的人选信息通过非正式的沟通渠道散布为"小道消息"，试探和激发公众的不同反应与冲突，当导致的负面反应强烈、冲突水平过高时，即可正式否认或消除信息源；若冲突水平适当，正面反应占主导，则可正式推出任命。

⑤利用"鲶鱼效应"激发冲突。常见方法之一是引进外人来激发冲突。引进外人是指从外界招聘或内部调动方式引进一个或一些在背景、态度、价值观和管理风格方面与目前群体成员不相同的个体，来增加群体中的新思想、新看法、新做法，造成新与旧的碰撞、刺激、互动，从而激发有益的冲突即人们提高群体或组织的活力。常见方法之二是任命一名"批评者"来激发冲突，即人们所说的"任命一名吹毛求疵

者"，给组织或群体中安排或任命一位总是具有"与众不同的看法"的角色，让其专挑毛病，专唱对台戏，从而打破定向思维、从众效应、"过去惯例"，激发必要的冲突。

⑥强调群体间界限，倡导"内和外争"来激发群体间冲突。即在群体态度、行为和文化上，强调群体内部的团结与和谐，强调与外部群体差别和界限意识，将外部群体视为竞争对手，从而激发群体间的冲突。

（3）处理有害冲突的方法。

处理有害冲突的方法也叫解决冲突的方法技巧，指的是当有害冲突不可避免的出现后有效地对其加以处理，从而控制或减少其破坏性作用的具体方法与技巧。

①熟知基本冲突处理风格，理性对待和解决冲突。尽管大多数人都能够根据环境和系统的变化来调整自己对不同冲突的反应和冲突行为，然而每个人都有自己习惯和偏好的冲突处理的基本风格，这种潜在的冲突处理基本风格往往影响着人们在冲突中基本的可能行为方式，以及最经常采取的冲突处理方式。了解和熟悉自己与冲突各方的基本冲突处理风格，是扬长避短、对症下药、理性处置冲突、避免习惯或错误方法导致冲突恶化的前提。

②区分冲突，慎重选择所要处理的冲突。群体和组织中的冲突绝不会简单、孤立地存在，总是多种多样、复杂关联的。其中既有鸡毛蒜皮不值得花费精力的冲突，又有极难解决，超出你能力和影响力之外的冲突，当然也有一些适合你去处理的冲突。前两者并不值得你去花费过多的时间和精力，你应当区分冲突的不同类型和处理价值，审慎地挑选出那些有价值、有意义，自己又有能力、有义务处理的冲突来处理，只有这样，才能提高冲突处理的成效。切记，管理者不可能解决所有的冲突，只有放弃不必要和不可能解决的冲突，才能有效地解决冲突。

③评估冲突根源和当事人。凡事总有来龙去脉，作用力与反作用力。解决冲突方法的正确选择和处理方案的正确制订，很大程度上取决于对冲突根源和冲突当事人的了解和把握。因此，应当全面仔细地挖掘冲突的具体原由，比如人格差异、结构差异、沟通差异等；应当花时间了解和评估冲突当事人的兴趣、价值观、人格特点、情感、资源等要素的状况和差别，并试验从冲突双方各自角度来看待冲突情境与问题；要把工作的重点放在冲突各方的关键人物身上，力求有的放矢，为处理有害冲突创造有利条件，大大提升解决冲突问题的成功率。冲突根源的分类请参见前述内容。

④选择与冲突特点相适宜的冲突解决方式。冲突具有不同层次和不同类型，真可谓多种多样、千变万化、特点各异，不同的冲突有其相对适宜的冲突处理方式。如果冲突处理方式选择不当，冲突管理就可能事倍功半，难以处理。以下处理方式可供

参考：

●冲突双方自助式解决冲突。即冲突双方各自代表自身利益，面对面地采取讨论、谈判、磋商、沟通等方法来解决冲突的方式。

●冲突双方代理式解决冲突。即冲突双方委托代理人（如律师、朋友、雇员、工会领导等）来解决冲突的方式。

●第三方调停式解决冲突。即当冲突双方无法自行解决冲突时，双方共同邀请非当事人的第三方或上级使用劝说、讲道理、建议新的解决方案等办法来加以调停解决冲突的方式。

●第三方强制式解决冲突。即当冲突双方或请第三方调停都无法解决冲突时，由非当事人的第三方运用强力、权威或法定权力强行制止和处理双方的冲突。如仲裁、法院裁决或上级行政处理意见等即为此种方式。

上述冲突处理方式在实用上不应局限在单纯、孤立的使用，有时交叉或复合使用效果更佳。

技能应用分析

案例分析与即测即评

※ 情景模拟训练

（1）选择一个你所熟悉的冲突。用本章所示的方法识别冲突来源，仔细分析情境。将你的观察结果与知情人的观点相比较。这是什么类型的冲突？为什么会发生？为什么会持续？然后，依照指导方针选择一个适当的冲突管理策略，确定在该情境下最适当的方法。要把双方的个人偏好和相关的情境因素同时考虑进去。双方是否已经采用了这种方法？如果没有，试着将不同的观点引入关系中，并解释你为什么觉得这种观点更有效。如果双方已经采用了这种方法，与他们讨论为什么迄今为止尚未成功，与他们分享具体的行动指导和谈判战术。

（2）"内卷"一词频频上热搜，也是网友近几年讨论最频繁的词汇之一。若剖析"内卷"背后的原因，离不开一个词：竞争。有种说法："真的猛士敢于直面惨淡的人生。"内卷不可避免，唯有区别"好内卷"与"坏内卷"。"好内卷"大致有三类，标签分别为：天、地、人——对自然资源极致利用；对精益求精极致追求；对更高、更快、更强的追求。与"好内卷"相反，"坏内卷"不能提高资源利用效率、不能提高产品/服务品质、不能让人类自身更加完善，是形式主义无用功，往往将人引入"囚徒困境"。你是否赞同这种说法？请结合冲突相关理论谈谈你的认识。

第16章　跨文化沟通技能

自我技能测试　文化习俗小测验

（1）在日本，喝汤时发出很大吮吸的声音会被认为是（　　　）。

A. 粗鲁而讨厌的　　　　　　　　　　B. 你喜欢这种汤的表现

C. 在家里不要紧，在公共场合则不妥　　D. 只有外国人才这么做

（2）在日本，自动售货机里出售除下列哪一种饮料以外的所有其他饮料？（　　　）

A. 啤酒　　　　　　　　　　　　　　B. 加糖精的保健饮料

C. 加糖的咖啡　　　　　　　　　　　D. 美国公司生产的软饮料

（3）在拉丁美洲，管理者（　　　）。

A. 一般会雇佣自己家族的成员　　　　　B. 认为雇佣自己家族成员是不合适的

C. 强调雇佣少数特殊群体员工的重要性　D. 通常雇佣比实际工作所需更多的员工

（4）在拉丁美洲，人们（　　　）。

A. 认为交谈时和对方进行眼神交流是不礼貌的

B. 总是等到对方说完才开始说话

C. 身体接触次数比相似情况下北美商人多

D. 避免身体接触，因为这被认为是对个人隐私的侵犯

（5）马来西亚的主要宗教是（　　　）。

A. 佛教　　　B. 犹太教　　　C. 基督教　　　D. 伊斯兰教

（6）在泰国，（　　　）。

A. 男性之间挽手同行很常见　　　　　　B. 男女之间在公共场合挽手很常见

C. 男女同行是很粗鲁的举止　　　　　　D. 传统上男性和女性在街上遇见会互相亲吻

（7）在印度，进食时恰当的举止是（　　　）。

A. 用右手取食物，用左手吃　　　　　　B. 用左手取食物，用右手吃

C. 取食物和吃都只用左手　　　　　　　D. 取食物和吃都只用右手

（8）在泰国，脚趾指向别人是（　　　）。

A. 表示尊敬，像日本人鞠躬一样　　　　B. 无礼的，即便是无意中所为

C. 邀请对方跳舞　　　　　　　　　　　D. 公共场合标准的问候方式

（9）美国的管理者对下属的绩效评估是以其下属的工作表现为基础的，而在伊朗，管理者对下属进行绩效评估的基础是（　　　）。

　　A. 宗教　　　　　　　B. 资历　　　　　　　C. 友情　　　　　　　D. 能力

（10）作为对一个西班牙裔员工工作出色的奖励，最好不要（　　　）。

　　A. 当众赞扬他 / 她　　　　　　　　　　B. 说"谢谢"

　　C. 给他 / 她加薪　　　　　　　　　　　D. 给他 / 她升职

（11）在一些南美国家，出席社交约会（　　　）也算是正常、可接受的。

　　A. 提前 10~15 分钟　　　　　　　　　　B. 迟到 10~15 分钟

　　C. 迟到 15 分钟到 1 个小时　　　　　　　D. 迟到 1~2 个小时

（12）在法国，朋友间互相交谈时（　　　）。

　　A. 通常离对方 3 英尺站立　　　　　　　B. 典型做法是喊话

　　C. 比美国人站得距离近　　　　　　　　D. 总是有第三方在场

（13）在西欧，当送礼送花时，不要送（　　　）。

　　A. 郁金香和长寿花　　　　　　　　　　B. 雏菊和丁香

　　C. 菊花和马蹄莲　　　　　　　　　　　D. 丁香和苹果花

（14）在沙特阿拉伯，一个从事商业工作的男性行政官恰当的送礼方式是（　　　）。

　　A. 托一个男人把礼物送给妻子　　　　　B. 当面把礼物送给妻子中最宠爱的一个

　　C. 只送礼物给排行最长的妻子　　　　　D. 根本不送礼物给妻子

（15）如果你想送领带或围巾给一个拉丁美洲人，最好不要送（　　　）。

　　A. 红色的　　　　　　　　　　　　　　B. 紫色的

　　C. 绿色的　　　　　　　　　　　　　　D. 黑色的

（16）在德国，办公室和家里的门通常是（　　　）。

　　A. 大敞着，表示接受和欢迎朋友和陌生人

　　B. 微开着，显示进屋前要先敲门

　　C. 半开着，显示一些人是受欢迎的，而另一些人不受欢迎

　　D. 紧闭着，为了保护隐私和个人空间

（17）在前西德，具有感召力的领导（　　　）。

　　A. 不是人们心目中最想要的领导　　　　B. 是最受尊敬的和人们努力寻找的领导

　　C. 经常被邀请到文化机构董事会工作　　D. 会被邀参与政治活动

（18）美国在墨西哥工作的企业管理者发现，通过给墨西哥工人增加工资，他们会（　　　）。

　　A. 增加工人愿意工作的时间长度　　　　B. 诱使更多工人加夜班

C. 减少工人愿意工作的时间长度　　　　D. 降低生产率

（19）在委内瑞拉，新年的前一夜人们会（　　　）。

A. 一起度过安静的家庭聚会　　　　　　B. 在附近街道的晚会狂欢

C. 戴着尖角、帽子，在餐馆的音乐和舞蹈中度过　D. 在海滩吃烧烤猪肉

（20）在印度，如果一个陌生人想要了解你是做什么工作的，挣多少钱，他会
（　　　）。

A. 问你的向导　　　　　　　　　B. 邀请你去他家，认识你之后再问你

C. 过来直接问你，不用介绍　　　　D. 不管怎么样都尊重你的隐私

测评结果见附录。

本章学习目标：

● 理解文化及跨文化沟通的内涵。

●霍夫施泰德的四文化维度文化模式理论。

●跨文化沟通的障碍：包括语言差异、非语言差异、情境文化差异、民族差异等。

●文化差异对参与沟通结构的影响。

●文化差异造成文化冲突的表现。

●跨文化沟通的策略：①尊重原则；②平等原则；③属地原则；④适度原则。

引例

温州人的遭遇

被誉为中国最具有商业头脑的温州人在欧洲遭到越来越多的抵制，直至发生西班牙埃尔切烧鞋的恶性事件。尽管温州人中国式的超凡商业能力打败了欧洲同行企业，但也正是由此引发的文化冲突将打败自己。

2004 年 9 月 16 日的晚上，一把火烧了西班牙东南部小城埃尔切中国鞋城价值 100多万欧元的温州鞋子。事实上，这起极端暴力的事件并不是偶然的突发事件。一直以来，华商与当地人发生矛盾和摩擦的事情在西班牙乃至整个欧洲越来越多。从越来越多的针对中国商业的反倾销事件，直至恶性的西班牙埃尔切烧鞋事件，可见在中国大步融入全球经济的进程中，将会遇到的不仅仅是市场、法律、政策等方面的冲突，更深层次、更为激烈的文化冲突将难以避免。而且文化的冲突不仅仅是发生在单纯的商业领域，随着中国商业移民越来越多地嵌入国外社会生活，这种冲突将是全方位的。

温州人作为中国市场经济最早的先行者，行为方式与欧洲人迥异。欧洲人习惯于依据规则，而温州人在经济行为中碰到事情，想到的首先是事在人为，没有什么框框。也正是这点，温州人在欧洲市场纵横天下，一些欧洲企业难以招架。比如温州人

的拷贝能力是非常强的，可以学习你的管理模式，或是复制最新的流行款式。例如对西班牙焚鞋事件的报道，大部分欧洲媒体都对温州伪造高档商品的不良名气予以了强调。此外，他们也对中国商人不尊重商品的专利价值、唯利是图予以大量描述。同时，在欧洲的华人企业家族式的管理和发展模式，也让欧洲人感到难以理解和接近。

彼此缺乏理解与交流，冲突也就是必然的。

随着经济全球化进程的加速，跨国、跨文化的交往活动日益频繁，不同文化背景的人员的跨国往来与日俱增，文化背景多元化趋势日益明显。如何在多元文化条件下实现跨国经营，一直是困扰跨国企业发展的难题。国外管理学家的研究表明，大约有35%～45%的跨国企业是以失败而告终的，其中大约有30%是由于技术、资金、政策方面的原因引起的，有70%是由于文化差异引发的。这就要求跨国公司不仅要解决企业内部的文化冲突，还应满足不同文化背景的消费者的需求、适应东道国的风俗习惯、法律制度等等条件。因此，成功的跨国公司往往是那些懂得如何将不同民族特性、价值观念和文化传统与先进的管理方法有机融为一体，进行有效跨文化沟通的企业。

16.1　文化与跨文化沟通

近年来，"跨文化沟通学"作为一门新兴的学科在语言学和语言教学界受到越来越多的关注。跨文化沟通学研究的是"对社会事物和事件看法方面的文化差异。只有了解和理解了这些文化因素的差异，并且具有成功地与他文化成员交流的真诚愿望，才能最大限度地克服这种看法差异造成的交流障碍"。成功的沟通不仅需要良好的外语语言能力，而且也要求人们了解不同文化之间的差异。了解文化差异和文化差异对沟通造成的障碍并将其克服正是我们在这一章里所要讨论的主要内容。

16.1.1　跨文化沟通

所谓跨文化沟通，是指发生在不同文化背景下的人们之间的沟通。文化在很大程度上影响和决定了人们如何将信息编码、如何赋予信息意义以及是否可以发出、接收、解释各种信息。在跨文化沟通中，由于信息的发送者和信息的接收者为不同文化的成员，在一种文化中的编码，要在另一种文化中解码，因此，整个沟通过程都受到文化的深刻影响。萨姆瓦等人曾提出了一个较权威的跨文化沟通的模型，如图16-1所示。

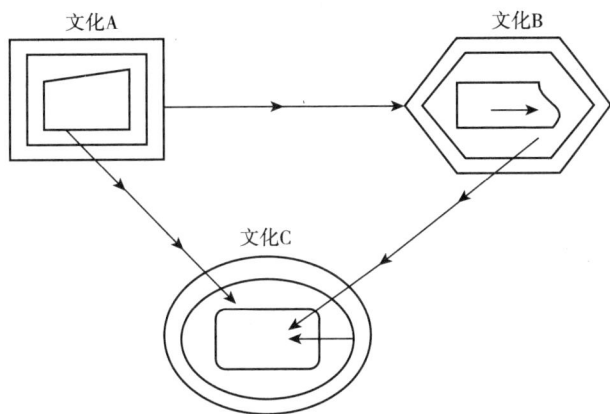

图16-1　跨文化沟通模型

按照萨姆瓦等人的解释，这个模型说明了这样几个问题：

在模型中，三种文化由三种不同的几何图形来表示。文化 A 和文化 B 是比较相近的文化，而文化 C 与文化 A、文化 B 有较大的差异，由文化 C 的圆形及其与文化 A、文化 B 的较大距离来表示。

每一种文化图形的内部都有一个与文化图形相似的另一个图形，它表示受到该文化影响的个人。代表个人的图形与影响他的文化的图形稍有不同，这说明：一是在文化之外，还有一些其他的因素影响个体的形成；二是尽管文化对每一个人来说都是具有主导性影响的力量，但对个人的影响程度不同。

跨文化的编码和解码由连接几个图形的箭头来说明。箭头表示文化之间的信息传递。当一个信息离开它被编码的那个文化时，这个信息包含着编码者所要表达的意图。这在图 16-1 中由箭头内的图案与代表编码者个人的图案的一致性来表示。当一个信息到达它将被解码的文化时，有一个变化的过程，解码文化的影响变成信息含义的一部分。原始信息的内涵、意义就被修改了。由于文化的差异，编码者和解码者所拥有的沟通行为及其意义在概念和内容上也是有差异的。

文化对跨文化沟通环节的影响程度是由文化间差异的程度决定的。在图 16-1 中用箭头里面的图案变化程度来表示。文化 A 与文化 B 之间发生的变化远比文化 A 与文化 C、文化 B 与文化 C 之间有着较多的相似性，所以，两者之间在沟通行为及其意义方面更相似，解码的结果与原始信息编码时的内涵、意义就更接近。在文化 C 方面，由于它与文化 A、文化 B 之间有相当大的差异，解码结果也就与原始信息有较大的差异。

从图 16-1 中可以看出，在跨文化沟通中，文化间的差异是广泛多变的。这在很大程度上是由环境和沟通方式造成的。跨文化沟通可以在许多不同的情境下发生，可以在文化差异极大的人之间发生，也可以在同一主流文化中的不同亚文化群体的成员之间发生。可以有跨人种的沟通，也可以有跨民族和国际间的沟通。

从上面的分析中可以看出，尽量减少由文化差异引起的信息曲解和变形是跨文化沟通研究中所要解决的根本问题。要实现有效的跨文化沟通，就要有效地处理文化差异。从总体上增加对文化的了解，理解文化的概念和特点，会为我们了解特定文化背景对人们思维倾向和行为的影响奠定基础。因此，在学习某一个特定的文化和语言而获得全面收益之前，我们还必须首先了解文化的特性。

16.1.2 文化与亚文化

文化概念有狭义和广义之分。广义的文化是指人类创造的一切物质产品和精神产品的总和；狭义的文化专指包括语言、文学、艺术及一切意识形态在内的精神产品。社会学和人类学通常使用广义的文化概念。从有利于理解跨文化沟通的角度考虑，我们认为文化就是一个国家民族特定的观念和价值体系，这些观念影响着人们生活、工作中的行为方式，是"进一步行动的制约因素"。它应该具有以下几个特点。首先，文化是一个群体共享的东西。其次，这些东西可以是客观显性的，也可以是主观隐性的。再次，客观显性的文化和主观隐性的文化同时对生活在该群体中的人产生各方面的影响。最后，文化代代相传，虽然会随着时代改变，但速度极其缓慢。

文化具有相对性。在一个大的文化群体里，各种社会因素和自然因素，如阶级、阶层、宗教、民族以及居住环境的不同会造成各地区和不同小群体文化的某些特殊性。这种存在于总体文化中的次属文化，被称为亚文化。例如，在中华民族的文化中，56个民族既有共同的文化特征，又有自己的文化特征，各民族文化是中华民族文化中的亚文化；美国的历史短暂，是由多种移民形成的国家，美国文化也是由许多亚文化组成的文化。

文化由物质文化和精神文化两大部分构成，其要素包括：

（1）认知体系。

认知体系是指认识论和"知识"体系，由感知、思维方式、世界观、价值观、信仰、宗教、艺术、伦理道德、审美观念以及其他具体科学构成，其中世界观和价值观最为重要，是认知体系的核心。它们是一个文化群体的成员评价行为和事物的标准。这个标准存在于人的内心中，并通过态度和行为表现出来。它们决定了人们赞赏什么、追求什么、选择什么样的生活目标和生活方式。世界观和价值观还体现在人类创造的一切物质的和非物质的产品之中，产品的种类、用途和式样都受到了人们的世界观和价值观的影响。认知体系是文化要素中最有活力的部分，它为文化成员提供观察世界、了解现实的手段和评判是非、辨别好坏的标准，并且体现在人们生活的各个方面，是跨文化沟通学特别关注的文化要素。

（2）规范体系。

规范是指社会规范，即人们行为的准则，包括正规准则和非正规准则。

正规准则，如法律条文和群体组织的规章制度等。其特征是有一套无人争辩的原则，人们用"你不能干那件事，你要干这件事"之类的特殊方式教别人这套原则。当人做错事，行为未被批准或得到纠正时，就学到了正规原则。正规系统变化很慢。这种一致性和对变化的抗拒性使社会生活比较稳定。社会成员无须过多考虑就能够相信正在做的一些事。不承认这些正规系统就会导致误解，并常常导致真正愚蠢的观念，宗教规定即属此层次。

非正规准则，如风俗习惯。它包括那些没有专门定义的，但可通过观察别人，学习范例而获得的态度、习惯等。当一个人观察别人在干什么、什么可以接受时，就知道了他应该做什么以及如何做。适当的礼节规则、对待空间和距离的不同态度即属此层次。例如，违反了当地的礼节会造成极大的不快，但所涉及的个人可能并不明白造成不快的确切原因，只知道有些事情做错了。

每个国家都有一些自己独特的社会规范。比如与陌生人见面时如何行礼，美国人热情握手；日本人拱手作揖；印度人双手合十，放之鼻端，身体微微前倾；意大利人则拥抱亲吻，彼此间有很多的身体接触。再比如吃饭，美国人用刀叉，将自己要吃的食物（通常是牛肉、土豆泥、生菜）全部放在一个盘子里，左右开弓；日本人用筷子，吃汤面、夹寿司都很方便；中国人把菜肴放在桌子中间，大家共享；印度人则将浓汤与米饭拌在一起用手直接抓了吃，或用手抓着面饼蘸着浓汤吃。

各种规范之间互相联系、互相渗透、互为补充，共同调整着人们的各种社会关系。规范规定了一种文化群体成员的活动方向、方法和式样，是一个文化群体为了满足需要而设立或自然形成的，是价值观念的具体化。这些规范构成了一个国家或一个更小的社区文化的特点。规范体系有外显性，在跨文化沟通中，了解一个群体的文化，常常从认识规范开始。

（3）社会关系和社会组织。

社会关系是人们在共同生活中彼此结成的关系，是上述各文化要素产生的基础。生产关系是各种社会关系的基础。这些社会关系既是文化的一部分，也是创造文化的基础。社会关系的确定，需要有组织保障。社会组织是实际社会关系的实体。一个文化群体要建立诸多社会组织来保证各种社会关系的实体，社会组织有自己的目标、规章、一定数量的成员和相应的物质设备等，它既包括物质因素，又包括精神因素。社会关系和社会组织紧密相连，成为文化的一个重要组成部分。

（4）物质产品。

物质产品是指经过人类改造的自然环境和创造出来的一切物品。它是文化的具体有形部分，具有物质的特征。例如，从古代到现代的火箭，从马车到喷气式超音速飞机，从笔墨纸砚到电子计算机的桌面印刷系统，这些都是物质文化。在它们上面凝结着人们的观念、智慧、需求和能力。一种物质产品，既有一定的文化价值，又有它实在的用途。

（5）语言和非语言符号系统。

在人们的交往活动中，语言和非语言符号起着交流信息的作用。人们只有借助语言符号和非语言符号才能沟通，只有沟通和相互活动才能创造文化。而上述文化要素也只有通过语言才能反映和传授。一种文化群体的语言还是文化积淀和储存的手段。一个文化群体常有自己的语言和非语言符号系统，这往往成为跨文化沟通中最明显的障碍。

16.2 跨文化沟通的障碍及改进

16.2.1 跨文化沟通障碍的主要表现

相对于同一文化内的沟通，跨文化沟通不改变沟通的普遍性质，但是，文化因素的介入却增加了沟通的复杂性和困难程度。文化因素不但作用于沟通的整个过程，也影响沟通的每一个基本方面，从而给跨文化沟通造成困难与障碍。

（1）影响跨文化沟通的文化差异要素。

影响跨文化沟通的因素主要包括：语言差异、非语言差异、语境文化差异、民族差异等，每个因素又包括若干的子因素，下面分别介绍。

①语言差异。

● 国家间的语言差异。人们对遇到的现象、事务和行为的评价和解释是建立在本身文化的基础之上的，在跨文化沟通中也同样如此，因此往往会造成沟通的障碍，其根源就在于忽略了语言的迁移。

比如日本人说话婉转，从不愿直接说"不"，所以要表达"不"的意思就要借助各种创意的手法。美国的幽默作家大卫·贝雷（David Barry，1993）曾经在日本遇到过这样一件事。他要坐飞机从东京去大阪，临时去飞机场买票。

大卫：请买一张从东京去大阪的机票。

满脸笑容的售票员：嗯，去大阪的机票……请稍等。

大卫：多少钱？

售票员：从东京坐火车去大阪挺不错的，沿途可以看风景，是不是要买一张火车票？

大卫：不要，请给我买一张飞机票。

售票员：那……其实，坐长途巴士也挺好，上面设备齐全，豪华舒适。要不要来一张巴士票？

大卫：不要，请给我买一张飞机票。

……

这样来来去去好几个回合，大卫才搞清楚原来飞机票早已售罄，而售票员又不好意思直接告诉他，才拐弯抹角地试图用其他手段来帮助他达到目的，真是达到了委婉的极致境界。

● 中国地域间的语言差异。"三里不同风，五里不同俗"，这是中国地域文化的生动描述。各地的风土人情各不相同，南北有别、东西各殊。由于这种南北、东西的差异造成了地域间对事物的理解差异，同一话语在不同的地方，可能代表着不同的意思，给沟通带来不同的结果。

②颜色和数字的差异。由于受文化传统和宗教信仰等影响，东西方的颜色和数字表示的色彩非常丰富，很容易引起含义上的误解。

● 国家之间的差异。在西方，Red 是"火""血"的代表，Blue 表示"没有用的"，White 表示"累赘的"；在欧美也能看到"7-Up""7-Eleven""Mild Seven"等商标；Three 在贝宁、博茨瓦纳被视为不吉利的数字，而 Six 在英文中象征魔鬼；比利时人最忌蓝色；土耳其人禁止用花色物品布置房间；日本人忌绿色；印度人喜欢绿色。

● 中国地域之间的差异。在我国，数字与地域文化有很大的渊源。很多地方的数字中都寄寓了一定的含义，在沟通时要注意这种差异。比如岭南地区很多人将 8 视为吉利数字，在挑选电话号码、车牌号码时尽量选用；把 4 视为不吉利数字，很多电梯、楼层都避开用 4。但闽台地区视偶数为吉祥数字，4 是吉数，送贺礼习惯凑成 4 样，谓之"四式"。

③非语言差异。在跨文化沟通中，非语言交际最容易产生误解，因为非语言交际的编码和解码充满了不确定性和情境性。非语言交际是指语言以外的所有交际行为，例如体态语、副语言、环境语言等都是非语言交际的有效方式，是历史和文化长期积淀而成的共同习惯。

身体语言的差异，东西方有很大的不同。

礼仪方面，中国人常用握手和微笑表示友好和礼貌；欧美人习惯拥抱和接吻的礼仪形式；印度、泰国则双手合十表示问候；阿拉伯人见到别人朝自己微笑时，会感到莫名其妙。

表示同意时，中国人和英美人习惯点头表示赞许、肯定；在印度、希腊等点头的意思刚好相反；填写表格和选票时，中国人以打钩表示肯定，打叉表示否定，而英语国家以打叉表示肯定；翘起大拇指中国人表示"不错"，英美人表示"没问题"，日本人用它指代父亲、丈夫、老板等男性为尊的角色，而中东有些国家里就像美国人伸出中指一样，表示不好的意思；中国人用鼓掌表示欢迎或赞赏，俄罗斯人用指头敲桌子，德国人用脚踏地板来表示。

④民族差异。组织的成员来自不同的国家、不同的民族，具有不同的文化背景，必然具有不同的价值观念、态度和行为，从而导致文化差异，需要不同的管理观念和管理方法。

● 民族之间的差异。世界不同的民族存在不同的心理模式，不同的心理模式会带来语言运用的差异。通过对民族感知差异、归因差异及社会规范差异对跨文化沟通心理影响的研究表明，在跨文化交际中需要了解交际对方的民族心理特点，考虑到交际双方的心理差异，才能促进跨文化交际的理解与沟通。

● 种族中心主义。种族中心主义是人们作为某一特定文化中的成员所表现出来的优越感，它以自身的文化价值观和标准作为至高无上的衡量尺度去解释和评判其他文化环境中的群体。由于价值观的不同，种族之间常发生冲突，甚至战争。

世界上有各种各样的民族，以国家为分类的有很多，典型的有中国的"中华民族"、德国的"日耳曼民族"、以色列的"犹太族"、日本的"大和民族"等。"日耳曼民族"以专业、做事刻板、傲气凌人为特点；中国人做生意首先讲人情，再做生意，即"先做人后做事"。

● 地域间文化冲突。以中国和美国两国典型文化进行比较，美国有着浓厚的"个人主义"文化色彩，"个人"是独立于其他"个人"环境中的，人与人之间的沟通是一种外在的互动，人与人之间的关系是直接的；我国却有"集体主义的文化色彩，个人是存在于社会中的，在我国社会里强调修身养性，也强调说话技巧，人与人之间的沟通是靠行动来成就的，而不是靠一张嘴巴说说而已，人与人之间不是纯粹的商业关系，而是千丝万缕的人情关系。

● 中国地域之间的差异。中国地域范围十分辽阔，各区域由于地理位置不同、天气气候不同、历史文化不同，也产生了不同的信仰和习俗，比如：北方人性格豪放，较重仕途，喜发号施令，更具胆识，爱好挑战，对政治关心且敏感。而南方人性格较温和、委婉，喜好过平静的日子，追求舒适，对政治缺少敏感性。汉族拥有较雄厚的经济实力，长期居于政治经济中心，因此形成大汉族主义。少数民族由于他们对自己民族文化、民族传统的热爱，在语言、风俗、习惯和信仰等方面仍保留着相当多的民族特色。东部和西部来比较，也有明显的文化差异。

⑤语境文化差异。美国社会学家艾德华·豪尔（1976）在其著作《超越文化》一书中提出文化与社会语境有关。语境是指两个人在进行有效沟通之前所需要理解和共享的背景知识，所需要具备的共同点。这种共享的背景知识越多，具备的共同点越多，语境就越高。反之，语境就越低（图 16-2）。

● 高语境文化沟通。高语境通过有形的环境信息，或者是通过个人内化了的信息，很少通过明确的言语或讯息进行交流。典型的例子是一对一起长大的双胞胎之间的沟通，他们只要用极少的语言和动作就能交流大量的信息和情感。高语境文化的大部分信息是由环境语言、非言语信号传递，集体主义文化倾向于高语境文化沟通风格，委婉而间接。如中国、日本、沙特、西班牙等。

● 低语境文化沟通。低语境文化沟通的大部分信息是由明确的语言来传递的，个人主义倾向于低语境文化沟通风格，明确而直接。如加拿大、美国、大多数欧洲国家。大多数信息通过明确的编码（例如语言）来传递。典型例子如法庭上相见的两个律师，需要对案件的每一个细节都用清晰的语言描述出来，否则双方和陪审团就不能理解。

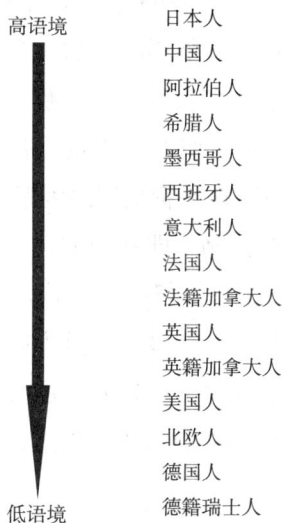

```
高语境          日本人
  |            中国人
  |            阿拉伯人
  |            希腊人
  |            墨西哥人
  |            西班牙人
  |            意大利人
  |            法国人
  |            法籍加拿大人
  |            英国人
  |            英籍加拿大人
  ▼            美国人
               北欧人
               德国人
低语境          德籍瑞士人
```

图16-2　民族文化和语境

● 高低语境文化的关系。高语境和低语境只是沟通风格的倾向不同，并不存在哪一种效果好、哪一种效果差，因为沟通效果是根据有效性和适宜性两个指标来衡量的。在高语境文化中，如果一个人清楚地将自己的要求表达出来，可能会让对方陷入为难的境地：如果不答应，这个要求已经被提出来了，是不给面子；如果答应，会违背自己的原则。恰当的做法是先试探对方，得到对方回复后再进一步沟通。低语境国家和高语境国家之间的沟通出现摩擦的原因，一是低语境的人给出的信息太多；二是高语境的人没有提供足够的信息和背景。

（2）文化差异对参与沟通结构的影响。

跨文化沟通研究的核心是文化与沟通的关系。社会语言学家汤姆斯（D. Hyme，1974）把沟通解析为十几个构成项目后，又归纳为八个大项，并用"SPEAKING"一词的八个字母来分别代表它们，提出对沟通事件（Communicative Event）的分析框架。下面我们沿用该框架分析文化差异对沟通的影响：

S："Setting"和"Scene"，即背景和场合。前者指时间、地点等沟通活动发生的具体物质环境，后者则指抽象的、心理的环境，也可以说是社会和文化赋予背景的特定含义。场合有正式和非正式、公开和私下、严肃和轻松等区别。同样的背景，在不同的文化中，就有可能被视为不同的场合。什么场合适宜进行什么样的沟通活动，不同文化可能有不尽相同的规矩。例如，在有的文化（如中国文化）中，和别人一起进餐（特别是宴请）的过程往往被看作是谈生意的理想场合之一。但是，在其他的部分文化中，吃饭的时候很可能就不允许（至少是不适合）谈生意上的事情。

P："Panicipant"，即参与者。参与者的许多特征和因素，如年龄、性别、种族、职业、社会地位、出身背景等，都有可能影响沟通。在具体的沟通活动中，哪些特征和因素会对沟通产生影响，影响会有多大，在一定程度上取决于文化的取向。在有些国家（如朝鲜和韩国），年龄常常被人们看得比较重要，沟通也就因参与者年龄差异的大小而有不同的方式，这样的情况在不看重年龄因素的文化中是没有的。

E："Ends"，即目的，包括按惯例（即社会文化约定）所期待的结果（Outcome）和各参与者的个人目的（Goals）。文化不仅决定着按沟通惯例所期待的结果，也或多或少地影响着参与者个人的沟通目的。在极为注重人际关系的文化环境中，许多沟通活动的目的或目的之一常常是为了建立、维持和发展参与者之间的相互关系；而在那些强调个体存在的文化中，人们更多地用沟通来塑造自我、表现个性。这种差异甚至会存在于同一文化之中。

A："Act Sequence"，即沟通行为顺序，包括信息的内容（话题）与内容的表述方式和形式。不同的沟通活动自然会有不同的行为顺序。即使是同一种沟通活动，由于文化上存在的差异，行为顺序（尤其是在方式和形式上）也会各不相同。比如，北美一些地方的印第安人在交往中对别人提出的问题经常不马上回答，而是一声不吭或先说些不相干的话，有时甚至要等上十来分钟才会对问题做出回答。另外，有调查显示，说汉语的人在谈话中习惯于先说原因、理由，后讲结论或观点，而说英语的人却正好相反。书面沟通活动中也有类似的情形。做同类题目的文章，美国人的论述一般是从抽象到具体、从一般到个别，而韩国人则倾向于相反的顺序。

K："Keys"，指基调，包括说话的语气、表情、姿态等。基调有各种各样的，可以是认真的、嬉戏的、夸张的或嘲讽的，也可以是不动声色的或带有某些感情色彩的。一种沟通活动应当以什么样的基调去进行，能否在其进程中穿插或变换为别的基调，对此，文化因素时常起着几乎是决定性的制约作用。在正式场合做讲演或报告，其基调一般都是认真严肃的。但是，相比之下，美国人的基调变化（如插入夸张、幽默等）就明显比东亚国家的人要多。这一差异在课堂教学的师生沟通过程中也同样可以发现。

I："Instrumentalities"，即媒介和渠道，主要是指信息传递使用的是哪种语言或语言变体（如方言、语域等），是口述还是书写。在具体的沟通活动中，媒介和渠道的选择与运用都有可能随着场合、参与者、沟通目的、沟通内容等方面的不同而有所不同。应当说这些与文化的关系是十分密切的。因为，我们知道，语言与语言变体常常是从文化上将某一人群区别于其他人群的主要依据之一。事实上，几乎不可能存在语言及其运用上毫无差异的两个属于不同文化的群体。文化不同，使用的语言或语言变体通常都不一样，这无疑给不同文化群体之间的交往带来了许多困难。而且，不同文化在沟通中对语言媒介的依赖程度也有较大差异。在低语境文化（Low Context Cultures）中，如德国文化，沟通信息的传递主要依靠语言媒介；相反，在高语境文化（High Context Cultures）中，如中国文化，传递信息不仅用语言，还更多地依赖于沟通环境等。

N："Norms"，主要指人们沟通时语言行为所必须遵循的各种规约。具体地说，就是沟通参与者"什么时候该说话，什么时候不说，说的时候说什么，对谁说，什么时候、什么场合、以什么方式说"等。毫无疑问，沟通的规约基本上是文化的规约。在沟通中，人们一般只能在文化所认可和接受的范围内选择说什么、什么时候说、以什么方式说等。文化不同，规约自然也不相同。以说什么为例，英语国家的人可以比较自由地谈论天气、工作、个人爱好等，却不大可能和人随便谈论自己的年龄、收入、政治态度、宗教信仰、婚姻状况等。这和中国的情况就不大一样。什么时候说合适，文化上同样有差异。中国人请客或会见别人，通常只提前一两天邀请或约定，而英美人则是习惯于提前一两个星期或更长的时间。

G："Genres"，即体裁，指沟通活动中话语的类型，如诗歌、寓言、神话、祈祷、笑话、谜语、诅咒、演讲、书信、评论、公告等。不同的体裁适用于不同场合，使用范围是有限制的。婚礼上可以说笑话，葬礼时就不适宜；在球场上诅咒关系不大，进了教堂则不允许。尽管大多数体裁是不同文化所共有的，但是，文化不一样，同类体裁的运用范围与沟通功能就不完全一样。以诗歌为例，它在中国文化中长期有着十分广泛的运用，不仅是重要的文学类型，还常用于人际交往（如文人有以诗会友的传统），有时甚至被当作政治斗争的一种手段。这样的情况在其他一些文化中就很难见到。

文化因素对沟通的介入主要表现在它们基本决定了沟通构成中各个项目的具体状况。这些项目组合在一起，就为参与者双方进行特定的沟通活动提供了一个具有重要规范与参照作用的框架性结构，即沟通的参与结构（Participation Structure）。同一文化内部不同类型的沟通活动有不同的参与结构，如商务会谈和日常闲聊在结构上就不一样。不同文化间，同样类型的沟通活动，其参与结构往往也会有所不同。来自不同文化的人们相互交往时，沟通双方所依据和参照的很可能是各自不同的参与结构，而且往往还会期待对方按己方文化所提供的参与结构来一起进行沟通活动。在这种情况下，沟通出现障碍，沟通双方产生误解，可以说是在所难免。

（3）东西方文化差异。

东方文化和西方文化是人类社会中差异最大的两种文化传统，东方文化包括印度、中国、日本和朝鲜等国家的文化。总体而言，东方文化中，中国文化所占比重最大。日本、韩国以及东南亚的文化在很大程度上受中国儒家文化的影响。儒家文化所倡导的仁、义、礼、智、信是东方文化的根基。西方文化见诸美国、英国、意大利、德国和法国等国家，发源于古希腊、罗马。

①东西方文化理念的差异。

● 个人主义价值观和集体主义价值观。个人主义价值观是西方文化的内核。西方人的价值观认为，个人是人类社会的基础和出发点，人必须为自己个人的利益而奋斗，为自己才能维持社会正义，爱自己才能爱他人和社会，为自己奋斗也是为他人和社会奋斗。有个人才有社会整体，个人高于社会整体。每个人应该表现出自己的个性，一个人越是表现出自我个性，越能体现人生的价值。

这种价值观来源于西方的重商社会。由于地理环境和气候条件的影响，单靠小面积的农业种植，远远不能维持人们的生存需要。所以，古希腊人一开始就航海经商，为了能换取更多的生活必需品，兴办了手工业。在重商主义社会里，更是要求自由贸易、自由竞争。因此，个人主义往往是与这种商业自由主义紧密联系在一起。为了获得较多自由，个人则要求尽可能不受集体的限制和约束。为了取得商业成功，战胜风险，就必须抓住一切短暂时机，去战胜竞争者。

　　与西方的个人高于一切的价值观相对立，儒家伦理价值观则以孔孟的仁义为核心，它强调社会第一，个人第二，个人利益应当服从于社会整体利益。儒家伦理价值观认为，只有整个社会得到发展，保持稳定，个人才能得到最大利益。当二者发生冲突时，应把社会利益放在第一位。与此同时，儒家伦理价值观重视家庭和社会上的人际关系与道德标准，强调亲属之间、朋友之间应为一体，天下一家，提倡群体意识。

　　这种群体意识与古代东亚地区的农耕文化有直接关系。后者是形成东亚传统集体观的根源。在从事农业的社会中，一方面，由于农业与自然有着密不可分的联系，在战胜自然的过程中，单个的个人力量显得十分弱小，只有群体的合力才能发挥人力的作用。在此基础上形成的文化，就比较注重群体。另一方面，人们在长期共同地域生活中处于相对稳定状态，彼此互相交往、互相帮助，很容易形成命运共同体。在该共同体内，所有成员休戚相关、荣辱与共，比较容易形成浓厚的群体观念。

　　● 伦理型人际关系与契约型人际关系。东方文化中人们的社会地位及其行为规范，普遍具有宗法血缘关系的烙印，社会组织结构都从属于伦理关系之下。人与人之间主要靠道德维持，而不是靠法律约束，重义轻利，重情轻法。

　　中国社会是家国一体的社会结构。在这种社会关系中，个体在社会中的定位，首先是在家族血缘关系中确立自身。中国的人际关系是人伦关系，其基本范式是所谓的"君臣、父子、兄弟、朋友、夫妻五伦"。这无疑同中国古代的自然经济社会有关。东亚的儒家伦理道德观主要是农村自然经济的反映。

　　而西方却截然不同，建立在个体主义与利害关系之上的西方文化，人际关系突出一个"争"字。为了避免互相争夺和互相侵害，需要用契约来规范人与人之间的利害关系，人际关系主要是靠法律来维系的，表现为一种契约型的人际关系。他们的传统社会主要是以地缘关系构成的。

　　东方文化纵向身份意识通常比较强烈，而西方文化平等意识较强。商品是天然的平等派，一般来说商品经济愈发达的社会，横向关系愈强，纵向关系愈弱。世界新技术革命促进了组织机构的扁平化和相互关系的网络化，直接淡化人们的纵向身份意识，使人们更加注重个人内在价值的提升。从历史的进程来看，随着改革的进一步深入，身份制在社会中也会逐渐淡化。

　　②东西方在沟通方式上的差异。东西方在人际沟通上的差异主要在于东方文化注重维护群体和谐的人际沟通环境，西方文化注重创造一个强调坚持个性的人际沟通环境。这主要体现在：

　　● 东方重礼仪、多委婉，西方重独立、多坦率。东方文化中，纵向身份意识和等级观念比较强烈。人们在交流时也受到各自地位和角色的制约。两个素不相识的人相遇时，在谈及主题之前，通常要交换有关的背景资料。例如，工作单位、毕业学校、家庭情况、年龄、籍贯等，以此确定双方的地位和相互关系，并进而依据彼此的关系来确定交谈的方式和内容。如果一方为长辈或上级，那么多由这一方主导谈话的进行，同时在出入的先后以及起坐方面都有一定的礼仪。如果交谈的双方在地位或身份上是平等的，那么交谈就会放松得多。日本人根据说话人、听话人以及话题、提及人之间的尊卑、长幼、亲疏等差别，有一套包括尊敬语、自谦语和郑重语在内的复杂的敬语体系。正确地使用敬语被视为一个日本人必备的教养，同时也是社会沟通中不可缺少的重要手段。

在西方文化中，等级和身份观念比较淡薄。人际交流中，在称呼和交谈的态度上较少受到等级和身份的限制，不像东方文化那样拘礼。

在表达方式上，东方文化喜欢婉转的表达方式，模糊暧昧。这可能与农耕文化长期共居，生活空间比较狭隘、闭塞有关。一方面，对周围的人和事都很了解，没有必要将事情说得一清二楚、明明白白。从尊重对方的角度出发，用所谓的"留有余韵""模糊暧昧"让对方自己去心领神会加以判断。西方则非常看重真诚坦率。有学者认为历史上的西进运动可能对这种性格特征有重要影响。荒野是一种现实存在，它必须被征服。由此产生的那种性格便是强壮的、粗犷的，常常是鲜明的，且有时是英雄化的。个性在那时是一种现实，因为它与环境相对应。个人主义和实用主义得到了发展，也使得边境居民性格粗犷。西方人的语言和举止极少拐弯抹角、旁敲侧击，思维偏于具象，爽直率真。

● 东方重意会，西方重言传。

文化的本质是思维方式。东西方人对交流本身有不同看法。在中国、朝鲜、韩国、日本等国的观念中，能说会道并不被人们提倡。在中国传统文化中，儒家、道家和佛教的禅宗都是如此。"君子欲讷于言而敏于行"；"巧言、令色、足恭，左丘明耻之，丘亦耻之"（孔子）；"知者不言，言者不知"（老子）；"狗不以善吠为良，人以不善言为贤"（庄子）。中国人的思维是一种整体性、概括性、系统性的思维，它的魅力不仅表现在考察和分析自然现象方面，还充分体现在工程、建筑、医学、艺术等社会实践中。

与东方文化相比，西方人很强调和鼓励口语的表达技巧。古希腊、古罗马开创了西方在学校中开设"修辞学"的传统，这种修辞学的侧重点放在语言创作以及如何教导那些想跟别人发生语言沟通的人的这些方面。在西方文化中，人与人的关系和友谊要靠言谈来建立和维持，他们缺乏中国文化中的那种"心领神会"，因而，两个以上的人待在一起时，一定要想办法使谈话不断地进行下去，如果出现了沉默的情形，在场的人都会感到不安和尴尬，并有一种必须谈话的压力。西方人的观念是，人不但要能思考，并且必须善于把自己的意思有效地表达出来。

● 东方重和谐，西方重说服。

东方文化中注重集体主义，强调组织的团结与和谐，因而在沟通目的上，注意摆平信息发送者和信息接收者的关系，强调和谐胜于说服。"和为贵""忍为高""君子矜而不争"这些思想至今仍对人们的沟通有很大的影响。

西方人际沟通观受到古希腊哲学的影响，在交流目的上，强调的是信息发送者用自己的信息影响和说服对方，是有意识地对信息接收者施加影响。这一观点在西方古今研究传播学的著作中都可以看到。例如，亚里士多德在《修辞学》中就指出，所有沟通的基本目的是"施加影响"。

● 开场白和结束语形式不同。

在人际沟通中，中国人开场白或结束语多谦虚一番。开场白常说：自己水平有限，本来不想讲，又盛情难却，只好冒昧谈谈不成熟的意见，说得不对的地方请多指教。或者把这一套话放在结束语中讲，常说的是：请批评指正，多多包涵。而西方人在开场白和结束语中没有这一套谦词。中国人在和不熟悉的人交谈时，其开场白常问及对方在哪里工作、毕业的学校、家庭情况、年龄、籍贯等，即从"拉家常"开始。对中国人来说，这样开始交谈十分自然。英国人交谈开头的话题是今天天气如何，美国人则是从本周的橄榄球赛或棒球赛开始谈话。中国人在人际沟通中进入正题之前"预热"时间长。而英美人一般喜欢单刀直入，预热的阶段很短，闲谈多了会被认为罗嗦，有意不愿谈正题。

不同文化背景的人具有不同的价值取向、不同的思维方式和不同的行为表现。在跨文化状态下，不同的政治体制、不同的经济发展阶段和不同文化势必会引起的文化偏差和排斥，因此在企业内部必然会存在文化差异，文化差异处理不好往往会引发文化冲突。

（4）文化差异造成文化冲突的表现。

具体来说，一方面，由文化差异所带来的文化冲突可能会导致企业内部出现信息沟通不畅，造成误解和不信任的增加，这将大大增加企业经营活动的交易成本，影响公司的运营效率。随着企业的经营区位和员工国籍的多元化，这种日益增多的文化冲突就会出现在公司的内部管理上和外部经营中。在内部管理上，人们不同的价值观、不同的生活目标和行为规范必然会增加组织协调的难度，导致管理费用的增大，甚至造成组织机构低效率运转；在外部经营中，由于文化冲突的存在，使企业不能很好融入当地的社会环境，难以准确把握当地的市场动向，在竞争中往往处于被动地位，甚至丧失许多市场机会。因此，文化冲突是导致跨国公司市场机会的损失和组织机构的低效率、甚至是市场机会的损失的重要因素之一。另一方面，文化冲突可能会使企业的全球战略陷入困境。全球战略是国际企业发展到高级阶段的产物，是一个企业在世界范围内提高经济效益、增强全球经济竞争力的重要步骤，它对跨国公司的经营管理提出了更高的要求。为保证全球战略的实施，跨国公司必须具有相当的规模，以全球性的组织机构和科学的管理体系作为载体。这要求企业必须以世界通行的、符合国际惯例的组织机构和管理体系作为运行模式。但企业如果不能处理好文化冲突问题，这将直接影响企业的长远发展和全球发展战略的实施。

文化差异在企业管理中的表现，从中国企业角度看，主要有以下几个方面。

①发展模式的冲突。由于思想观念方面的差异，强势方的管理人员不了解当地的基本情况，以我为主、以己度人，盲目使用"自我参照原则"，把自己过去在其他地方行之有效的经营管理模式直接复制到企业，甚至还有当地员工的现象，这会直接导致文化冲突的出现，影响企业的运营效率。

②行为方式的冲突。面对环境的变化，不同文化背景下的管理者有不同的行事风格。这些都会造成文化冲突的出现。

③管理方法上的冲突。主要表现在是根据管理体制数字化、程序化、制度化还是依赖经验的判断。这在公司的运营过程中往往会导致双方的意见难以达成一致，影响公司的有序发展。

④激励手段的冲突。主要表现在绩效评估、人员激励、决策制定等方面。是注重实际业绩和工作的结果，还是更注重一个人的思想道德、行为规范等方面的表现以及工作的过程，这会直接导致双方在人员的评价和激励方面出现冲突，造成公司人力资源管理的混乱。

⑤组织沟通方式的冲突。主要表现在是注重程序上的沟通还是看重非正式渠道的私下沟通。在此情况下，出现误解增多、信息不畅是难免的。

⑥决策过程的冲突。在有较大风险的经营行为的决策过程中。受"和为贵"思想的影响，中国的管理者通常群众观念较强，形成了群众决策、民主集中的决策风格，西方更注重个人决策，忽视民主。

⑦思维方式的冲突。西方文化强调企业制度的建立和完善。制度是理性思维的产物，是对企业内部流程、对员工工作动机、对企业所处的经济大环境全面充分分析的结果。中国管理思维重视柔性灵活，具体问题具体分析。在人事制度方面，中外管理也存在差异，例如中国人比较注重德才兼备、人际关系等，而西方则把经营管理能力放在第一位。这些都会在公司内部造成不和谐，影响公司的运营。

16.2.2　跨文化沟通策略

由于跨文化沟通中往往存在着各种的差异。因此，协调各自对沟通具体差异的认识与理解，就是改进跨文化沟通的一个重要条件。但是，人们一般只能在沟通中协调，而不是协调好了再沟通。同时，由于文化结构要素是对沟通的不成文的规定，沟通双方不但不一定了解对方文化的参与结构，就是对自己文化中参与结构的具体状况有时也说不清楚，因此，即使有协调的愿望，在协调的方面、方向及程度上也可能会难以把握。这就需要沟通双方对沟通中的不确定性有更强的心理承受能力，对异常情况持更为宽容、开放、灵活的态度，同时要善于运用各种沟通技巧来应对和解决问题。

（1）跨文化沟通需注意的方面。

一个有效的心智模式的确立将极大地增强我们运用沟通技巧的有效性，并且提高对文化知识的敏感性。具体说来在跨文化沟通中应注意以下几点：

①了解自己。在跨文化沟通中，认识他人非常重要，可以说不能正确认识他人，就不可能实现有效沟通。在不知道别人将如何解码的时候，我们就不可能知道如何将自己的意图编码才能为对方所理解。但是，正确认识自己也依然重要。认识自己是认识他人的基础。在不知道自己通常是怎样看问题时，我们就不可能意识到别人看问题的角度与自己有何不同。如果对怎样表现自己，对个人的和文化的沟通风格都有着相当明确的了解，无疑将有助于我们更好地理解他人的反应，在沟通情景变化时对沟通方式做出必要的调整。从某种程度上来讲，我们所讨论的跨文化沟通中应该了解对方的文化内容，也是我们应该弄清楚的内容。

②预设差异。即在没有证实彼此的相似性前，先假设存在着差异，注意随时根据文化因素调整自己进行观察解释的角度，以减少误解的可能性。人们的行为是以他们对现实的知觉而不是以现实本身为基础的。解码的过程是一个推测的过程。传播的参与者不能直接看到或感知到对方的心理与真实想法，参与双方只能依据符号推测对方心中的所思所想，以求最大限度地理解对方所传达的符号的意义。同时解码过程也是一个归因的过程。沟通中人们不但要知道对方说了些什么，更重要的是知道对方为什么要这么说，以便做出决策，采取相应的行为。

然而在推测和归因的过程中，人们往往受到"投射效用"的影响，把他们自己的想法和感觉投射到其他人身上，常常错误地假定其他人与他们具有相同的感觉和动机。通过预设本文化和他文化的差异及期望文化和现实文化的差异，能够提高我们的文化敏感性，为解决文化迁移和文化定式创造条件。

预设差异从本质上来说就是要保持思想的开放性和动态性，避免有意无意地以某种现有的模式、现有的视角去框定千变万化的现实。事实上，一定的先有观念，是我们认识事物的基础，离开了它们，我们几乎不可能对事物产生什么认识。问题在于，我们必须同时意识到这些先有观念的可错性和不适用性，它们首先应被当作一种假设，而不是真理，必须仔细评价接收者提供的反馈，看看它们能否及时证实你的假设，随时根据实际情况对它们加以修正。

③避免文化中心主义。这里我们主要用文化中心主义指人们（有意或无意地）用自身的价值尺度去衡量他人的心理倾向。对各民族来讲，常会把自己的文化置于被尊重的地位，用自己的标准去解释和判断其他文化的一切。极端之时还会表现出"己优他劣"的倾向，僵硬地接受文化上的同类，排斥文化上的异己。文化是后天学习的结果。一个人从孩提时起，就开始学习本文化群体的行为和思维方式，直到内在化和习惯化。每个人都经历了促使民族中心主义心态发展的社会过程，从一种文化的角度看，假定另一种文化能选择"更好的方式"去行事似乎是不合理的。因此文化中心主义首先是一种无意识的思想状态。

无论是现代组织行为理论还是市场营销理论都告诉我们，任何忽视了对方需要的策略都不可能成功。避免文化中心主义要求我们在跨文化沟通中必须培养移情的能力，即在传递信息前，先把自己置身于接收者的立场上；接收信息时，先确认发送者的价值观、态度和经历、参照点、成长和背景，设身处地地体会别人的处境和遭遇，从而产生感情上共鸣的能力。

（2）跨文化沟通的原则。

①尊重原则。尊重是有效跨文化沟通的基础。不同文化背景的人有各自不同的风俗习惯、思维方式和宗教信仰，在沟通中应彼此尊重。

②平等原则。跨文化沟通应当在平等的基础上进行。所谓平等原则就是在跨文化沟通的过程中，还要克服文化优越感或自卑感。领导者应当树立这样的信念：文化是没有优劣之分的，不要因对方来自发达地区就产生了文化自卑感，对方来自不发达地区就产生文化优越感。不能将与自己不同的文化视为异端去征服、同化甚至灭绝。

③属地原则。属地原则就是"入乡随俗"，即迎合沟通所在地的文化习惯。在进行跨文化沟通时，从有利于沟通的角度出发，可以有选择地在饮食、着装、礼仪等方面考虑迎合属地文化。属地文化的选择要使对方产生亲切感，建立友谊与合作关系。

④适度原则。适度原则是跨文化沟通中一项极其重要的原则，是指在跨文化沟通的过程中要做到既不完全固守，又不完全放弃本土文化，力求在本土文化和对方文化之间找到平衡点，要掌握"度"，"过"或"不及"都会给跨文化沟通造成障碍。

（3）文化冲击与文化适应。

由于跨文化沟通的复杂性，再细致的准备也不可能事先穷尽沟通过程中可能出现的所有问题，因此文化差异的解决不可能一蹴而就，必须借助"差异→调整→新差异→再调整"这样一个不断协调的过程。从另外一个角度来讲，每一次"差异→调整"的协调过程也是一次"文化冲击→文化适应"的过程。了解文化冲击这一现象及对文化冲击的应对方法，对于我们深入了解跨文化交流中的心理反应、掌握跨文化交流中的互动技巧具有重要意义。

①文化冲击。最早使"文化冲击"（Cultural Shock）一词大众化的是人类学家卡尔维罗·奥伯格（Kalvero.Oberg），奥伯格把"文化冲击"描述为一个人从所熟悉的文化环境进入新文化环境后所产生的焦虑。他指出："文化冲击是突然陷入一种因失去我们所熟悉的社会交往符号和象征而产生的焦虑状态。这些指导我们日常生活的无数符号和象征包括：何时和怎样同别人握手寒暄，何时和怎样付小费，怎样采购，何时接受和拒绝邀请，何时语气严肃，何时语气和缓。这些符号和象征可以是词语、手势、面部表情、习俗、我们每个人的成长模式以及作为我们文化一部分的语言和宗教。我们所有人都因我们要保持心态平和与提高效率而依赖于这些符号与象征。最重要的是我们总是下意识地去使用这些符号和象征。"

文化冲击引起的后果包括从浅层次的温和不适到深层次的心理恐慌或心理危机。当人们置身于一种陌生的文化环境时，他们既想找出在这个新文化环境里有意义的东西，又意识到自己所熟悉的文化模式与此毫无关联；既必须去适应新的、不熟悉的行为方式，又担心自己会无意地犯行为不检点的错误。文化冲击通常会使人感到无助或不适，同时伴随着对被欺骗、伤害、侮辱和不受重视的恐惧。尽管每一个人在一定范围内都会受到因文化冲击所引致的焦虑的困扰，但最终的结果在很大程度上要看一个人是否能尽快做到心理适应和摆脱令人左右为难的焦虑。

文化冲击通常要经历以下四个阶段：

蜜月阶段：当大多数人带着明确的态度开始到异国他乡时，这个阶段就开始了。这一阶段的主要特征是欣喜。就像度蜜月一样，所有的一切都是新奇的和令人兴奋的，对东道国的态度是不现实的对成功的自信。这一阶段会持续几天到几周。

冲击阶段：蜜月期并不会永远持续，在几周或几个月内问题就会出现。在国内认为必定会如此的事情却没有出现，大量的小问题却成为不可逾越的障碍。当你突然意识到这是文化差异问题时，失望、烦躁、恐惧会逐渐增大。这是一个充满危机的阶段。正是在这一阶段，上面提到的各种症状会逐渐显现。对付这一危机阶段的一个通常模式是指责或贬抑当地人，"他们怎么会这样懒惰？""这样肮脏？""这样愚蠢？""这样缓慢？"……度过这一危机的速度会直接影响到能否尽快融入。

适应阶段：这是一个经历过危机并逐渐恢复的阶段。随着对新文化的逐渐理解，一些文化事件开始变得有意义。行为方式逐渐变得适应并可预期，语言也不再难以理解，在第二阶段难以应付的生活琐事也能够解决。简言之，一切都变得自然和有条不紊。同时，如果一个人能时不时地对自己的处境进行自嘲，就是充分恢复和适应的标志。

稳定阶段：这一阶段意味着一个人完全或接近完全地恢复了在两种不同文化中有效工作和生活的能力。几个月前还难以理解的当地习俗，现在不但能够理解而且能够欣赏，这并不是简单地说所有文化间的疑难问题全部解决了，而是在异文化中因工作和生活引起的高度焦虑消失了。对于处于稳定阶段中的人来说，这才真正是确定的、成功的经历。

显然，文化冲击是一种环境特性，对于每一种新的文化环境都会有一种新的文化冲击。

②文化适应。发展跨文化沟通技巧，积极地为应对文化冲击做好准备是惟一可行的选择。这些准备包括大量的信息，同时也包括一些技巧和全新的态度。建议如下：

一是发展跨文化技巧。跨文化技巧包括：

忍受模糊。新文化环境是一种高度模糊不清的情境。对任何事都要求有一个明确说法的人在这种情境中常会有挫折感。重要的是要意识到存在大量没有答案的问题是正常的，要锻炼自己的耐心和学会与模糊共处，这对身处异文化中的人来说是极其重要的。

处事灵活。即使是做了充分准备的人，在新文化环境中有时也会不知所措。本来计划好了的事情会发生意想不到的变化；政府官员的想法难以预测；人们有时不遵守他们许下的诺言。当事情发生意想不到的变化时，最重要的是要快速反应和有效适应。因此要具有充分的灵活性。

移情能力。很多人都曾提到移情能力在新文化环境中的重要性。一些人天生就具有领会别人思想、情感、意图的能力，遗憾的是一些人则不能。能够从别人的观点理解事情的人是最具吸引力的。尽管充分做到移情是不可能的，但一定要努力地去倾听和理解别人的观点。

获取资源的能力。在异文化环境中的成功需要具有获取丰富资源去解决问题的能力。这既需要时刻抓住获取东道国中大量资源的机会，又需要有唤起别人帮助的能力。资源丰富的人在与别人合作和充分利用机会方面是思维敏捷、有号召力的。

富有个性的洞察力。人们如何看待他们的知识和悟性具有很大的不同。一些人认为他们知道的和感悟到的对所有的人都具有价值，另一些人则相信他们的知识和悟性只对他们自己有价值。一个人越是意识到自己知识的个别性，他就越容易与其他人相处。这一点是需要那些移居国外的人时刻谨记在心的。

表示尊重。在任何一种文化中，要想处理好人际关系，表示对别人的尊重都是重要的。区别只在于如何表示尊重。适应新文化的有效途径之一就是尽快掌握在这种新文化中人们是如何表示尊重的。

不要急于做决定。在跨文化的环境中，许多事情的规则、程序和意义并不是很容易弄清楚的，迅速、有效地做出决定所需的材料也不一定全面，因此设法推迟做出判断和决定，直到大部分事实弄清楚以后也许是重要的。

幽默感。人们无论在家里还是国外，如果使自己过于紧张就会出麻烦。特别是那些身处新文化环境中的人，总是会犯一些错误。对自己错误的自嘲或许是抵御失望的有效武器。

二是具有冒险精神。心态对身处异文化环境中的人是很重要的。很多人把进入一个陌生环境看作是接受一项艰苦的考验，而不是当作一种颇具刺激性的尝试或试验。在这一试验中，工作只是一部分内容，全新的文化环境提供了一个令人兴奋的新世界：许多新地方要去，许多新人要会面，许多习俗要学习，许多新食物要品尝。所有这些都值得你去冒险和尝试。具有一定的冒险精神去体会冒险的乐趣，是主动迎接文化冲击的一种乐观心态。

三是保持诚信。重要的是既要自信又要对当地人充满信心。任何一个身处异文化环境中的人都会犯错误，都会有挫折感，但不管怎样，只要他怀有良好的愿望和善良的内心，最终总会为当地人所了解。因此信心虽然很重要，但自傲绝不可取，对当地人和当地文化一定要抱着谦虚和学习的态度。如果你能做到这一点，许多知识和友谊的大门都会向你敞开。

（4）跨文化沟通策略。

跨文化沟通中的文化感知、文化认同和文化融合是一个系统工程。了解文化差异、认同文化差异和融合文化差异是进行有效跨文化沟通的根本所在。要达到融合文化差异的目的，取决于跨文化沟通策略的应用。

①识别文化差异，合理预期。

②理解对方文化，发展共感。

③弱化文化冲突，求同存异。

④借助适合外力，化解纷争。

⑤坚持开放心态，取长补短。

只有不断发掘和利用人类创造的一切优秀思想文化和丰富知识，我们才能更好认识世界、认识社会、认识自己，才能更好开创人类社会的未来。

🏃 技能应用分析

案例分析与即测即评

※ 情景模拟训练

（1）你认为跨文化沟通中最大的障碍是什么？

（2）电影《刮痧》反映了中西文化的差异，也从侧面反映了文化与文化相顾无言的寂寞。试着和同学或朋友讨论面对文化差异如何应对。

第17章 网络虚拟沟通

本章学习目标：

● 理解网络虚拟沟通的内涵与特征。

●了解网络沟通的形式。

●掌握网络虚拟沟通的注意事项。

●掌握网络虚拟沟通的策略。

●知晓网络虚拟沟通的新形态——赛博时代。

17.1 网络虚拟沟通的内涵与特征

17.1.1 网络虚拟沟通的内涵

网络虚拟沟通是指通过基于信息技术（IT）的计算机网络来实现信息沟通活动，发生在由互联网信息技术支持的空间中，人们处于非面对面的状态下，但却可以接触、交换到大量丰富的信息的交往互动的过程。随着科技的发展，虚拟沟通已普遍可以满足人们视觉和听觉的需要。随着类似于电子邮件、微信、微博、抖音、快手等互联网信息通信平台的出现，越来越多的人每天都会涉及这样或那样的虚拟沟通，与不在身边的人甚至世界另一端的人沟通交流。"虚拟沟通"这一词语，分为"虚拟"和"沟通"两个部分。其中，"虚拟"是技术性的，技术让人们具备在线上进行影响现实生活操作的能力；"沟通"则是社会性的，其种类和形式也有多样性，其种类如电子商务、虚拟团队、学术社区、社交媒体；形式包括一对一，一对多，多对多。网络是另一个世界，另一个星球，另一个系统。在那里没有任何边界，人们可以对完美生活和个人威力展开幻想。虚拟沟通根本的意义是敞开和扩展了人们的生存空间。这种人生空间的扩展至少包含了三层含义：首先，这种沟通扩展了人们生存的物理空间；其次，这种沟通也扩展了人们的思维空间；最后也是更核心的，这种沟通实际上也是在舒展人们的灵魂。

在现实生活中，只要拥有一台计算机，就能足不出户，知晓天下事，使相互之间的沟通无所不在。虚拟的和现实的交流是不同范畴的现象。应该承认：不管是手机还是网络都给今天的我们带来了积极的和消极的体验。不能说，哪一方面更好，哪一方面更坏，哪一方面有益处，哪一方面有害处。电脑本身不带有任何促进依赖性生成的特征。"网络自我"是个理想自我，是你想成为的那个人。如今越来越多的人都在忙着组装、创造和体验这样的虚拟自我，忙着用技术来绘制自己的自画像。最终影响到我们的自我感觉，甚至影响我们在现实生活中的行为。

17.1.2　网络空间的心理维度

如果网络空间是一个心理空间，那么具有哪些结构特征呢？网络空间结构心理体系的八个维度可以帮助我们理清并更好地理解网络数字空间的体验。如图 17-1 所示。

物理维度（Physical）

现实维度（Reality）

时间维度（Temporal）

文本维度（Text）

感官维度（Sensory）

互动维度（Interactive）

社交维度（Social）

身份维度（Identity）

图17-1　网络心理学结构体系的八个维度

（1）身份维度。

身份维度是网络心理学结构的第一个维度，其他所有维度都是它的从属结构。网络环境的身份维度是由网络提供的表达身份的工具决定的，网络领域为人们提供了创建、编辑、再编辑自我数字身份展示的持续过程。

关于身份维度的问题：

——在不同的网络活动中对于你自己，你会暴露以及隐藏什么？

——当表达自我时，你使用或者避免哪种通信工具？

——你如何创建理想化的个人身份？

——有时候你无意中泄露出哪些隐秘的或消极的方面？

——你什么时候选择匿名或者隐蔽？

——你如何将网络上不同的自我与现实生活中的自我相比较？

（2）社交维度。

社交维度包含网络环境的人际关系，也就是你如何能够与朋友、家人、爱人、同龄人、同事和陌生人进行交流。社交维度包括：一对一的人际关系；各种规模的群组，包含社交媒体大社区；以及根据预期设计或者预期无意在某一社交网络环境内形成的文化。由于在人际关系和群组中我们能够更深入地了解自我，所以身份维度和社交维度紧密地交织在一起。

关于社交维度的问题：

——你为什么选择与一些人而不与其他人进行网络交流？

——你什么时候正确理解或者误解他人？

——你为什么选择参与一些网络群组而不是其他？

——在网络群组中你发挥什么样的作用？

——你的群组对你和他人产生怎样的积极影响或消极影响？

（3）互动维度。

你如何识别、浏览、操控或者修改网络环境？这是与互动维度相关的重要问题。互动维度为关键问题是我们在浏览网页或者使用搜索引擎时在幕后操作软件算法如何干预决定我们所见、所闻和所做之事。它们如何使我们获益、引导甚至阻扰我们朝向某些方向而不是其他方向行事。

关于互动维度的问题：

——你对所使用的网络环境交互界面的感觉如何？

——在参与互动的时候，你具有或者缺少什么技能？

——当网络环境的运作与你的愿望相违背时，你的反应如何？

——面对掌控新的网络环境所带来的挑战，你如何应对？

——你在多大程度上操控你的设备，或者它们在多大程度上控制你？

——总体而言，你对网络空间和技术的感觉如何？

（4）文本维度。

网络环境的文本维度包括人们如何使用输入的语言进行交流。

关于文本维度的问题：

——在网络空间中，你喜欢或者不喜欢什么类型的文本交流？

——与面对面交流相比，你如何使用文本表达自我？

——与面对面交流相比，你如何使用文本回复他人？

——有关使用文本和使用照片，你的感觉如何？

（5）感官维度。

网络环境的感官维度包括它如何激发听觉、视觉、触觉、嗅觉和味觉五种感官。

关于感官维度的问题：

——在网络空间，你如何依赖观看图片，包括照片？

——你如何依赖听见声音？

——你如何依赖触觉刺激？

——你如何可视化地编排文本来表达自我？

——你什么时候想要消除视觉、听觉或者触觉刺激？

（6）时间维度。

网络空间中时间的使用和体验确立了时间维度。当评估网络领域的现实维度时，我们想要知道它多大程度依据想象，以及多大程度依赖我们熟悉的日常生活来创造体验。

关于时间维度的问题：

——你如何使用同步交流和异步交流？

——在网络空间中什么时候时间过得很快或者过得很慢？

——你为什么在网上保存或者删除某些东西而不是另一些东西？

——你对瞬间发生然后就消失的东西感受如何？

——你什么时候上网以及上网的频率如何？

（7）现实维度。

网络空间感觉就像脱离肉体的空间，我们的身体和我们周围真实的物理空间似乎与我们在网络上所做的事情几乎没有联系。随着技术的进步，我们开始意识到网络空间能够、确实、必须与物质实体互动。

有关现实维度的问题：

——在什么情况下，你感觉不同的网络环境是真实的？

——在什么情况下，你感觉不同的网络环境是虚幻的？

——在网络空间中，你如何区分现实与幻想？

——处于真实和虚幻的地方，你的反应如何？

（8）物理维度。

关于物理维度的问题：

——使用电脑或者手机对你的身体有何负面影响？

——什么时候你的现实世界活动与你的网络活动相一致？

——什么时候你的身体与你所做的事情是分离的？

——你在哪里使用移动设备以及这对你有何影响？

——你如何使用设备来诠释你的网络环境和你对它的反应？

——在你的日常生活环境中网络空间入口会出现在哪里？

17.1.3 网络虚拟沟通的主要特征

（1）网络虚拟沟通的优点。

在全世界范围内，网络正以一种势不可挡的势头迅猛发展着。正是因为网络强大的沟通能力，才使网络渗透到人类生活的各个层面，才使信息技术对社会、经济、文化、生活产生如此巨大的影响。网络沟通之所以能够对个人、组织甚至整个社会产生巨大的影响，有以下几方面原因。

①信息资源十分丰富，空间容量大，使沟通更为快捷。相对于现实沟通，网络沟通的快速性非常显著，往往一个最新的消息通过网络这一平台瞬间就能传开。

②沟通距离弹性化。网络具有强大的通信技术，可以使人们超越地理空间上的限制，跨越时空地与全世界任何地方进行全方位的沟通、合作与交流，产生前所未有的、近在咫尺的感觉。通常人们把空间划分为四个区域，分别是公众区域、社会区域、个人区域和亲密区域。而网络可以使人们保持在适当的区域内，以达到良好的沟通效果。

③沟通对象多样化。在现实生活中，我们往往受到种族、辈分、年龄等自然因素，以及工作、收入、地位等社会因素的制约，而使我们交往或沟通的对象受到生活圈子、所处阶层的局限。在网络沟通中，我们可以隐藏自己的真实身份，而借助虚拟的身份来与他人平等地沟通交流，从而无限拓宽了人们的交流范围。在组织或者企业中，通过网络共享技术能够进入供应商、顾客、利益相关者甚至竞争对手的外部网络，从而与供应商、顾客、利益相关者保持更加密切的联系和更开放的沟通。

④空间开放性、虚拟性和相对平等性。人们利用在线聊天、电子邮件、网络电话、视听会议等网络沟通技术与世界各地的人们交流，大大节省了传统面对面信息交流、沟通所需的时间、空间甚至是交通出行的成本。

⑤沟通交互性、多维性、直复性。更多新颖的社交互动模式，借助网络社交产品，以分享为名进行展示，不针对固定目标，显得没有那么刻意，也有了更丰富的展示形式。可以用更委婉的方式，让别人了解自己的优点，从而树立自己的形象。如果直接用口述的方式，当面说给某人听，则难免会有刻意炫耀的感觉。

（2）网络虚拟沟通的不足。

网络沟通快捷方便，但也有不足：

①建立信任变得困难。在网络上，无法获取人在解读信息时的社交线索，包括面

部表情的变化、眼神、身体姿态以及和人交谈时副语言带来的潜在信息。

②人们不诚实的可能性增大。当躲在屏幕后面,更容易被说谎诱惑。由于不需要直接面对信息接收者,因此可能会觉得对方不会识别出我们说谎或者隐藏本来不得不分享的信息。摆脱联系变得更容易,远程交流使我们可以很容易切断联系,这会阻止交流朝更深入方向发展。

③产生误解的可能性增大。因为信息发出和接受之间通常存在时滞,形成的连贯沟通变得更加困难。当读到某人回复时,可能已经无关紧要了。因为人们的思维和点击发送信息时已经完全不同了。虽然在社交平台聊天时会加入"表情符号",然而笑脸不能代替温暖的拥抱,大笑不能代替真正在一起开怀大笑。有些时候,人与人之间真的需要交谈。

17.2　网络沟通的形式

网络沟通的形式越来越多样化,平时网上聊天、收发邮件、搜索网页等几乎是每时每刻都发生,世界终将被这张无形的网打尽。通过微信、QQ,你可以跟你的好友随时问候、互相交流;通过邮箱,你可以跟他人随时随地发送邮件、传递信息;通过微博,你可以了解一个陌生人的形象、个性、喜好、生活圈子。

(1)电子邮件。

电子邮件(electronic mail,E-mail,标志:@)又称电子信箱,它是一种用电子手段提供信息交换的通信方式,是互联网应用最广的服务。通过网络的电子邮件系统,用户可以用非常低廉的价格(不管发送到哪里,都只需负担电话费和网费即可),以非常快速的方式(几秒钟之内可以发送到世界上任何你指定的目的地),与世界上任何一个角落的网络用户联系,这些电子邮件可以是文字、图像、声音等各种方式。同时,用户可以得到大量免费的新闻、专题邮件,并实现轻松的信息搜索。

(2)远程办公。

自从1973年杰克·尼尔斯创造"远程办公"一词之后,随着科技的进步和电脑体积的缩小,支持远程办公的人越来越多。随着移动互联网的迅速发展,越来越多的公司把他们的数据迁移到云服务器上,工作不必再拘泥于固定的办公地点,在家办公、异地办公、移动办公等远程办公模式已经逐渐受到越来越多的企业特别是初创企业的青睐。

远程办公，包含远程办公、居家办公、混合办公等多种模式。远程办公的出现，是数字时代工作方式革新的结果。从最初的电报、电话和传真，到互联网、宽带和个人电脑，到移动互联网、5G 和智能手机，再到当下的在线办公、共享文档、在线会议、视频面试和直播软件等，科技发展促使远程办公成为对工作方式的重要革新。

远程办公对企业成员来说是一个有效并且有用的方式，因为它允许企业成员之间在很远的距离进行沟通，这也在很大程度上节省了员工的交通时间，并且降低了成本。同时，对整个团队来说，也能大大提高工作效率。通过线上会议、在线协作等平台来承载业务，覆盖更多工作场景，提升效率。

如今的"远程办公者"与早先的"自由职业者"有着本质的区别，"远程办公者"的特殊之处在于他们敢于走出家门，选择一个城市或乡村定居一段时间，通过电脑和网络完成工作，将旅行、工作、生活、游乐的界限打破，创造一种不同寻常的工作和生活方式。

（3）社交媒体平台。

一系列跨平台社交工具为人与人的关系增添了一种渠道，加快了人们之间的信息沟通，提供了更为广阔的交流空间。主要的社交平台有：

QQ 交流。随着人们交流范围的广泛，朋友越来越多，为了更好与朋友联系，人们开始使用 QQ，这样人们可以利用 QQ 来聊天（文字、语音和视频都可以了），发送文件，工作交流等。

微博交流。有些人比较擅长写一些文件或者擅长某一方面的手工手艺，除了与好友交流分享外，还想与更多的有相同爱好的人都交流，他们就会通过微博去分享，通过人们的点赞与评论进行交流。

微信交流。微信是现在人们使用比较广泛的一种网上交流工具。它简约轻便，以语音交流为主，这样大大方便了年纪较大不会打字的人群与他人的交流，还可以视频通话、发小视频，并且能发红包、微信支付等，提高了交流互动的积极性与效率。

17.3　网络虚拟沟通的注意事项

人们愈加频繁地使用虚拟网络来实现相互间的交流，简单的面对面交流的时间越来越少。虚拟沟通的非面对面特征，使得人们对人和事物的理解、认知过程，与传统沟通中人们对人和事物的理解、认知过程存在差异。这些差异有可能使信息传递产生非预期的效果，因此网络虚拟沟通的使用需要注意以下事项。

（1）虚拟沟通中的二级受众。

相对于一对一沟通过程中的专属性和私密性，一对多和多对多的虚拟沟通形式具有一定的公共属性和信息延展性。因此，注意区分一级受众和二级受众非常重要。一级受众是指能够直接接收到信息发出者发出的沟通信息，并且被信息发出者认为是指定受众的信息接收者。二级受众是指能够通过非直接的方式接触到信息发出者发出的沟通信息，但没有被信息发出者认为是信息接收者的信息受众。在多对多的虚拟沟通中，信息发出者呈现出多元性，使沟通内容复杂化。在这种沟通形式下，每个信息发出者都可以根据自身的意愿发出相应的信息，而信息接收者在看到信息的同时，也能选择是否转发。信息经过多次转发的过程，阅读量在非常短的时间内迅速增加。这种信息传递过程，可以使任何事物都具有公共性，发酵成社会焦点。

（2）信息受众的不确定性。

不确定性源于信息受众的类型存在差异。当下社会对多元文化的包容促进了更丰富和谐的环境，但人与人之间迥异的文化差距则对信息的准确性要求更高。这种不确定性源于互联网中的用户在真实世界中的社会背景呈现出多元性。互联网中的用户众多，具有不同的文化程度、认知水平、经济状况、年龄、国籍、社会阶层等，这些因素会影响他们对一条信息的反应和理解，这也是由社会成员本身具有的差异所决定的，强调的是沟通对象的价值观和潜在反应的差异。信息发布者在沟通前不一定能做出准确判断，因此在使用信息通信技术发布消息时有责任考虑该信息覆盖群体的多样性和多元性，以及在网络和社会中产生的反响。

（3）沟通效果和效力。

虚拟沟通产生预期的效果和效力，要求参与者之间建立起基于事务的信任关系。两种情景比较容易建立和维护信任关系：第一，当虚拟沟通着眼于问题解决时，因为问题解决使沟通目标清晰，淡化了虚拟沟通成员在真实生活中的社会属性，成员之间的分工具体明确，可以用显性化的语言表达出工作任务。第二，当虚拟沟通成员知识、话语体系的相似性较高时，有助于增进了解和信任。在虚拟沟通时代，虚拟沟通要想取得预期的效果和效力，还要讲究沟通过程中的方法。例如，高频次的虚拟沟通适合简单的沟通内容，需要沟通者更多理性思考的沟通活动则应适度降低虚拟沟通频率。而且大多数虚拟沟通内容在短期内更容易有效。虚拟沟通参与者要将最新的信息内容融入交流过程中会更有效。只有在信任建立起来后，沟通参与者才能较少地考虑知识产权的局限，充分地进行知识交流。

（4）虚拟沟通过程的理性和规范性。

虚拟沟通者在沟通过程中要保持理性，并理解遵循法律法规进行中的规范性。中国已出台一系列法律法规，如《中华人民共和国网络安全法》《中华人民共和国电子商务法》《中华人民共和国电子签名法》等，来维护互联网的安全秩序，帮助处理好虚拟沟通和真实生活的关系。此外，虚拟沟通可能对人的情绪产生影响，而情绪会影响人处理信息的能力。在情绪化状态下，虚拟沟通容易使沟通者脱离真实情境，实际行动被网络内容左右，在这种情况下虚拟沟通往往无效。人们要能够理性地发挥主观能动性处理虚拟沟通中的信息，而不是使大脑被信息化。经常使用虚拟沟通完成工作任务的人，需要具备良好的心理素质。同时，虚拟沟通参与者在选择其他虚拟沟通参与者时，也要理性地考量沟通对象的素质。

网络虚拟沟通，形式虚拟，重在沟通。人们在使用网络科技平台进行沟通、互动、交流时需要保持自觉性。

17.4　网络虚拟沟通的策略

基于（IT）的计算机网络技术本身真的能帮助组织进行有效虚拟沟通么？其实不然，真正能帮助到我们的还是取决于如何使用这些技术，对于组织中的团队尤其是虚拟团队，提升虚拟沟通的效率可从以下几个方面考虑：

（1）将技术与任务相匹配。

从微信、邮件到 Teams、电话会议，可以使用的沟通工具越来越多。但是在工作中，又该如何选择呢？应该基于信息同步交互性、社交性和使用工具的媒体丰富性来抉择，任务想要传递的信息越复杂，我们应该选择越接近面对面交流的沟通方式。

例如，当想单向传输信息时，如公司活动宣传，可以选择更精简的基于文本的媒体，如电子邮件、微信公众号、公司公告栏等。当想要与团队成员一起沟通工作，解决问题时，应该选择更有交互性的工具，如电话会议、面对面会议。因为这些任务需要协调不同的想法和观点，面对面的沟通将会更全面，也可以避免使用文字沟通时带来的误解。

（2）明确意图。

在传达信息时，还需要明确意图和目的，并做到简明直接。当使用文字来传达信息时，有时会因为无法直观地表达自己的态度，而引起他人的误解，甚至可能会引起冲突，或因为忽视了重要信息而耽误工作进度。因此为了防止这些问题的产生，在传达重要消息之前，需要确保使用正确的语气，简明扼要地强调信息中的重要点，比如说会议时间、任务截止日期等，让虚拟沟通能更精准、和谐。

（3）保持同步。

当无法面对面与团队成员互动时，为了避免信息不同步，应该与成员们保持定期沟通，如定期每周一次电话会议，更新团队工作中的进度。利用 Teams 会议、邮件等主动分享我们所掌握的信息，包括意外紧急情况。最后还需要确认每位成员都有收到信息，保证虚拟团队中的每个成员都能做到信息同步。

（4）积极响应、给予支持。

信任可以提升虚拟团队的工作效率，但虚拟沟通的方式却缺少建立信任的条件。为了帮助建立虚拟团队成员之间的信任，应该认真全面地倾听，接收团队成员所传达的信息，迅速响应队友的请求，提供反馈。主动为团队提出解决方案，并在沟通中保持积极和支持的态度。同时，因为虚拟团队的构成让组织拥有了来自不同文化、背景和经验的成员，在沟通时还应该保持开放和包容态度，保证让整个团队都能参与到沟通和重要决策中，鼓励所有团队成员积极表达，展示自身观点。

（5）制定虚拟沟通守则。

为了保证以上 4 个虚拟沟通小技巧的有效性，虚拟团队领导者还可以制定沟通守则，例如制定固定的每周会议时间，哪些会议是强制的？微信、电子邮件和电话的回应时间应该规定在多久以内？如果无法满足最后期限，应该提前多久让团队知道？这些规则的制定可以帮助虚拟团队在沟通时清晰传达成员们的信息和想法，从而提升工作效率。

案例鉴赏17-1　华为对邮件沟通的15项规定

17.5　网络虚拟沟通的新形态——赛博时代

赛博时代是网络时代、智能时代、数字化时代，也是超真实时代、仿真时代。随着信息技术与人工智能的发展，尤其是自媒体的快速发展，人们生存与发展的空间和方式发生了根本性的变化，我们已经步入了赛博时代。

（1）赛博时代（Cyber Age）。

赛博，即 Cyber 的音译，泛指"计算机的、网络的、数字的"，如 Cyber World（虚拟世界）、Cyber Game（网络游戏）等。赛博时代实际上就是网络时代、智能时代，从技术的角度来讲是数字化的时代，从传播的角度而言是人人传播的时代。信息技术的高度发展，提升了人们的认识与实践能力，也带来了社会结构与社会发展状态的相应改变。数字信息网络技术尽管是现代科技的产物，但是对我们的社会生活、生产、消费、文化等带来的影响是广泛而深刻的，它改变了我们的生产方式、生活方式、学习方式、交往方式、工作方式、消费方式等。随着传播技术工具的不断创新，使得传播出现了由传统的大众到小众、分众、多众的转变，从微传播到大数据、区块链等变化。这些变化对经济社会的改变往往是悄然无声的，但有时又极具颠覆性，如很多原来炙手可热的职业在悄无声息中消失了，一些新兴职业还在不断地涌现，一些新业态也在不断地形成。赛博时代人与人之间的交往模式产生了根本性的变化，数字化的交往即人与计算机、人与符号、符号与符号的互动成为主要的交往模式，而人与人之间面对面的沟通交流相应弱化，出现了尽管大家在同一物理空间，但是都沉浸于自我世界之中的"群体性孤独"现象。赛博时代信息技术的发展不仅使人们的交往更加便利，而且会出现超真实的存在，可以将现实中的不可能变成仿真影像，成为一种能够呈现的"独特的真实"或者"真实的虚拟"，形成仿真的世界，让人们进入一个仿真时代或超真实时代。这个仿真时代因数字技术的发达为人们带来了生存与发展的诸多便利，如人际交往的超时空性，交往的便捷、可视、可感等，扩大了交往范围，丰富了交往内容，能够极大地开阔人们的视野，增强人们信息获取与传播的广度、深度与速度，但也必然带来信息的碎片化、价值的多元化、交往的复杂化、技术的操控化等与之相关的一系列价值、伦理问题，使得赛博时代的生存与发展的社会环境变得更加复杂多元。

（2）赛博空间（Cyberspace）。

赛博空间，是赛博时代信息技术发展的产物，是互联网络与传播方式发展的结果，是人、信息技术和传播媒介共同建构起来的虚拟空间景观，是"地理上无限的、非实在的空间"。简言之，赛博空间是人们依托一定的网络信息或社交平台，根据爱好、兴趣、任务、娱乐等多种原因与需要而建构的虚拟性网络空间。人们会根据自己的需求参与或创建不同的网络空间，其参与程度取决于个体内在需要的迫切程度。个体参与不同的网络空间就会出现动态的叠加与嵌套现象，即出现的是一个以自我需求为中心的多重叠加的虚拟空间，也被称为"赛博空间群"，个体在赛博空间群中的交往及其受到的影响更加多元复杂。齐格蒙特·鲍曼认为，现代性社会的时空关系不再是预先设定的静态性存在，而是"流程性的（processual）、不定的和动态的"。赛博空间不是静态性的存在，而是因为人们的不断参与和互动而具有高度的开放性、参与性、互动性、流动性，其打破了传统社会结构和现实社会场域中的种种界限，形成具有广泛性、包容性、隐秘性、流动性、复杂性、虚拟性的网络空间，这是赛博时代人们所赖以生存与交往的空间，是由计算机和其他现代通信技术创构而成的不同于现实物理空间的虚拟空间，是基于数字化信息流动和存储基础之上而形成的具有明显意向性和文化交往的空间，或者说，是以高科技呈现人的意向性、展现人的想象力的仿真性空间和信息的流动性空间。赛博空间是虚拟的，人们的活动与交往是通过图片、文字、声音、影像等符号来实现的，尤其是可以通过语音、视频等方式直接直观地进行交往、连接与沟通。数字口语的沟通方式使得赛博空间的交往可以超越时空，更为便利与快捷，人们既可以直接参与同步沟通，也可以异步交流，但这些交往不是虚无的存在，而都具有现实性，这些互动所触发的事件也都会产生现实的影响与结果。因此，赛博空间对人们的影响是现实的也是深入的。依托一定的社交平台建构独特的、体现自己兴趣与爱好的同质性赛博空间，由此可能带来网络交往的开放性，也可能使在同质性赛博空间的交往具有封闭性，甚至形成信息"茧房"等。

（3）赛博时代的社交。

赛博时代打破了传统现实物理场景与社会情景的关系，改变了人们所处的时空结构、接收与传播信息的方式，以及空间化的身份感和存在感，使得人们的社会关系、生存空间、交往方式等都产生了根本性的变化，也改变了人们对世界的看法以及人们与世界连接的方式与能力。

在赛博时代，个体的参与和表现自我的空间与手段得到了较大的提升，个体在交往与发展中的选择性与自由度也大大地提高了，因为个体的一切包括身份、形象、个性甚至是性别都可以符号的方式呈现，人们的交往方式变得多元、虚拟，身份是多重的、不确定的；同时，赛博空间具有仿真性、自主性、非线性的特点，它可以消除所有地理上的距离和时间上的差异，具有可感、可听、可视甚至是可触的感官模拟与体验，其本质就是为人们建立一种数字化的体验。这种数字化的感性体验在无形中渗入我们的社会生活，这不是人们简单的对感觉末梢的体验，而是整个身心都可以参与和沉浸其中的虚拟化体验。这种数字化的交往又与现实社会的交往有机地融合在一起，所以，赛博空间绝不是单纯虚拟的空间，而是虚与实、真与假、可能与不可能的有机结合，其既有现实存在的基础，又是对现实空间的拓展，是对现实的模仿与反映，可以实现现实所无法呈现与实现的功能。所以，赛博空间尽管表现的是虚拟的现实，却是真实的存在，这种虚拟的实在性使人们生存和生活的现实空间变得更加丰富多元。

赛博空间提供的是一种塑造数十亿使用者共有意识的可能性，而这种意识与意识的互动、交锋、融合与冲撞则是"赛博社交"的过程。

网络，提供了更强的沟通赋能，但别让工具困住你原本强大的灵魂。各种便捷的网络工具，终究只是工具。我们可以利用它们，让工作生活更加便捷，但不能困于它们，从而失去了我们原本应该具备的能力。

技能应用分析

案例分析与即测即评

※ 情景模拟训练

（1）分清虚拟网络和现实生活的联系和区别。

（2）观看屏幕，会看见书面、视觉、听觉、社交和情感刺激纷至沓来。当我们花费太多时间过度沉迷于这些令人眼花缭乱的信息输入时，我们的心里会发生什么变化？它如何影响我们的看法、思维和感受方式？超负荷的危害症状有哪些？

参考文献

[1]斯蒂芬·P.罗宾斯.组织行为学（第12版）[M]．孙建敏，李原，译．北京：新世纪出版社，2009.

[2]詹姆斯·S.奥罗克．管理沟通案例分析法[M]．魏江，苏瑾晞，译．北京：北京大学出版社，2010.

[3]程艳霞．管理沟通—知识，思维与技能（第二版）[M]．武汉：武汉理工大学出版社，2018.

[4]Sana Reynolds，Deborah Valentine．跨文化沟通指南[M].张微，译．北京：清华大学出版社，2004.

[5]康青．管理沟通（第5版）[M].北京：中国人民大学出版社，2018，9.

[6]沈远平，冯云霞．管理沟通：基于案例分析的视角（第2版）[M].中国人民大学出版社，2015，7.

[7]席西民，井润田，秦令华．CEO领导科学与艺术[M].北京：北京大学出版社，2009.

[8]戴尔·卡耐基．卡耐基口才训练全集[M].杭州：浙江人民出版社，2009.

[9]赵慧军．管理沟通：理论技能实务[M].北京：首都经济贸易大学出版社，2003.

[10]加里·哈默，比尔·布林．管理大未来[M].北京：中信出版社，2008.

[11]张吴民．管理沟通[M].上海：上海人民出版社，2008.

[12]陈晓萍．跨文化管理[M].北京：清华大学出版社，2005.

[13]詹姆斯·S.奥罗克（James S.O'Rourke.IV）．管理沟通（英文版　第4版）（英语）[M].中国人民大学出版社，2010.

[14]迈克尔 E.哈特斯特,林达·麦克詹妮特．管理沟通原理与实践[M].葛志宏，陆娇萍，刘或或，译．北京：机械工业出版社，2008.

[15]魏江．管理沟通：成功管理的基石（第4版）[M]．北京：机械工业出版社，2019，12.

[16]约翰·苏勒尔．赛博人[M].北京:中信出版社，2018，7.

[17]查尔斯·E.贝克．管理沟通：理论与实践的交融：第二版[M]．康青，王蔷，冯天，

　　　译. 北京：中国人民大学出版社，2003，3.

[18]珍妮弗·康维勒. 内向者沟通圣经[M]. 魏瑞莉，译. 北京：北京联合出版公司，
　　　2017，2.

[19]李锡元. 管理沟通（第2版）[M]. 武汉：武汉大学出版社，2013，7.

[20]张莉，刘宝巍. 管理沟通（第四版）[M]. 北京：高等教育出版社，2021，9.

[21]张志学. 管理沟通—领导力与组织行为学的视角[M]. 北京：高等教育出版社，
　　　2022，5.

[22]夏建文. 管理类专业课程中"思政元素"及其运用［J］. 文化创新比较研究，2019
　　　（14）：175–176.

[23]胡巍. 管理沟通：原理与实践[M]. 济南：山东人民出版社，2003，5.

[24]张华. 管理沟通[M]. 成都：电子科技大学出版社，2017，11.

[25]谢宝富. 让换位思考成为领导干部的必修课[J]. 人民论坛，2022，（Z1）：46–49.

[26]陈和香. 习近平外交思想的理论逻辑、历史逻辑与实践逻辑[J]. 延安大学学报（社会
　　　科学版）,2023,45（1）:5–10，2.

[27]杜惠英. 管理沟通[M]. 重庆：重庆大学电子音像出版社，2020，6.

[28]赵洱崟. 管理沟通：原理、策略及应用[M]. 北京：高等教育出版社，2017，4.

[29]蒙特. 管理沟通指南（第8版）[M]. 钱小军，张洁，译. 北京：清华大学出版社，
　　　2013，7.

附录　沟通技能测试评估结果分析

第1章　自我技能测试　测试你是否是善于沟通的管理者

评分标准：

答"是"得 1 分，答"否"得 0 分。

总分为 8~12 分：你表现得很好，尤其是与部属的交流情况，因此能避免各种由于沟通不足所产生的问题。在原则问题上，你善于坚持并推销自己的主张，自信心强，部属也信任你。

总分为 4~7 分：你比较重视将自己或上级的命令向下传达，但不太注重听取部属的意见。这样不但浪费了宝贵的人力资源，也会压制部属的工作积极性。

总分为 0~3 分：对交流能力的重视不够。作为一名经理，有责任主动将信息充分传达给部属，而非让他们千方百计自己寻找信息。同时，不应对他人存在任何偏见，应经常与人交流，使你和部属都充满活力和热情。

第2章　自我技能测试　测测你的沟通能力

结果分析：

13~15 分：你有良好的与人沟通的能力，当有困难时，你总是有办法，因为你懂得如何表达自己的思想和情感，从而进一步获得别人的理解和支持，保持了同事之间、上下级之间的良好关系。现实社会中你同样可以做得更好。

9~12 分：你已经在处理问题时暴露出了一些不当之处。当你遇到沟通障碍时，也很想解决问题，但是方法就没有那么得当了。你经常采用直接的、赤裸的方法，虽然真诚有余，但效果一定不佳，处事还应灵活一些，虚幻和现实是有差距的。

5~8 分：你需要赶紧提升自己的沟通能力。你的沟通技巧比较差，常常让人产生误会，而自己还浑然不知，给别人留下不好的印象，甚至无意中还对别人造成伤害。有时你无法准确表达或根本不屑表达自己的想法和观点，这并不好。

第3章　自我技能测试　支持性沟通学习效果测试

结果分析：

学习后评分减去学习前评分之和的情况分析。

100~80分：你有良好的学习态度和行为，深刻领悟到了有效沟通的本质并掌握了有效沟通的策略。

80~60分：你的学习态度和行为比较认真，基本掌握了有效沟通的本质和策略。

60~40分：你需要进一步提高学习的认识，巩固有效沟通的内涵及策略。

40分以下：你的学习效果较差，没有很好掌握有效沟通的内涵及策略。

第4章　自我技能测试　自我沟通技能诊断

评分标准：

非常不同意／非常不符合（1分），不同意／不符合（2分），比较不同意／比较不符合（3分），比较同意／比较符合（4分），同意／符合（5分），非常同意／非常符合（6分）。

自我评价：

将你的得分与两个标准进行比较：①比较你的得分与最大可能得分（120）。②比较你的得分与班里其他同学的得分。在与标准群体比较时，如果你的得分是：

100分或更高：你位于最高的四分之一群体中，你具有优秀的沟通技能。

92~99分：你位于次高的四分之一群体中，具有良好的自我沟通技能。

85~91分：你的自我沟通技能较好，但有较多地方需要提高。

84分或更少：你需要严格地训练自己以提升沟通技能。

选择得分最低的6项，作为本部分技能学习提高的重点。

第5章　自我技能测试　测试你是否善于自我沟通

评分标准：

0~2分为较低，3~4分为中等，5~6分为较高。分数越高，表明你的沟通技能越好。

良好的沟通能力是处理好人际关系的关键。具有良好的沟通能力可以使你很好地表达自己的思想和情感，获得别人的理解和支持，从而和上级、同事、下级保持良好的关系。沟通技巧较差的个体常常会被别人误解，给别人留下不好的印象，甚至无意中对别人造成伤害。

本测验选择了一些在工作中经常会遇到的、比较尴尬的、难于应付的情境，测查你是否能正确地处理这些问题，可反映你是否了解正确的沟通知识、概念和技能。这些问题看似无足轻重，但是一些工作中的小事和细节往往决定了别人对你的看法和态度。如果你的分数偏低，不妨仔细检查一下你所选择的处理方式会给对方带来什么样的感受，或会使自己处于什么样的境地。

第6章　自我技能测试　自我沟通技能评定

评分标准：

答"是"得 1 分，答"否"得 0 分。

总分为 8~12 分：你位于最高的四分之一群体中，你具有优秀的沟通技能；

总分为 4~7 分：你的自我沟通技能较好，但有较多地方需要提高；

总分为 0~3 分：你需要严格地训练自己以提升沟通技能。

测评结果：

0~2 分为较低，3~4 分为中等，5~6 分为较高；分数越高，表明你的沟通技能越好。

良好的沟通能力是处理好人际关系的关键。具有良好的沟通能力可以使你很好地表达自己的思想和情感，获得别人的理解和支持，从而和上级，同事，下级保持良好的关系。沟通技巧较差的个体常常会被别人误解，给别人留下不好的印象，甚至无意中对别人造成伤害。

本测验选择了一些在工作中经常会遇到的，比较尴尬的，难于应付的情境，测查你是否能正确地处理这些问题，从而反映你是否了解正确的沟通的知识，概念和技能。这些问题看似无足轻重，但是些工作中的小事和细节往往决定了别人对你的看法和态度。 如果你的分数偏低，不妨仔细检查一下你所选择的处理方式会给对方带来什么样的感受，或会使自己处于什么样的境地。

第7章　自我技能测试　沟通能力评试

结果分析：

高（21~30 分）：你能根据沟通对象的特点调整沟通方式；表达清晰、有条理，信息量丰富；在沟通中讲究策略，善于接纳别人的观点，能理解别人的立场，有技巧地向他人提出建设性意见，温和而有说服力地说服他人；善于在不同意见之间周旋，往往能获得协调的、双方欣然接受而又满意的结果。你可以胜任如销售人员、客服人员等工作。良好的沟通能力对推进工作，加强同事之间的合作无疑是一大优点，但同时，踏实、专注地做好每一件事情也是需要去关注的重要品质。

中（10~20 分）：你能在大多数场合中比较清楚地陈述自己的观点，注意到他人的反应，并据此给予反馈。你能认真地听他人发言，但是对于一些自己不感兴趣的话题，你并不会特别积极地发表观点或表达意见。在某些重要场合，与人产生分歧时，你可能会羞于表达真实意见。

低（0~9 分）：一般情况下你不太会主动与人进行沟通交流，并且在多数情况下可能都比较顾虑于表达自己的真实观点。在与他人意见相左时，你可能也难以有效地和他人通过讨论达成共识。一些对沟通能力要求相对较低、专注性要求较高的工作比较适合你，诸如要求在某一方面钻研下去的技术类工作可能与你的性格特征比较相符。无论做何项工作，与人沟通工作内容、进展等都是必不可少的一部分，掌握一定的沟通技能，提升沟通的有效性是你目前需要解决的问题。

第8章　自我技能测试　测测你的上行沟通能力

结果分析：

50分以上：说明你的上行沟通积极性很高，能够与上级非常主动地沟通；

30~50分：说明你的上行沟通积极性一般，有时能够与上级主动沟通，但更多的时候是被动等待上级与你沟通；

30分以下：说明你的上行沟通积极性不佳，不善于与上级沟通。

第9章　自我技能测试　下行沟通能力测试

评分标准及测试答案：

选"是"（√）得1分，选"否"（×）得0分。

总分小于3分：表示你在与你的下属沟通方面很差；

总分在3~5分：表示你在与你的下属沟通方面较差；

总分在6~7分：表示你在与你的下属沟通方面一般；

总分在8~9分：表示你在与你的下属沟通方面较好；

总分在9分以上：表示你在与你的下属沟通方面非常好。

第10章　自我技能测试　部门或团队效能评估

评分标准：

将上表右侧内的得分加起来，计算出总分为（　　　　）。

结果分析：

108~120分，评估等级：优秀。就沟通和协作来说，这是个一流的团队。这里的气氛温暖，人与人之间互相支持。注意力和努力的焦点是团队的使命。这里鼓励创新，成功是可以预见的。

84~107分，评估等级：良好。就士气和协作来说，这是个有力的团队。这里充满激情，大家有合作精神，为了完成使命而奉献。这样的团队能够吸引和留住优秀人才；这些人才组成团队，共同奋斗，取得胜利。

49~83分，评估等级：一般。就团队效率来说，情况不好也不坏。照现在的样子，团队处在一般水平。如果你是这样一个团队的成员或者领导，你很可能正在忍受认识上的不一致，在情况和你的设想达到一致之前，你不会觉得满意。

25~48 分，评估等级：较差。这是一种糟糕的团队环境。主要任务是需要改善态度和绩效。缺乏对团队建设的关注，失败是可以预见的。

12~24 分，评估等级：失败。团队构成的主要变革在于秩序。存在着个人因素和社会因素，使得团队处在难以令人满意的状态。答案是什么？清理和改组整顿，使有才能、有献身精神的人才不再流失或埋没。

测验分数解释：

依据得分，所得的最高分即为该团队成员最具代表性的角色类型，再依据表2、表3进行相应的评价。

第11章　自我技能测试　面谈技能自我检查

总体评价：

您对这次面谈的总体评价是：_____（优秀、良好、一般、基本不满意、很不满意）。

最大的三个问题在于（1）＿＿＿＿＿＿＿＿＿＿＿＿＿

（2）＿＿＿＿＿＿＿＿＿＿＿＿＿

（3）＿＿＿＿＿＿＿＿＿＿＿＿＿

试着以这三个方面作为你特别要注意的问题加以改进和提高。

第12章　自我技能测试　判别两封信的高下并说明原因

写信者未查明联系人 —— 亲爱的先生/女士：

我已经间接获悉您在寻找一家公司为贵公司所有部门安装新电脑。我确信作为一个完全能令人放心的公司，我公司定能被指派。不管我们在贵公司业务方面经验有限，曾经为您服务过的人说我们能胜任此项工作。我是个非常热请的人，对于与您相会的可能性，除非另行通知，我在周一、周二和周五下午不能拜访你处，这是因为……

- 语意含糊
- 语法错误与错别字
- 无关信息
- 文书过长

表达不清，内容缺乏全面考虑，错别字和标点错误，废话连篇。

刘云端先生，您好：

这是来自××的信，继我们上周的电话谈话后，我很高兴再邮给您一本我公司的最新宣传册。

你曾表示过贵公司对安装新型计算机软件感兴趣，我相信我们的服务符合你的要求，会让您满意的。

期待您的回音，并期望很快能和您会面。

此致

敬礼

　　　　　　××

2002年10月1日

内容清晰，态度乐观，简明扼要，切中要害。

第13章 自我技能测试 倾听技能评定，测试你是否是善于倾听的管理者

评分标准及结果分析：

答"是"得1分，答"否"得0分。

总分为8~12分：你表现得很好，你是一个优秀的倾听者，因此能避免各种由于沟通不足所产生的问题。

总分为4~7分：你是一个勇于改进、尚算良好的倾听者，但确实需要再训练。否则不但浪费了宝贵的人力资源，也会压制部属的工作积极性。

总分为0~3分：对倾听的重视不够。

第14章 自我技能测试 测试你是否是善于非语言沟通的管理者

评分标准及结果分析：

答"是"得1分，答"否"得0分。

总分为5~7分：你表现得很好，你非常了解非语言沟通，因此能避免各种由于沟通不足所产生的问题。

总分为3~4分：你比较了解非语言沟通，但还需要多学习。否则不但浪费了宝贵的人力资源，也会压制部属的工作积极性。

总分为0~2分：对非语言沟通不了解。

第15章 自我技能测试 冲突管理技能测试

评分标准及结果分析：

把13项选择的所得分数相加。最高分是78分，最低分数是13分。

读下表，了解自己所在组织的具体环境。

得分结果分析

分数范围	所在组织的环境状况
60~78分	自己所在的组织能够比较好地解决冲突，基本不需要对大氛围做什么改变
31~59分	自己所在的组织可能需要一些努力对组织的大氛围加以改善
13~30分	自己所在的组织大氛围比较危险，团队成员必须同心协力进行整治

第16章 自我技能测试 文化习俗小测验

参考答案：1~5 BBACD。

6~10 ADBCA。

11~15 DCCDB。

16~20 DACAC。